AHMET TOPRAK
MUSLIMISCH, MÄNNLICH, DESINTEGRIERT

AHMET TOPRAK

MUSLIMISCH, MÄNNLICH, DESINTEGRIERT

WAS BEI DER ERZIEHUNG MUSLIMISCHER JUNGEN SCHIEFLÄUFT

ECON

Econ ist ein Verlag
der Ullstein Buchverlage GmbH

ISBN 978-3-430-21012-6

© der deutschsprachigen Ausgabe
Ullstein Buchverlage GmbH, Berlin 2019
Alle Rechte vorbehalten
Gesetzt aus der Quadraat Pro bei Pinkuin, Berlin
Druck und Bindearbeiten: CPI books GmbH, Leck

Für meinen Sohn

Inhalt

Vorwort 9

I. Leben und Aufwachsen der Jungen in der Familie 15
Die Bedeutung der Jungen in der Familie 15 • Erziehungsstil und Erziehungsziele 22 • Erziehung nach Geschlechtern 31 • Zur Rolle der Mutter in der Erziehung 38 • Der Schwachpunkt des Familienverbandes – der machtlose Vater 47 • Mustafa – »Ich musste die Rolle meines Vaters übernehmen« 52 • Paradox: Das Mädchen profitiert von der klassischen Rolle 57 • Religiöse Erziehung als Hemmnis für den Bildungsaufstieg 63 • Sexuelle Aufklärung – kein Thema in der Familie 73 • Eine Ohrfeige schadet wohl nicht – Gewalt und Erziehung 80 • Die Beschneidung – die Markierung der Männlichkeit 85 • Es gibt keine schwulen Muslime – die Bedeutung der Homosexualität 92

II. Integrations- und Erziehungsfehler: Wie der Alltag die Jungen überfordert 103
Was ist Integration? Zu den vier Ebenen der Integration 103 • Ist Assimilation die beste Integrationsform? 119 • Die größte Sünde der Integrationspolitik: die ethnischen Vorbereitungsklassen 124 • Loyal gegenüber der Familie und selbstbewusst in der Öffentlichkeit – zur ambivalenten Rolle von Jungen 130

- »Er hat mich komisch angeschaut« – Jungen und Gewalt 135
- Osman: »Ich musste unsere Ehre retten« – zum Ehrenmord getrieben 146 • Die Eltern müssen bei der Suche einspringen – warum die Jungen keine Partnerin finden 158 • Warum die Jungen Erdoğan attraktiv finden 175 • Mehr Strenge und Orientierung – Salafismus als Ausweg 181

III. Was ist zu tun? 191
Plädoyer für eine gleichberechtigte Erziehung der Geschlechter in den Familien 191 • Warum die Bildungseinrichtungen die Erziehungsdefizite kompensieren müssen 196 • Mut zu mehr Konfrontation 204 • Integration durch Bildung(-saufstieg) 217 • Wie ist ansonsten die allgemeine Lage in Deutschland? 226

Quellenverzeichnis 231

Vorwort

Die sozialstrukturelle Benachteiligung in der Bundesrepublik Deutschland hat der Soziologe Ralf Dahrendorf in den 1960er-Jahren mit folgenden Worten beschrieben: katholisch, weiblich, ländlich. Demnach hatten es katholische Mädchen vom Land schwer, den Bildungsaufstieg zu realisieren. Diesen Dreiklang nutzen Politiker und Bildungsforscher schon lange nicht mehr, weil die katholischen Mädchen vom Land mittlerweile viel öfter das Abitur erwerben und ein Studium aufnehmen als die Jungen. Zumindest auf Basis der Bildungsbeteiligung und des Bildungserfolgs kann diese Feststellung also nicht mehr aufrechterhalten werden.

Basierend auf Dahrendorfs Formel haben die Bildungsforscher der internationalen PISA-Studie im Jahre 2015 die Ergebnisse in einem neuen Dreiklang zusammengefasst: muslimisch, männlich, aus der Großstadt. Das heißt, die neuen Bildungs- und Integrationsverlierer sind männlich, Muslime und leben in einer Großstadt der alten Bundesländer. Es ist nicht neu, dass junge muslimische Männer in Deutschland im Mittelpunkt der öffentlichen Diskussion stehen. Trotz ihrer Präsenz auch in den Medien ist das Wissen über sie und ihre Denkweise gering. Wir nehmen die muslimischen Jugendlichen in der Öffentlichkeit dann wahr, wenn sie als Gewalttäter oder frauenverachtende

Machos in Erscheinung treten. Die daraus folgenden öffentlichen Debatten werden in der Regel in Schwarz-Weiß-Manier geführt. Die eine Seite behauptet, die Jungen seien deshalb auffällig, weil sie systematisch im öffentlichen Leben und institutionell diskriminiert würden. Die Argumente der anderen Seite zielen darauf ab, dass sich die muslimischen Jungen mit ihrer machohaften Verhaltensweise selbst im Weg stehen, in Deutschland demnach keine systematische Diskriminierung herrscht. Wie üblich liegt die Wahrheit irgendwo in der Mitte.

Sobald in Deutschland jemand auf die Verhältnisse innerhalb der muslimischen Bevölkerung und ihrer Familien schaut und dabei Probleme identifiziert und benennt, steht der Vorwurf im Raum, man problematisiere zu sehr. Genauer gesagt: man erkläre soziale Probleme mit der Kultur und der Religion. Das ist in der Tat ein nachvollziehbarer Einwand, heißt im Umkehrschluss aber nicht, dass religiöse und kulturelle Traditionen komplett negiert werden können, wenn wir sachlich, aber kritisch auf die Erziehungsstile und -inhalte der Familien blicken. Die Familien sind genauso geprägt von kulturellen und religiösen Einstellungen wie von den sozialen Rahmenbedingungen, dem Bildungsniveau der Eltern, der Wohngegend, sozialer Ausgrenzung, Diskriminierung und verfehlter Integrationspolitik. Sind es also die sozialen oder die kulturellen Faktoren, die die Integration der muslimischen Jungen in die Gesellschaft erschweren?

In diesem Buch vertrete ich – basierend auf meiner eigenen Biografie, der praktischen Arbeit mit Jungen aus dem muslimischen Kulturkreis und weiterführenden Forschungsarbeiten – die These, dass für den Erfolg oder Misserfolg der Integration in erster Linie die Erziehung und das Verhalten der Eltern verantwortlich sind. Im Vergleich zu den Mädchen gewähren sie den Söhnen mehr Freiheit, setzen kaum bis keine Grenzen.

Die Jungs dürfen über die Stränge schlagen, ohne dass sie dafür Konsequenzen zu spüren bekommen. Fallen sie in der Schule oder anderen Bildungseinrichtungen negativ auf, werden sie bedingungslos in Schutz genommen und lange als Kinder behandelt, die keine Verantwortung für ihr Fehlverhalten übernehmen müssen. Sie brauchen weder diszipliniert zu sein noch ordentlich, dürfen stören und Aggressivität ausstrahlen. Denn der Junge soll später in der Lage sein, seine Familie in Schutz zu nehmen. Zugleich soll er eine solide Ausbildung abschließen, ausreichend Geld verdienen, heiraten und seine Familie ernähren. Darauf wird er von seinen Eltern aber nicht vorbereitet. Im Gegenteil: Die ambivalente Erziehung, geprägt von vielen Freiheiten bei zugleich hoher Erwartungshaltung, trägt dazu bei, dass die Jungen den Anforderungen nicht gerecht werden können.

Vor allem sollen die Jungen sich an den Vätern als Vorbild orientieren. In vielen Fällen ist der Vater aber nicht in der Lage oder willens, dieser Aufgabe nachzukommen. Viele Väter sind erwerbstätig und dadurch selten zu Hause. Einige sind schlicht als Vorbild nicht geeignet, sei es aufgrund von Arbeitslosigkeit, Alkoholkonsum, Gewaltbereitschaft oder weil sie durch ihren Migrationshintergrund den Anforderungen nicht gewachsen sind. Denn ab einem bestimmten Alter können die Jungen besser Deutsch, kennen sich im deutschen Bildungs- und Sozialsystem besser aus und beherrschen die Regeln des Alltags besser als ihre Väter. Dadurch bleibt der Vater lediglich in der Wunschvorstellung als Autoritätsperson bestehen. In der Realität sind die Söhne ihren Vätern überlegen. Das führt dazu, dass der Junge kaum Orientierung erhält und Grenzen ausreizt.

Zieht man gängige Erklärungsmuster für gescheiterte Integration heran, wäre bei mir selbst eine kriminelle Karriere eigentlich vorprogrammiert gewesen: eine Schule, in der Gewalt und Drogenkonsum an der Tagesordnung waren; Eltern, die wenig bis kaum Zeit für uns Kinder hatten und sich mit dem deutschen Bildungssystem nicht auskannten; und ein Stadtteil mit sehr hohem Ausländeranteil: ein sozialer Brennpunkt. Dennoch haben alle drei Jungen in meiner Familie akademische Abschlüsse erworben: Zwei von uns sind Professoren, und einer ist Berufsschullehrer. Warum waren die Jungen aus unserer Familie so erfolgreich? Dafür mache ich vier zentrale Gründe aus, die unabdingbare Voraussetzung für Erfolg und gelungene Integration sind:

1. Klare erzieherische Orientierung mit Grenzsetzung
2. Gleichbehandlung der Jungen und Mädchen in der Erziehung
3. Geringe bzw. keine religiöse Erziehung in der Familie
4. Vermeidung der Opferrolle – auch wenn die Integrationsangebote und sozialen Rahmenbedingungen nicht immer optimal sind

Basierend auf diesen vier Voraussetzungen habe ich das vorliegende Sachbuch in drei Abschnitte gegliedert. Im ersten Teil werde ich anhand von konkreten Beispielen aus der Sozialen Arbeit, der Schule und meiner eigenen Biografie darstellen, wie Jungen in türkischen, kurdischen und arabischen Familien meist aufwachsen. Vor allem werde ich die unterschiedlichen erzieherischen Funktionen der Elternteile darstellen, die das Verhalten der Jungen immens beeinflussen. Dadurch wird deutlich, dass viele junge Männer auf die komplexe und sich verändernde Außenwelt nicht ausreichend vorbereitet werden.

Im zweiten Abschnitt gehe ich auf die sozialen Rahmenbedingungen der Integration muslimischer Jungen ein. Mittels ausgewählter Themenbereiche werde ich aufzeigen, warum diese Integration nicht optimal verläuft und wo die Versäumnisse der deutschen Migrations- und Integrationspolitik liegen. Dadurch wird deutlich, dass das selbstbewusste Auftreten vieler junger Männer in der Öffentlichkeit oft nur gespielt ist. Vielmehr suchen sie nach Orientierung, was ich anhand aktueller Themen wie der Verherrlichung des türkischen Präsidenten Erdoğan und des Salafismus verdeutlichen werde.

Im dritten und letzten Teil werde ich konkrete pädagogische und politische Handlungsempfehlungen formulieren, deren Umsetzung die Jungen von Beginn an besser unterstützen und ihre Integration in die Gesellschaft sichern würde.

I.
Leben und Aufwachsen der Jungen in der Familie

Die Bedeutung der Jungen in der Familie

Viele werden noch den Werbespot der Sparkasse aus dem Jahr 2000 vor Augen haben: Ein stolzer Vater eilt ins Krankenhaus, um seinen neugeborenen Sohn in die Arme zu schließen. Auf die Liebeserklärung des Vaters: »Mein Junge, mein Stolz, meine Altersvorsorge«, zeigt ihm das Baby einen Vogel. Die Werbung lief zwar im deutschen Fernsehen, doch veranschaulicht gut, warum in traditionellen muslimischen Familien der Wunsch nach einem Sohn immer noch hoch im Kurs steht: Er ist die Absicherung im Alter.

Ich bin in einem Dorf in Zentralanatolien geboren, als fünftes Kind von insgesamt sechs Kindern. Hier spielte die Religion im Alltag praktisch keine Rolle. In unserem Dorf gab es nicht einmal eine Moschee. Der Wunsch meines Vaters nach einem Sohn war nach zwei Töchtern aber trotzdem ungebrochen. Wir sind sechs Geschwister, und die Aufteilung ist paritätisch: drei Jungen und drei Mädchen. Das Problem aus Sicht meines Vaters bestand aber darin, dass die ersten zwei Kinder das »falsche« Geschlecht hatten: nämlich weiblich. Meine Mutter wollte ebenso sehr mindestens einen Sohn. Mein Vater soll nach der Geburt seiner zweiten Tochter auf dem Dorfplatz mit Blick auf einen sehbehinderten Jungen gesagt haben, dass er unbedingt einen Sohn haben möchte, auch wenn der so schiele wie dieser Junge. Diese Bemerkung war deplatziert und respektlos gegenüber dem Jungen auf dem Dorfplatz, zeigt aber dennoch eindrucksvoll, wie tief sein Wunsch nach einem Sohn verwurzelt war.

Eine Familie ist sogar so weit gegangen, dass der eine Bruder dem anderen, der keinen Sohn hatte, einen seiner Söhne gab. Er hatte schließlich viele und der andere keinen einzigen. Nach drei Jahren wurde der Junge aber wieder zurückgegeben, weil der Bruder selbst zwei Söhne bekam. Welche psychischen Probleme dieses Kind später bekam, ist nicht überliefert. Dieses Beispiel zeigt, wie technisch der Wunsch nach einem Kind sein kann. Warum ist ein Junge so wertvoll, dass Eltern sogar zu solch absurden und illegalen Praktiken greifen?

Kinder haben in türkischen, kurdischen und arabischen Familien einen großen Stellenwert. Ein kinderloses Ehepaar ist im engeren Sinne keine Familie. Die Ehe kann geschieden werden, wenn die Frau keine Kinder auf die Welt bringt. Ein frisch verheiratetes Paar steht unter enormem Druck, nach der Eheschließung ein Kind zu bekommen. Laut Untersuchungen aus der Türkei spielt das Geschlecht des ersten Kindes zunächst keine Rolle. Aber im Allgemeinen wollen die Ehepaare spätestens beim zweiten Kind einen Sohn. Die Eltern begründen diesen starken Wunsch mit den Motiven »Fortbestehen der Familie« sowie »Stärkung des Haushaltes«. Zudem gehen die Familien davon aus, dass verheiratete Töchter den Haushalt verlassen und Jungen nicht. Die Söhne sollen die Eltern im Alter finanziell unterstützen. Die Töchter werden in eine fremde Familie verheiratet, weshalb eine finanzielle Unterstützung von dieser Seite nicht erwartet wird. Die bekannte Familiensoziologin Çiğdem Kağıtcıbaşı aus der Türkei hat die Bedeutung von Kindern in der Familie zusammengefasst. Ihre wissenschaftliche Untersuchung unterscheidet drei voneinander unabhängige Typen des »Wertes von Kindern«:

- *ökonomisch* (z. B. Alterssicherung, Beitrag zum Familienhaushalt)
- *psychologisch* (z. B. emotionale Stärkung, Familienbindung)
- *sozial* (Statuserhöhung, Fortführung des Familiennamens)

Bei Familien, die ein geringes Bildungsniveau sowie schlechte Aussichten auf eine Rente haben, gehen Wissenschaftler davon aus, dass die ökonomischen und sozialen Motive eine bedeutende Rolle spielen, um sicher zu sein, dass im Alter jemand da ist, um zu helfen. Die Eltern sehen dem Soziologen Bernhard Nauck zufolge in den Jungen langfristig einen größeren ökonomischen Nutzen. Deshalb möchten die Familien so viele Söhne wie möglich haben. Die psychologischen Motive, wie z. B. »Ich habe Freude, ein Kind heranwachsen zu sehen«, sind eher in der gebildeten städtischen Mittelschicht der Grund für ein Kind als bei ökonomisch schwachen Bevölkerungsschichten. Wenn psychologische Beweggründe für den Kinderwunsch im Vordergrund stehen, ist die Anzahl der Kinder gering, weil das Geschlecht des Kindes keine Rolle spielt, wies Bernhard Nauck zudem nach.

Zurück zu unserem Dorf. Bevor mein Vater sich entschied, nach Deutschland zu gehen, hatte er bereits vier Kinder. Außerdem musste er zwei Söhne seines verunglückten Bruders versorgen. Mein kleiner Bruder und ich kamen erst später zur Welt. Das Dorfleben in der Türkei war hart. Die Familie lebte von Viehzucht und etwas Landwirtschaft. Große Sprünge waren nicht möglich. Im Winter war das Dorf mit 150 bis 200 Einwohnern für mehrere Monate von der Außenwelt abgeschnitten. Da mein

Vater mit Viehzucht und Ackerbau die Familie nicht optimal ernähren konnte, ging er im Sommer als Saisonarbeiter nach Adana – einer großen Stadt am Mittelmeer. Aus unterschiedlichen Gründen war die Familie auch leicht verschuldet.

Im Dorf war es selbstverständlich, dass der Mann arbeitet und für die Ernährung der Familie zuständig ist. Wenn es erforderlich war, musste er lange Wege auf sich nehmen, hart arbeiten und neue und zusätzliche Verdienstmöglichkeiten erschließen. Dafür musste der Mann mit anderen Männern vernetzt sein und stets ein offenes Ohr haben. Die Frau war an das Haus gebunden, so auch meine Mutter. Sie ist vor allem zuständig für den Haushalt und die Versorgung der Kinder. Sie ist nicht verpflichtet, für den Unterhalt der Familie zu arbeiten. Sollte es einer Familie finanziell nicht gut gehen, wurde das ausschließlich dem Mann angelastet.

Gespräche mit meinen Eltern und den anderen Bewohnern des Dorfes legen nahe, dass der Wunsch nach einem Sohn ökonomische und soziale Gründe hatte. Erstens kann ein Sohn bereits ab der Pubertät arbeiten und das Familieneinkommen ergänzen. Zweitens gehört der Sohn ein Leben lang zur Herkunftsfamilie, führt also den Familiennamen fort und versorgt die Eltern im Alter und bei Krankheit. Das ist eine anerkannte soziale Norm. Mädchen sind davon befreit. Zum einen ist ein Mädchen aus traditionellen Gründen nicht verpflichtet zu arbeiten. Zum anderen wird sie durch Heirat die Herkunftsfamilie verlassen und eine andere Familie stärken. Das heißt, ein Mädchen ist für die Herkunftsfamilie ökonomisch nicht attraktiv.

Um der prekären Arbeitssituation zu entkommen, entschied sich mein Vater schließlich, nach Deutschland zu gehen. Meiner Mutter zufolge war das ursprünglich nicht seine Idee, sondern ist auf ihre Initiative zurückzuführen. Scheinbar war das Familieneinkommen nicht ausreichend, und mein älterer Bruder, der noch ein Kleinkind war, konnte nicht zur ökonomischen Entlastung beitragen. Weil meine Mutter Druck aufbaute, verkaufte mein Vater einen Teil der Schafe und Kühe und machte sich auf den Weg nach Ankara. Er meldete sich als Gastarbeiter, wurde aber nicht berücksichtigt. Erst nach zwei Jahren Wartezeit, im Jahre 1969, durfte er nach Stadthagen reisen und bekam dort eine Anstellung im Straßenbau zugewiesen.

So wie auch meine Eltern, kommt der überwiegende Anteil der türkischen Gastarbeiter aus solch prekären Lebensverhältnissen. Ab Mitte der 1950er-Jahre schloss Deutschland mit Staaten wie Italien, Spanien, Portugal, Griechenland, Marokko, Tunesien, dem damaligen Jugoslawien und der Türkei Anwerbeverträge. Sie sollten den Bedarf an Arbeitskräften decken, der unmittelbar nach dem zweiten Weltkrieg bestand. Diese Vereinbarungen enthielten keine Vorgaben zur Anzahl der Gastarbeiter oder ihrer Qualifikation. Sie beschrieben lediglich die Organisation und die Vermittlung und sollten gewährleisten, dass die Arbeitnehmer alle erforderlichen Informationen bezüglich ihrer Aufnahme und Beschäftigung erhielten. Ziel war es, junge und gesunde Arbeitskräfte nach Deutschland zu vermitteln. Das neue Personal wurde vorwiegend in der Metall-, Auto- und Baubranche gebraucht, und der Großteil der Angeworbenen hat auch in diesen Bereichen gearbeitet. Dass so viele Männer zunächst ohne ihre Familien nach Deutschland gekommen sind, heißt in der Wirtschaftssprache: Nachfrage und Angebot decken sich passgenau. Hier ein wirtschaftlich aufstrebendes Land, das händeringend nach Arbeitskräften sucht. Dort, in Südeuropa und Maghreb (die nordafrikanischen Länder Marokko, Algerien und Tunesien), junge, arbeitsfähige Männer, die wirtschaftlich unter Druck stehen, weil sie ihre Familie nicht angemessen ernähren können.

Wie auch mein Vater wohnten die ersten Gastarbeiter in Wohnheimen und Sammellagern. Die Unterkünfte waren nach Geschlechtern getrennt, ohne Bad, dafür mit Sammeltoiletten und Gemeinschaftsküchen, überbelegt und auch noch überproportional teuer. Anfang der 1970er-Jahre war der überwiegende Teil der muslimisch geprägten Arbeitnehmerschaft männlich und verheiratet. Mehr als die Hälfte von ihnen hatten ihre Frau im Heimatland zurückgelassen. Es war vorgesehen, dass die Arbeitskräfte durch Rotation ausgetauscht werden sollen. Das erwies sich aber als nicht praktikabel, weil die Firmen sich dagegen wehrten, ihre eingearbeiteten Arbeitskräfte zurückzusenden. Nach dem Anwerbestopp von 1973 durften viele Männer ihre Familien nachholen. Es war zu erkennen, dass der Großteil der Gastarbeiter in Deutschland bleiben würde. Mein Vater hat nicht erst bis 1973 gewartet, sondern meine Mutter bereits ein Jahr nach seiner Ankunft zu sich geholt.

Werte, Normen und tief verwurzelte Einstellungen lassen sich bekanntlich nicht von heute auf morgen ablegen. Zwar haben die Gastarbeiter aus der Türkei größtenteils ihre Familien und Kinder nach Deutschland geholt, aber viele waren nur körperlich in Deutschland anwesend. Die nicht vorhandene Integrationspolitik der 1970er- und 1980er-Jahre hat mit dazu beigetragen, dass die Einstellungen der Gastarbeiter sich kaum veränderten. Es gab weder Deutsch- noch Integrationskurse, der Alltag der Menschen war monoton, geprägt von intensiver Arbeit und wenig Freizeit. Die Menschen waren quasi sich selbst überlassen. Um der Einsamkeit und dem Fremdsein zu entkommen, haben sich die Familien zusammengeschlossen und versucht, räumlich nah beieinanderzubleiben.

So hat es auch mein Vater gemacht. Weil er im niedersächsischen Stadthagen einsam war und niemanden kannte, zog er nach Köln. Er ist bei den Ford-Werken nicht nur einer sicheren Arbeit nachgegangen. Er wollte vor allem in der Nähe der Verwandten sein. Diesem Bedürfnis nachzugeben, hat nicht nur Vorteile. Denn dadurch werden die dörflichen Einstellungen in der Diaspora fortgeführt: Die soziale Kontrolle bleibt beibehalten, Abweichungen werden von Verwandten und Bekannten registriert und geächtet.

Die Erzählungen und Handlungen meiner Eltern belegen eindrucksvoll, dass sie bis tief in die 1980er-Jahre an eine baldige Rückkehr in die Türkei geglaubt haben. Deshalb haben sie ihre Einstellungen, auch bezüglich der Geschlechterrollen, zunächst nicht verändert. Während meine Mutter nach Deutschland kam, blieben die fünf Kinder (drei Mädchen und zwei Jungen im Alter von einem bis elf Jahren) bei Verwandten in der Türkei. Weil die beiden Mädchen aus Sicht meiner Eltern schutzlos waren ohne Mutter und Vater, wurden sie sehr bald nach Deutschland geholt, wie kurz darauf auch meine dritte Schwester. Mein älterer Bruder und ich kamen zum Schluss, erst 1980, nach. Ich versuche die Begründung meines Vaters einigermaßen wörtlich wiederzugeben, die ich so öfter gehört habe. *»Ab einem bestimmten Alter [hier ist Pubertät gemeint] durfte man die Mädchen nicht alleine lassen. Wer weiß, was passiert. Wir haben auch eine Ehre. Deshalb haben wir deine älteren Schwestern und danach die jüngere Schwester zu uns geholt. Bei euch war ich anderer Meinung. Jungs können auch alleine bleiben. Ihnen passiert nichts. Außerdem wollte ich, dass ihr die gute Schulbildung in der Türkei habt. Aber deine Mutter wollte, dass auch ihr kommt.«*

Hier wird deutlich, dass sich die Einstellung meines Vaters bezüglich der Geschlechterrollen bis in die 1980er-Jahre kaum verändert hat. Schutzbedürftige Mädchen müssen in der Obhut der Eltern bleiben. Jungen sind diesbezüglich nicht gefährdet. Mit guter Schulbildung für die Jungen wollte mein Vater anscheinend erreichen, dass wir später für unsere Familien sorgen können. Bei den Mädchen war das anscheinend nicht notwendig, weil sie heiraten und in die Obhut des Mannes übergehen.

Diese Ansicht hat sich bei meinen Eltern mit der Zeit extrem gewandelt, worauf ich noch eingehen werde. Dieser Wandel findet aber nicht in jeder Familie statt. Im Gegenteil: Einige Einstellungen werden durch Migration sogar noch konservativer oder extremer.

Erziehungsstil und Erziehungsziele

Viele Zuwanderer türkischer, kurdischer und arabischer Herkunft stammen aus wirtschaftlich unterentwickelten Gebieten oder aus Krisenregionen. Massenarbeitslosigkeit, Armut, Analphabetismus und eine mangelhafte Infrastruktur bestimmen das Leben dort auch heute noch. Die Tradition hat einen hohen Stellenwert. In diesem Milieu ist die Erziehung gekennzeichnet durch eine dominante Haltung der Eltern. Autorität und Respekt prägen die Beziehung zwischen Kind und Eltern. Das Kind – vor allem ein Mädchen – muss gehorsam sein und die von den Eltern übertragenen Aufgaben sorgfältig ausführen. Widerspruch ist nicht vorgesehen. Die Eltern haben Anspruch auf Achtung. Erfahren sie diese nicht, haben die Kinder kein Anrecht auf Liebe. Liebe ist an Bedingungen gekoppelt.

Die Dominanz der Eltern zeigt sich in vielen Lebensbereichen. Natürlich nehmen sie Einfluss auf die Schulbildung der Kinder. Wichtige Entscheidungen werden aber auch für erwachsene Kinder getroffen, zum Beispiel in Bezug auf die Berufsausbildung oder wenn es um die Eheschließung geht. Eltern gehen in der Regel davon aus, dass die Kinder nicht dazu in der Lage sind, diese Entscheidungen selbst zu treffen.

Ein anderes Beispiel für die enorme Dominanz der Eltern

ist, und das noch mehr als bei Eltern aus anderen Kulturkreisen, dass sie an Entscheidungen festhalten, auch wenn sie nicht hundertprozentig von ihnen überzeugt sind. Würden sie von einer getroffenen Entscheidung abrücken, wäre dies ein Zeichen von Schwäche. Diese dominante Haltung nehmen die Eltern gleichermaßen gegenüber Söhnen wie Töchtern ein, wobei die Mutter gegenüber Jungen häufig ambivalent handelt und nachgiebig ist. Auf diesen Teil der Erziehung werde ich im Abschnitt »Geschlechtsspezifische Erziehung« detaillierter eingehen.

In der Erziehung haben Respekt vor Autoritäten, Ehrenhaftigkeit und Zusammengehörigkeit für Migranten aus dem muslimischen Kulturkreis immer noch eine große Bedeutung. Die Kinder werden von klein auf nach diesen traditionellen Werten erzogen und zu einem entsprechenden Benehmen gegenüber ihren Eltern, älteren Geschwistern und anderen Verwandten sowie außerhalb der Familie gegenüber Lehrkräften und Geistlichen angehalten. Kinder dürfen ihre älteren Verwandten niemals mit dem Vornamen ansprechen, sie sollen in Gegenwart der Eltern schweigen, den Höherstehenden nicht widersprechen. Selbst erwachsene Söhne und Töchter haben sich an diese Regeln zu halten, dürfen in Anwesenheit der Eltern nicht rauchen und keinen Alkohol trinken. Respekt bedeutet in diesem Zusammenhang, sich gegenüber den Autoritäten loyal, gehorsam und unterordnend zu verhalten. Çiğdem Kağıtcıbaşı zufolge ist das Ziel dieser Erziehung, die familiären Bindungen zu festigen und die Bedürfnisse der Familie auch im gesellschaftlichen Leben voranzustellen.

Eltern können das traditionelle Erziehungsmodell in Deutschland nicht immer strikt durchsetzen, manche wollen es auch nicht. Wie widersprüchlich dieses Modell dann in der Praxis erscheint, illustrieren zwei Beispiele aus meinem privaten Umfeld zum »Respekt vor Autoritäten«.

Zwischen 1993 und 1997 studierte ich in Regensburg. Ich hatte nicht nur deutsche Freunde, sondern auch viele Freunde, deren Eltern aus der Türkei stammten. Wir waren eine richtige Clique, und über kurz oder lang heirateten zwei unserer Freunde. Der Bräutigam war sehr konservativ und noch dazu streng religiös, während die Braut für ihre liberalen Ansichten bekannt war. Die Hochzeit fand in einer großen Stadt in NRW statt. Wir mieteten also einen Sprinter und fuhren als »türkische« Clique los. Angekommen im Hochzeitssaal, fiel uns sofort auf, dass Männer und Frauen getrennt saßen. Wir, eine gemischte Gruppe von acht, wollten natürlich zusammensitzen. Mit der Bemerkung: »Das sind halt die Freunde der Braut« wurde uns dieser Wunsch gewährt. Mit der Frage nach alkoholischen Getränken handelten wir uns dann allerdings den einen oder anderen bösen Blick ein.

Je länger der Abend wurde, umso heiterer ging es am Nachbartisch zu. Einige junge Männer amüsierten sich prächtig. Sie waren ganz schön angetrunken, obwohl auf der Hochzeit kein Alkohol ausgeschenkt wurde. Wie können sie von Fanta und Mineralwasser so betrunken sein? Einer der jungen Männer wurde schließlich sehr laut und schrie seine Mutter und andere Erwachsene an. Die Mutter, bemüht, die Lage zu beruhigen, betonte immer wieder, dass ihr Sohn zu viel Alkohol getrunken hätte. Er könne nichts für sein Verhalten, so ihre Argumentation.

Zwar wurde auf der Hochzeit kein Alkohol ausgeschenkt, das mehr oder weniger heimliche Trinken der jungen Männer wurde aber trotzdem nicht reglementiert. »Was ich offiziell nicht weiß, kann ich auch nicht verbieten«, ist hier die Formel. Mehr noch: Das öffentliche Trinken wird als männliches Verhalten wahrgenommen und deshalb geduldet.

Ich habe es auf türkischen, kurdischen oder arabischen Feiern noch nie erlebt, dass eine Frau oder ein Mädchen wegen übertriebenen Alkoholkonsums aus dem Saal komplementiert werden musste. Aber mindestens ein Mann oder Junge auf jeder Hochzeit schlägt über die Stränge. Es ist paradox: Der Konsum von Alkohol wird einerseits aus religiösen Gründen und als respektlos gegenüber Autoritätspersonen abgelehnt und andererseits als Ausdruck einer Männlichkeitsnorm akzeptiert.

Das zweite Beispiel zum »Respekt vor Autoritäten« als ambivalentem Erziehungsziel bezieht sich auf meine Familie. Wie ich bereits geschrieben habe, wird Kindern beigebracht, die älteren Geschwister nicht mit dem Namen anzusprechen, sondern mit »abla« (Große Schwester) oder »abi« (Großer Bruder). Das praktizieren wir auch in unserer Familie, mit einer Ausnahme.

Meine drei Schwestern sind alle älter als ich. Zwischen der jüngsten und mir liegen lediglich 17 Monate Altersunterschied. Wir verstehen uns nicht nur gut, sondern sind wie Freunde. Meiner Schwester ist es recht, dass ich sie in der Öffentlichkeit nicht als große Schwester anspreche. Meiner Mutter ist das aber ein Dorn im Auge. Sie ermahnt mich immer wieder, dass ich meine Schwester nicht beim Namen nennen soll. Das sei schließlich respektlos. Als ich sie dann irgendwann mal genervt gefragt habe, was die richtige oder falsche Ansprache mit Respekt zu tun hat, meine Schwester und ich sind immerhin beide erwachsen, war sie überrascht. Mit dieser Frage hatte sie anscheinend nicht gerechnet. Eine substanzielle Antwort habe ich von meiner Mutter nicht bekommen. Sie meinte nur, dass das nun mal so sei. Außerdem würden Verwandte und Bekannte dann schlecht über uns reden. Geändert haben wir unser Verhalten immer noch nicht. Jedes Mal, wenn Bekannte und Verwandte vorbeikommen und ich meine Schwester mit ihrem Namen anspreche, ist meine Mutter peinlich berührt und begründet unser »Fehlverhalten« mit dem kaum vorhandenen Altersunterschied.

Die beiden Beispiele machen deutlich, dass es beim Erziehungsziel »Respekt vor Autoritäten« in erster Linie um die Außendarstellung der Familie geht. Das Verhalten der Kinder zeigt an, dass die Familie zusammengehört und innerhalb der Familie Respekt und Loyalität herrschen. Dabei ist die Umsetzung dieses Erziehungsziels nicht immer einfach. Unterschiedliche Erwartungshaltungen können miteinander konkurrieren und führen so zu unterschiedlich konsequenter Ahndung von »Vergehen«, wie unser erstes Beispiel deutlich gemacht hat.

Das Erziehungsziel »Ehrenhaftigkeit« schließt an die Erziehung zum »Respekt vor Autoritäten« an und spielt im Erziehungsalltag der Familien ebenfalls eine zentrale Rolle. Vereinfacht ausgedrückt, wird die Ehrenhaftigkeit dem Kultur- und Sozialanthropologen Werner Schiffauer zufolge durch zwei Größen bestimmt: durch die Beachtung der Grenze zwischen Innen- und Außenwelt einer Familie und durch die geschlechtsspezifische Ausrichtung der Ehre. Traditionell gibt es eine klare Grenze zwischen dem Bereich der Familie – »innen« – und der Außenwelt. Auch in Deutschland wird von konservativen Familien sehr darauf geachtet, dass diese Grenze nicht überschritten wird. Vor allem den männlichen Kindern wird sehr früh vermittelt, auf etwaige Grenzüberschreitungen sofort und entschieden zu reagieren, z. B. ihre (jüngeren) Geschwister zu verteidigen, um nach außen ein geschlossenes Bild zu vermitteln.

Eine Grenzverletzung nach innen möchte ich anhand eines Beispiels aus meinen Erfahrungen als Sozialarbeiter darstellen.

Während meiner Tätigkeit als Sozialarbeiter betreute ich den 17-jährigen Mehrfachstraftäter Hakan. Er war wegen diverser Delikte zwar bei mir in Betreuung, erschien aber nur sehr unregelmäßig zu unseren Terminen. Als ein Brief von mir an Hakan mit dem Hinweis »verzogen« zurückkam, beschloss ich, an seiner alten Adresse nach dem Rechten zu sehen. Seine Mutter öffnete mir die Tür und lud mich auf eine Tasse Kaffee ein. Wie sich herausstellte, wohnte Hakan noch immer dort. Der Postbote sei vermutlich neu und hätte den Brief nicht zugestellt, weil Hakans Name nicht am Briefkasten stünde. Die Mutter und Hakan haben unterschiedliche Nachnamen. Der alte Postbote habe das alles gewusst. Sie sei sehr froh, dass ich mich um ihren Sohn kümmere, beteuerte die Mutter. Zum Ende des einstündigen Gesprächs versprach sie mir, dass sie Hakan morgen zu mir ins Büro schicken würde. Am nächsten Morgen kam nicht Hakan, dafür aber ein aufgewühlter und aggressiv wirkender Mann, der sich mit einem Küchenmesser in der Hand vor meinem Schreibtisch aufbaute. Er fragte mich, was mir einfallen würde, seine Frau zu besuchen und mit ihr in seiner Küche gemütlich Kaffee zu trinken? Dabei fuchtelte er weiter mit dem Messer herum. Mittlerweile kamen meine Kolleginnen und Kollegen aus ihren Büros gestürmt. Auf meine Erklärung, dass ich die Einladung seiner Frau aus Höflichkeit angenommen hätte, und weil ich unbedingt wissen wollte, was mit Hakan los sei, reagierte der Mann nicht. Im Gegenteil: Meine Argumente machten ihn noch wütender. Ich als integrer Mann hätte diese Einladung ausschlagen müssen, sobald ich erfuhr, dass seine Frau alleine zu Hause war. Durch die Intervention meiner Kollegen beruhigte sich der Mann schließlich, und ich versprach ihm, dass ich nie wieder mit seiner Frau Kaffee trinken würde. Er packte sein Messer ein und ging. Wir sahen von einer Anzeige ab.

Dass ich mit Hakans Mutter alleine Kaffee getrunken habe, hat aus der Sicht des Ehemannes die Integrität der Familie verletzt. Ich habe eine junge Frau, deren Mann nicht an ihrer Seite war, zu Hause aufgesucht. Auf meinen Erklärungsversuch hin, dass ich ja von ihr in die Wohnung gebeten worden bin, reagierte der Mann empört. Die Frau müsse mich aus Höflichkeit zu einem Tee einladen. Aber ein integrer Mann hätte diese Einladung ausschlagen müssen, sobald er erfährt, dass die Frau alleine zu Hause ist. Das heißt, die Schuld liegt nicht bei seiner Frau, sondern bei mir, und nach Ansicht des Mannes hatte ich die Situation und die Höflichkeitsfloskel seiner Frau ausgenutzt. Deshalb musste er seine Ehre mit dem Messer wiederherstellen.

Da in Deutschland das vertraute soziale Umfeld nicht in dem Maße existiert wie in den Herkunftsländern und der Schutz der einzelnen Familienmitglieder das oberste Prinzip ist, gewinnt das Erziehungsziel »Ehrhaftigkeit« noch mehr an Bedeutung. Das Fehlen von gewohnten sozialen Kontrollinstanzen wie Familiennetzwerk, Nachbarschaft und Dorfgemeinschaft wird so ausgeglichen.

Im Rahmen der bereits genannten Erziehungsziele wird den Kindern außerdem ein starkes Gefühl der »Zusammengehörigkeit« vermittelt. Die Eltern sehen die innerfamiliären Bindungen in der Migration gefährdet und legen somit größeren Wert darauf, diese zu vermitteln. Auch die Sozialwissenschaftlerin Çiğdem Kağıtçıbaşı stützt diese These, indem sie darauf verweist, dass Zusammengehörigkeit etwa in der Türkei kein zentrales Erziehungsziel ist. Die in der deutschen akademisch orientierten Mittelschicht verbreiteten Erziehungsziele Selbstständigkeit, Selbstbewusstsein, Kritikfähigkeit, Toleranz und Selbstbestimmung spielen in der Erziehung entweder eine untergeordnete oder gar keine Rolle.

INFOBOX

Das Ehrkonzept mit seinen vier zentralen Begriffen

Şeref – Ansehen
Şeref ist ein variabler Wert und muss mühsam durch gute Taten und eine positive Lebensweise erarbeitet werden. Hilfsbereitschaft, Integrität und Ehrlichkeit erhöhen das Ansehen eines Individuums. Negative Verhaltensweisen wie Lügen oder Stehlen werden von der Gesellschaft sanktioniert und mindern somit das Ansehen. Ob Männer und Frauen gleichermaßen şeref besitzen, ist umstritten. Dem Psychologen und Orientalisten Jan Ilhan Kızılhan zufolge besitzen fast ausschließlich Männer şeref, da dieser Wert nur in ihren öffentlichen und politischen Beziehungen eine Rolle spielt. Der in erster Linie dörflich geprägte und ambivalente Begriff der 1960er-Jahre wird von Konservativen als männlich konnotiert verstanden. In einer anderen Auslegung ist şeref ein positiver und universeller Wertebegriff für beide Geschlechter.

Namus – Ehre
Während şeref erst im Erwachsenenalter erreicht werden kann, ist namus etwas, das alle besitzen und das nicht durch Eigeninitiative vermindert oder gesteigert werden kann. Namus verliert man durch Angriffe von außen. Der Kultur- und Sozialanthropologe Werner Schiffauer unterteilt den traditionellen Begriff namus in zwei verschiedene Bereiche: innen (Kontext der Familie) und außen (Öffentlichkeit, wie Nachbarn oder Dorfbewohner).

In erster Linie ist die Ehre der Frau, aber dann eben auch die Ehre des Mannes verletzt, wenn diese Grenze überschritten wird, wenn beispielsweise ein Außenstehender einen Familienangehörigen belästigt oder angreift. Ein Mann gilt als ehrlos, wenn er dann nicht bedingungslos und entschieden seine Angehörigen verteidigt. Namus regelt aber nicht nur das Verhältnis von innen und außen, sondern bestimmt auch die Beziehung zwischen Mann und Frau. Die Frau muss bis zur Eheschließung ihre Jungfräulichkeit bewahren und auch während der Ehe treu bleiben. Die namus eines Mannes hängt vor allem vom Verhalten seiner Frau ab: Männer müssen die Sexualität ihrer Frauen (Ehefrauen, Töchter und Schwestern) kontrollieren und besitzen Ehre, wenn sie darin erfolgreich sind.

Saygı – Respekt, Achtung
Ein anderer wichtiger Begriff für die Ehre ist Achtung (saygı). Sie wird im Außen, aber auch innerhalb der Familie gelebt. Die hierarchischen Verhältnisse machen sich vor allem am Alter fest. Ein Zeichen der Achtung sind spezifische Ansprachen, die verwendet werden. Ältere Brüder werden mit abi (großer Bruder) und ältere Schwestern mit abla (große Schwester) angesprochen, Verwandte dürfen nicht einfach beim Vornamen genannt werden, sondern sind Onkels, Tanten, große Brüder etc. Diese Anreden werden in der Regel auch für ältere fremde, nicht der Familie angehörende Personen verwendet. Achtung wird außerdem bewiesen, indem sich Kinder in Anwesenheit der Eltern in der Öffentlichkeit zurückhal-

tend äußern. Sie dürfen nicht widersprechen oder sich auf andere Art und Weise renitent verhalten. Unabhängig davon müssen sich die Kinder und Jugendlichen gegenüber erwachsenen Autoritätspersonen auch außerhalb der Familie respektvoll verhalten.

Onur – Würde
Im Vergleich zu den ersten drei Begriffen ist onur abstrakter und nur schwer messbar. Onur ist eine Haltung des Individuums, die nicht nach außen, sondern nach innen gerichtet ist. Die Ethnologin Lale Yalcin-Heckmann beschreibt diesen Begriff wie folgt: »Spricht man von Würde (onur) einer Person, so versteht man darunter den inneren Respekt und Werte, zu denen sich ein Individuum anders als im Fall des Ehrbegriffes şeref selbst bekennt und mit denen es sich im Notfall gegen eine Verurteilung durch die Gesellschaft oder gegen Interventionen des Staates verteidigen kann.« Der Begriff onur hat also anders als die ersten drei Begriffe eine individuelle Bedeutung. Denn bei şeref, namus und saygı ist die Bewertung und Anerkennung durch die Gemeinde, durch Bekannte und Freunde ausschlaggebend.

Erziehung nach Geschlechtern

In konservativen, muslimisch geprägten Familien beginnt die Verwirklichung von Geschlechterrollen bereits vor der Geburt eines Kindes. Für das jeweilige Geschlecht gelten unterschiedliche Werte und Erwartungen. Die Familie Bin Al-Suad, die ich im Rahmen eines Forschungsprojektes kennenlernte, stammt ursprünglich aus dem Landkreis einer der größten Städte Syriens. Aleppo war vor dem Bürgerkrieg die bevölkerungsdichteste Stadt Syriens und liegt im Nordwesten des Landes. Die Stadt war als Kultur- und Handelsmetropole bekannt. Die Mutter der Familie, Ulima, kam im Rahmen der Familienzusammenführung als Zwölfjährige nach Deutschland; ihre Eltern leben seit 1968 hier. Unmittelbar nach der Einreise besuchte Ulima eine Hauptschule in Berlin, beendete diese jedoch nicht und hat auch keine abgeschlossene Berufsausbildung. Ulima arbeitet in einem arabischen Supermarkt in Berlin als Aushilfe und verdient 400 Euro. Als sie 19 Jahre alt war, heiratete sie den Nachbarssohn Fadi, der aus derselben Gegend von Syrien stammt wie sie. Fadi kam gemeinsam mit seinen Eltern nach Berlin. Auch er besuchte eine Hauptschule, die er aber erfolgreich abschloss. Da seine Eltern gegen eine Lehre waren – man würde in dieser Zeit zu wenig verdienen –, suchte sich Fadi nach der Schule eine Anstellung bei einer Baufirma, wo er bis heute als Dachdecker arbeitet.

Ulima schildert, wie in der Familie die Vorbereitung auf das erste Kind aussah: *»Wir haben sechs Jahre auf unser erstes Kind gewartet. Der Arzt meinte, es wird ein Junge. Wir haben uns sehr gefreut. Mein Mann wollte unbedingt einen Sohn haben. Wir haben dann gleich alles für ihn gekauft: Spielzeugautos, einen Fußball, Hosen und so weiter. Er wird unsere Familie und den Familiennamen weiterführen.«*

Das Kind wird in diese vorgeformten Werte und Erwartungen hineingeboren. Es unterliegt schon bald einem teils unterschwelligen, teils offensichtlichen Druck, sich in seine durch die Gesellschaft und die Eltern definierte geschlechtsspezifische Rolle zu fügen. Die Praxis der geschlechtsspezifischen Erziehung werde ich anhand des Beispiels von Khalid und Donia – den Kindern von Ulima – erläutern.

Khalid und seine Erziehung

Da sich Khalid von der Geburt bis zum Grundschulalter in der häuslichen Umgebung aufhält, sind seine wichtigsten Bezugspersonen die Mutter und die Großmutter. Schon früh ist sein Verhältnis zu beiden zwiespältig, berichtet Ulima: »Bei Khalid war es schon schwer. Am Anfang hatte ich ihn viel bei mir. Oder die Oma hatte ihn. Aber irgendwann muss man den Jungen auch loslassen. Es ist nicht immer einfach, ihn loszulassen, und gleichzeitig möchte man ihn wieder umarmen. Das ist ganz schön schwer. Du darfst den Jungen aber auch nicht zwingen. Wenn er bei dir sein will, ist das gut. Wenn nicht, dann ist das bei Jungs nicht so schlimm.«

Die Beziehung ist einerseits noch von körperlicher Zärtlichkeit geprägt, andererseits lehnen beide Seiten diese Körperlichkeit, vor allem ab der Grundschulzeit, ab. Kleinere Aufforderungen, zum Beispiel die Mutter zum Einkaufen zu begleiten, appellieren lediglich an seinen freien Willen. Khalid soll ihnen zwar nachkommen, aber außer einem Tadel geschieht ihm nichts, wenn er sich verweigert. Die Aufforderungen, kleinere Dinge zu erledigen, werden häufig von einer Art vorweggenommenem Lob, wie z. B »Komm, mein Schatz, das wirst du toll machen«, begleitet. Dieses Gewährenlassen führt bei Khalid zu einer Verunsicherung hinsichtlich der Autorität seiner weiblichen Bezugspersonen und verleitet ihn zu Provokationen.

Auch wenn die Mutter und die Großmutter noch die Hauptbezugspersonen des Jungen sind, forciert die Mutter die Zuordnung zum Vater, der die Änderung wie folgt begründet: »Irgendwann muss der Junge ja lernen, was es heißt, ein Mann zu sein. Deshalb muss er mit dem Vater rausgehen. Er muss schauen, was draußen los ist. Bei uns in Syrien geht das besser, weil jeder jeden kennt. Aber trotzdem finde ich das gut. Der Junge muss alles kennen. Auch andere Stadtteile und so weiter.« (Fadi)

Khalid beginnt, seinen Vater zu begleiten. Auch wenn der

Vater auf die schwierige Umsetzung dieses Ziels in der Migration verweist, soll Khalid lernen, was später für die Beziehung der Männer untereinander charakteristisch ist. Er lernt über die Orientierung am männlichen Geschlecht nicht nur das enge familiale Umfeld, sondern auch die Außenwelt kennen und findet Freunde.

Im Grundschulalter verfestigt sich die geschlechtsspezifische Erziehung. Die Rollenmuster driften weiter auseinander. *»Also, ich meine, irgendwann muss sich ein Junge von Frauen lösen. Er muss sich Sachen bei seinem Vater und anderen Männern abgucken. In Frauengruppen ist er mit zwölf, dreizehn nicht mehr akzeptiert. Natürlich bin ich für meinen Sohn da. Aber draußen ist mein Mann für ihn zuständig. Ich koche dafür, mache die Wäsche und schaue, dass er sauber ist.«* Ulima bestärkt die Orientierung ihres Sohnes am männlichen Geschlecht. Indem er seinen Vater begleitet, erlernt Khalid die Gepflogenheiten des männlichen Soziallebens. Die Rolle der Mutter konzentriert sich auf das körperliche Wohlbefinden sowie auf den Bereich der Hygiene; die Beziehung ist somit auf Fürsorge und Bedürfniserfüllung beschränkt. Die Mutter tritt nur im Haus in einer erzieherischen Rolle in Erscheinung. Im Gegensatz zur Autorität des Vaters ist die der Mutter angreifbar, da sie keine männliche Geschlechtsidentität vermitteln kann.

Donia und ihre Erziehung

In der Vorschulphase hält sich Donia genauso wie ihr großer Bruder Khalid in der unmittelbaren Nähe der Mutter und der Großmutter auf. Die beiden bleiben aber auch danach die Hauptbezugspersonen des Mädchens. Genauso wenig ändert sich Donias Bezugsort, ihr Leben konzentriert sich auf ihr Zuhause und die nähere Umgebung. Ulima findet: *»Bei Mädchen muss man besser aufpassen. Sie muss immer zu Hause bleiben. Also, ich meine, das Mädchen soll nur rausgehen, wenn das nicht anders geht. Klei-*

ne Mädchen dürfen sowieso nicht alleine rausgehen. Wenn ich oder meine Mutter andere Familien besuchen, ja, dann nehmen wir sie mit. Dann kann sie wissen, wer die Leute sind.«

Donia kommt nur sehr eingeschränkt mit der Außenwelt in Kontakt. Sie begleitet ihre Mutter zu Besuchen bei Verwandten oder Nachbarn. Im Gegensatz zu Khalid werden Donia durch ihre Mutter Kontakte vermittelt, und die beschränken sich in erster Linie auf die Nachbarschaft, Bekannte und die Verwandtschaft.

Während Ulima ihren Sohn bei der Neuorientierung am männlichen Geschlecht ohne Einschränkung unterstützt, wird die Festigung der weiblichen Geschlechterrolle bei Donia mit mütterlicher Strenge überwacht und begleitet: »*Die Frauen, also die Mutter, Schwestern und Großmütter, müssen dem Mädchen beibringen, wie es sich draußen oder wenn andere Menschen da sind, zu benehmen hat. Wenn das nicht klappt oder wenn das Mädchen frech ist, dann ist das ein Problem. Dann sagt man: ›Die Mutter hat das nicht gut gemacht.‹ Die Mutter ist deshalb immer streng zur Tochter. Also, ich bin immer streng zu meiner Tochter. Wenn sie nicht anständig ist, fällt das auf mich zurück. Deshalb kriegt sie auch eine Strafe von mir.*« Wenn es um die Tochter geht, bleibt die Autorität der Mutter unangreifbar, und Ungehorsam wird bestraft.

Gelegentlich wird Donia zu kleineren Arbeiten im Haushalt herangezogen, zum Beispiel zum Aufräumen. Ihr wird zudem prinzipiell die Fürsorge für jüngere Geschwister übertragen; Jungen bleiben außen vor. Außerdem soll sie lernen, sich in der Anwesenheit anderer ruhig zu verhalten und nicht zu sprechen, außer sie wird etwas gefragt. Die Mutter-Tochter-Beziehung ist kaum von körperlicher Zärtlichkeit geprägt.

In dieser Phase der geschlechtsspezifischen Erziehung weitet sich der Einfluss der Mutter und der Großmutter auf alle Lebensbereiche aus. Donia wird gelehrt, dass sie jungenhafte

Verhaltensmuster, wie zum Beispiel Rangeleien, nicht braucht. Während die Ehre bei Khalid ein kämpferisches Auftreten verlangt, erfordert sie bei Donia Schamhaftigkeit und Körperbeherrschung. Da der Vater sich aus der Erziehung von Donia weitgehend heraushält, ist die Vater-Tochter-Beziehung freundlich. Selbst bei problematischem Verhalten Donias nimmt der Vater der Mutter gegenüber eine kritische Position ein. Erst wenn die Mutter mit einer Situation nicht fertigwird, interveniert der Vater, indem er den Konflikt durch einen lauten Befehl beendet. In vielen Fällen droht Ulima ihrer Tochter mit dem Vater, führt die Disziplinierungsmaßnahmen aber selbst durch.

Die Lebensgewohnheiten, Traditionen und Denkmuster der ländlich-provinziellen Herkunftsgebiete können in der Migration zum größten Teil nicht beibehalten werden. Umso stärker wird häufig an solchen mitgebrachten Werten festgehalten, die realisierbar erscheinen, so auch an der geschlechterspezifischen Erziehung.

Die Geschlechterrollen können in der deutschen Gesellschaft in ihrer traditionellen Form nicht immer gelebt werden. Daher verändern die Kinder gerade als Jugendliche diese traditionelle Form und entwickeln gewissermaßen eine neue, die aber aus den alten Denkmustern abgeleitet ist. Eine, die für die Herkunftskultur vielleicht liberal ist, aber dafür anschlussfähig an die Werte der Mehrheitsgesellschaft.

Wie ausgeprägt die beschriebenen Geschlechterbilder immer noch sein können, werde ich anhand eines Türkeiurlaubs mit meinem Sohn aufzeigen.

Als mein Sohn fünfeinhalb Jahre alt war, verbrachten wir unseren Sommerurlaub in der Türkei. Weil er blonde Haare hat, fiel er den Einheimischen sofort auf. Wir wurden ständig angesprochen, wie gut aussehend er ist. Immer wieder fassten ihn wildfremde Menschen an oder küssten ihn sogar. Er war ziemlich pikiert, weil er so etwas aus Deutschland gar nicht kannte. Das höchste aller Gefühle in Deutschland war bis dato der Hinweis: »Der ist aber süß.« Und so ein Gefühlsausbruch kam auch nur von guten Freunden. Das Interessanteste aber: Immer wieder wurden wir in der Türkei gefragt, warum wir unseren Sohn wie ein Mädchen erziehen.

Ein Beispiel: Wir machten eine Bootsfahrt. An dieser Fahrt nahmen wir zu dritt zusammen mit einem älteren spanischen Pärchen teil. Da an diesem Tag das Mittelmeer ungewohnt unruhig und unser Sohn noch dazu kein guter Schwimmer war, sollte er sich nur in Begleitung von mir oder meiner Frau auf dem Boot bewegen. Er hielt sich an die Regel. Auf der Fahrt fragte die Frau des Kapitäns, ob ich nicht Lust hätte, mit meinem Kind zu angeln. Für das Mittagessen brauchte sie ein paar frische Fische. Das war für uns ein großer Spaß. Nachdem wir erfolgreich Fische gefangen hatten, ging mein Sohn wieder zu meiner Frau und setzte sich zu ihr. Die Frau des Kapitäns schaute mich irritiert an und fragte, ob das Kind wirklich ein Junge sei. Ich bejahte und fragte zurück, warum das nicht der Fall sein sollte. Daraufhin meinte sie, dass mein Sohn sich wie ein Mädchen verhalten würde. Er hielte sich an Vorgaben, setze sich brav zu seiner Mutter und sei auch nicht wild. Einen Jungen mit einem solchen Verhalten habe sie in der Türkei selten gesehen. Die Jungs, die sie kenne, würden innerhalb weniger Minuten das Boot auseinandernehmen, so die Kapitänsfrau.

Von Mädchen und Jungen werden also grundsätzlich unterschiedliche Verhaltensweisen erwartet. Ordentlich, leise und freundlich sein und auf die Anweisungen der Eltern hören sind Attribute, die mit dem Verhalten eines Mädchens verbunden werden. Wenn ein Junge diese vermeintlich weiblichen Eigenschaften an den Tag legt, sind viele Erwachsene, vor allem aber Männer, häufig beunruhigt. Wird dieser Junge in der Lage sein, im Erwachsenenalter die Integrität seiner Frau bzw. Familie zu schützen? Der Kapitän unseres Bootes war weniger angetan von unserer Erziehung als seine Frau. Er hat das Verhalten unseres Sohnes mit dem Satz kommentiert: »Wird er sich auch als Erwachsener wie ein Mädchen verhalten?« Um die Rolle des Versorgers zu übernehmen, muss der Mann eine natürliche Autorität und ein gewisses Maß an Aggressivität ausstrahlen. Dann wird er auch von anderen Männern akzeptiert und respektiert. So wie mein Sohn sich verhält – so die Annahme des Kapitäns –, wird ihm das im erwachsenen Alter nicht gelingen.

Zur Rolle der Mutter in der Erziehung

Die Rolle der Mutter in türkischen und arabischen Familien kann grundsätzlich als ambivalent beschrieben werden. In der Öffentlichkeit scheint es, als habe die Mutter innerhalb der Familie nicht viel Einfluss, weil der Vater hier dominant auftritt. Im Privaten hat sie aber alle Zepter in der Hand. Sie ist streng und unnachgiebig gegenüber der Tochter, gleichzeitig locker und nachsichtig gegenüber dem Sohn.

Die Mutter hütet den Sohn wie ein zartes Pflänzchen, das nicht zerbrochen werden darf. Sie wird zur Furie, wenn der Sohn kritisiert oder angegriffen wird. Jegliches Fehlverhalten des Sohnes verteidigt die Mutter. Einem Sohn mutet die Mutter außerdem nicht zu viel zu. Er darf nicht überfordert werden. Im Haushalt braucht er keine Verantwortung zu übernehmen. Für das Kochen und Putzen sind die Frauen zuständig. Aus Sicht der Mutter soll der Junge geschützt und gepflegt werden, bis er heiratet und in die erfahrenen Hände der Ehefrau kommt, die für ihn den Haushalt führt und die Kindererziehung übernimmt. Die Mutter erzieht den Sohn nicht nur zu einem Macho, sondern auch zu einem unselbstständigen und abhängigen Individuum. Dabei wird sie von anderen weiblichen Familienmitgliedern unterstützt.

Auf der anderen Seite erwarten die Mütter von ihren Söhnen, dass sie in der Schule erfolgreich sind, Abitur machen, studieren und später einem angesehenen Beruf nachgehen. Jungen sollen ihre traditionelle Rolle erfüllen, unselbstständig und abhängig einerseits, tonangebend und kämpferisch andererseits, und dabei erfolgreich in der Schule und im Berufsleben sein. Eine paradoxe Anforderung, die ich auf folgende Formel reduzieren würde: Der Junge ist zwar frei, trägt aber gleichzeitig Handschellen. Eine sehr anspruchsvolle Erwartungshaltung trifft auf zur Unselbstständigkeit erzogene Söhne. Den von den Eltern gesetzten Zielen können viele nicht gerecht werden.

Diese ambivalente Rolle der Mutter und die damit verbundenen Konsequenzen möchte ich anhand von zwei Beispielen konkretisieren.

Den 20-jährigen Deniz habe ich am Rande eines Projekts im Jahr 2010 kennengelernt. Er ist das zweitjüngste Kind einer siebenköpfigen Familie. Deniz wohnt mit seinen Eltern und Geschwistern in Dortmund-Eving, einem Stadtteil, in dem viele Menschen mit Migrationshintergrund leben. Die drei älteren Geschwister von Deniz sind Mädchen. Da die Eltern sehr lange auf einen Sohn gewartet haben, wird er in der Familie extrem verwöhnt. Nicht nur seine Mutter, sondern auch die drei älteren Schwestern kümmern sich um ihn. Deniz soll später nicht nur den Familiennamen fortführen und das Oberhaupt der Familie werden, sondern auch eine gute Ausbildung bekommen. Vor allem soll er studieren. Der Vater beteiligt sich aber nicht an der

Erziehung, sondern formuliert lediglich seine hohen Erwartungen: eine typische Dynamik in muslimisch-migrantischen Familien. Gleichzeitig lernt Deniz von seiner Mutter – vor allem in den ersten 15 Jahren –, dass er in der Familie keine Verantwortung übernehmen muss. Sie setzt ihm keine Grenzen, seine Freizeit kann er nach seinen eigenen Vorstellungen gestalten. Als er in der Schule keinen Erfolg hat und die Eltern auf seine schlechten Leistungen angesprochen werden, verteidigt die Mutter ihn nach Kräften. Deniz darf nicht kritisiert werden. Die Mutter ist der Meinung, dass Deniz zu gegebener Zeit Verantwortung übernehmen wird. Mit Beginn der Realschule lassen seine schulischen Leistungen weiter nach. Nach der sechsten Klasse muss er die Realschule verlassen, weil er den Leistungsanforderungen nicht genügt. Er kommt auf eine Hauptschule.

Vor allem der Übergang von der Real- zur Hauptschule ist bezeichnend. Die Eltern, vor allem aber die Mutter, akzeptieren den Schulwechsel und geben Deniz sogar das Gefühl, er könne jederzeit wieder auf die Realschule wechseln. Wie Deniz dieses Ziel erreichen soll, erklärt ihm niemand. Aus Sicht der Mutter sind für den Schulwechsel ausschließlich die Lehrer verantwortlich, die ihren Sohn aufgrund seiner Herkunft benachteiligten. An der Hauptschule sind deutsche Schüler sowohl in Deniz' Klasse als auch insgesamt in der Minderheit. Deniz schließt sich bereits mit 13 einer Gruppe von Jugendlichen mit Migrationshintergrund an. Bereits nach einem halben Jahr übernimmt er die Führungsrolle, obwohl er das jüngste Mitglied ist. Um sich in seiner fünfköpfigen Gruppe durchzusetzen, schlägt er sich nicht nur mit den Gruppenmitgliedern, sondern auch mit anderen Jugendlichen. Er fühlt sich für die gesamte Gruppe verantwortlich und setzt sich für die anderen Mitglieder – auch körperlich, durch Gewalt, Stärke und Dominanz – ein. Während Deniz in seiner Gruppe Verantwortung übernimmt (wenn auch oft unter Einsatz von Gewalt) und entsprechend agiert, ist er in seinem Elternhaus weiter unterfordert. Seine Eltern beharren zwar formal auf ihrer Forderung, dass er Geld verdienen oder studieren soll, wie diese Ziele aber ohne Schulabschluss zu erreichen sind, bleibt offen. Da die Regeln in der Gruppe im Vergleich zu jenen in der Familie klar und verbindlich sind, orientiert sich Deniz an dieser Gruppe. In der Familie, vor allem durch das Verhalten der Mutter, fühlt er sich nicht nur bevormundet, sondern auch nicht ernst genommen.

Er wird wiederholt straffällig. Meistens sind es Straftaten, die in der Gruppe passieren. In vier Fällen wird er rechtskräftig verurteilt, aber die tatsächliche Anzahl der Körperverletzungsdelikte ist höher. Auch jetzt stellt sich die Mutter schützend vor Deniz. Sein gewalttätiges Verhalten wird mit seinem Alter entschuldigt. Außerdem sei es ganz normal, dass Jungs sich hin und wieder schlagen würden. Das werde sich mit der Zeit schon legen, so Deniz' Mutter.

Dieser bedingungslose Schutz und die Loyalität der Mutter prägen Deniz. Wenn es Probleme gibt, kann er sich darauf verlassen, dass vor allem seine Mutter zu ihm steht und ihn nach außen schützt, weil die Mutter in der Erziehung die weiche und verzeihende Rolle und der Vater die strenge und unnachgiebige Rolle übernimmt.

Gleichaltrige haben gerade im Jugendalter einen enormen Einfluss. Wenn das Elternhaus nicht angemessen auf die Entwicklung eines jungen Menschen reagiert, kann eine Gruppe von Gleichaltrigen zum zentralen Sozialisationsort werden. In der Gruppe erfahren sie die Bestätigung, die ihnen in anderen Kontexten fehlt. Gewalttätiges Verhalten in der Gruppe stärkt das Selbstbewusstsein der Jugendlichen zusätzlich.

Dass die Konsequenzen dieser mütterlichen Erziehung auch in eine andere Richtung gehen können, nämlich zu machohaftem Verhalten gegenüber der Mutter selbst, zeigt das folgende Beispiel.

Anfang der 2000er-Jahre arbeitete ich bei einem Wohlfahrtsverband in der Jugendgerichtshilfe. Ein 17-jähriger Junge, Fatih, war wegen kleinerer Delikte angeklagt. Er hatte demnächst eine Gerichtsverhandlung und nahm im Vorfeld den freiwilligen Termin bei der Jugendgerichtshilfe wahr. Er kam mit seiner Mutter zum Gespräch, was bei vielen Minderjährigen der Fall war. Beim Gespräch ging es nicht um juristische Fragestellungen, sondern um die sozialen Rahmenbedingungen der Straftat. Denn die Jugendgerichtshilfe spricht vor Gericht Empfehlungen aus, wie der Jugendliche mit pädagogischen Mitteln erreicht werden kann. Uns fiel sofort auf, dass Fatih mit seiner Mutter ungewohnt scharf und respektlos redete: Er ließ sie nicht zu Wort kommen, verdrehte die Augen und sagte Sätze wie »Halt einfach die Klappe«. Das Gespräch führte eine kurdischstämmige Kollegin, und auch sie wurde von Fatih angegangen. Warum sie das Gespräch führe und nicht ich, fragte er provokativ. Fatih war ein Bilderbuch-Macho, der alle Klischees erfüllte. Er hatte eine große Klappe und sagte sehr genau, wo es langging: Frauen haben nichts zu sagen, sie sind höchstens Beiwerk. Gleichzeitig hatte er noch nichts erreicht außer Straftaten und abgebrochener Schule. Nachdem meine Kollegin vehement klarstellte, dass es nichts zur Sache tue, wer hier die Gespräche führe, und dass es außerdem außerordentlich unhöflich sei, wie er mit seiner Mutter rede, wurde er kleinlaut. Wenn er hier nicht einmal die einfachen Benimmregeln beachte, könne er gleich nach Hause gehen. Fatih war sehr erstaunt. Scheinbar hatte er mit so einer Reaktion nicht gerechnet. Er wurde rot vor Scham, konnte seine Sätze nicht zu Ende bringen und fing an zu stottern. Schließlich entschuldigte er sich bei meiner Kollegin und seiner Mutter. Er wolle das Gespräch mit uns fortführen, wenn er darf.

Im Anschluss an das Gespräch wollte die Mutter alleine mit uns reden. Sie betonte, dass Fatih im Kern ein guter und netter Junge sei. Unsere anschließenden Nachfragen brachten uns zu dem Schluss, dass vermutlich das Verhalten der Mutter Fatih in die Machorolle gedrängt hatte.

Die Mutter vertrat ein sehr traditionelles Rollenverständnis, wonach die Mutter für den Haushalt und die Kindererziehung zuständig ist und der Vater für die Finanzierung und die Repräsentation der Familie nach außen. Weil Fatih ohne seinen Vater aufwuchs (der Vater verließ die Familie, und es gab keinen Kontakt), war sie der Meinung, dass der älteste Sohn nun in der Verantwortung steht, die Aufgaben des Familienoberhauptes zu übernehmen. Statt mit dem damals 13-jährigen Sohn zu überlegen, wie sie den Alltag ohne den Vater gestalten können, übertrug die Mutter die Rolle des Ehemannes auf den Sohn. Er sollte den Verlust des Vaters kompensieren. Der Junge musste Außentermine und Behördengänge wahrnehmen, sich um die Schulangelegenheiten der Geschwister kümmern, auf die zwei jüngeren Geschwister achten und sollte bald arbeiten, um Geld zu verdienen.

Dieser Fall macht deutlich, dass das Verhalten der Kinder in Wechselwirkung zu den Erziehenden steht. Weil die Mutter eine weiche, passive und zurückhaltende Rolle einnimmt, neigt der Sohn zu dominantem Verhalten. Wäre die Mutter selbstbewusst aufgetreten und hätte die Rolle der alleinerziehenden Mutter aktiv und selbstverständlich vorgelebt, indem sie signalisiert, dass das Fehlen eines Ehemannes kein Makel ist, hätte Fatih sich nicht so benommen wie im Beratungsgespräch.

Am Anfang trat Fatih in der Beratungsstelle sehr dominant auf und akzeptierte die weibliche Beratung nicht. Er lenkte aber sofort ein, als die Beraterin selbstbewusst und sachlich die Verhältnisse klärte. Später verriet die Mutter uns, dass sie ihren Sohn zum ersten Mal so erlebt hatte, sich entschuldigend und verunsichert. So kenne sie ihn gar nicht.

Die Konsequenzen solcher Erziehungspraktiken werden in Bildungseinrichtungen sichtbar. Während meiner praktischen Tätigkeit und heute im Rahmen meiner Vorträge zu muslimischen Jungen werde ich immer wieder von pädagogischen Fachkräften damit konfrontiert, dass sich einige muslimische Jungen sehr respektlos gegenüber Lehrerinnen verhalten würden. Wenn ich diesen Fachkräften dann sage, dass das Verhalten dieser Jungen in Wechselwirkung zu ihnen selbst stehe, sind sie meist empört. Ich beabsichtige damit natürlich nicht, den Pädagoginnen die Schuld am Verhalten der Jungen zu geben. Es ist einfach so, dass das Machogehabe vieler Jungen gespielt ist, es soll Frauen provozieren. Wenn die Lehrkräfte sich nicht auf dieses Spiel einlassen und stattdessen klare und transparente Erwartungen formulieren, halten sich die Jungen in der Regel daran. Anfangs werden sie entrüstet sein, dass sie weiblichen Widerspruch erfahren, auch weil sie das womöglich aus dem Elternhaus nicht kennen. Aber sie werden auch dankbar sein, wenn sie klar, sachlich und nachvollziehbar erklärt bekommen, warum bestimmte Verhaltensweisen nicht geduldet werden.

Ich möchte hier betonen, dass nicht jedes abweichende Verhalten kulturelle Gründe haben muss. Viele Verhaltensweisen sind universell, also typisch für Kinder und Jugendliche. Wenn das ausgeschlossen ist, kann man über kulturelle Ursachen nachdenken. Mein eigenes Fehlverhalten in der Schule wurde zum Beispiel so sehr mit der Kultur des Islam erklärt, dass meine nicht gläubigen Eltern erbost und stark verunsichert waren.

Ich war in der achten Klasse auf einer Hauptschule in Köln. Im

Rahmen des Biologieunterrichts hatten wir Sexualkunde. Damit wir Schüler das sensible Thema offener besprechen konnten, wurden Mädchen und Jungen in getrennten Gruppen unterrichtet. Wir Jungs bekamen eine sehr junge und attraktive Lehrerin zugeteilt, die sich noch in der Ausbildung befand. Die Jungs in meiner Klasse steckten immer wieder die Köpfe zusammen und tuschelten, wenn unsere Biologielehrerin in die Klasse kam. Zu dieser Zeit hießen die meisten Jungen auf unserer Schule Peter, Uwe, Klaus, Christian oder Michael. Alis, Mehmets, Ahmets, Hakans, Muhameds oder Emres waren die absolute Ausnahme. Ich war neugierig und versuchte herauszubekommen, was die Jungs heimlich besprachen. Es stellte sich heraus, dass sie die Lehrerin attraktiv fanden und sich fragten, welche Farbe wohl ihr Slip haben könnte. Ich sagte nur: »Das finden wir raus!«

In der Woche darauf trug die Biologiereferendarin eine weiße, dünne Sommerhose. Ich nahm den Schwamm, hielt ihn kurz unters Wasser und legte ihn schnell in einem unbeobachteten Moment auf den Stuhl der Lehrerin. Sie setzte sich, erschrak, sprang sofort auf und drehte sich mit dem Gesäß zur Klasse: »Huuuuuu, rosaaaaaa!«, schrien alle Jungs laut los. Die Lehrerin war ziemlich sauer und wollte unverzüglich wissen, wer der Übeltäter war. Alle schauten – wie in solchen Fällen üblich – auf den Boden. Schließlich meldete ich mich und gab zu, dass ich es gewesen war. Ich entschuldigte mich bei der Lehrerin und versprach, dass das nie wieder vorkommen würde. Sie war natürlich trotzdem ziemlich verärgert und kündigte an, dass dieses Verhalten Konsequenzen haben würde. Sie informierte unverzüglich meine Klassenlehrerin.

Eine Woche später musste meine Mutter in die Schule kommen, weil meine Klassenlehrerin Gesprächsbedarf hatte. Die Deutschkenntnisse meiner Mutter waren noch nicht so fortgeschritten, dass sie alle Zusammenhänge hätte verstehen können, deshalb durfte ich für sie ins Türkische übersetzen. Meine Lehrerin betonte, dass in Deutschland Gleichberechtigung zwischen Männern und Frauen herrsche. Lehrerinnen würden hier in Deutschland genauso respektiert wie Lehrer. Wir seien hier nicht in der Türkei, und außerdem erlaube es auch der Islam nicht, Frauen respektlos zu behandeln. Ich übersetzte die Aussagen natürlich sehr selektiv und vor allem zu meinen Gunsten, an dieser Stelle stutzte ich aber. Was hatten wir, meine Familie und ich, mit dem Islam zu tun? Und warum wurde mein Streich in Verbindung zum Islam gesetzt?

Bereits an der Körpersprache erkannte meine Mutter natürlich die Verärgerung der Lehrerin. Sie lächelte verlegen und sagte »Ja, ja« und »Danke schön«. Aber was heißt das schon? Immer, wenn die Leute Ja sagen und sich bedanken, heißt das im Umkehrschluss, dass sie Bahnhof verstehen. Jedenfalls war meine Mutter sauer auf mich. Als wir dann draußen waren, fragte mich meine Mutter, warum die Lehrerin den Islam erwähnt hatte. Dieses Wort hatte sie verstanden, und auch sie war verwundert darüber, dass unser Streich etwas mit dem Islam zu tun haben sollte.

Während der ersten 14 Jahre meines Lebens sah ich meine Eltern zusammengenommen nur vier Jahre. Wir sind zwar Aleviten, in diesen vier Jahren spielte die Religion in der Erziehung meiner Eltern aber trotzdem keine Rolle. Sie versuchten, uns geschlechtsunabhängig universelle Werte wie Hilfsbereitschaft, Aufrichtigkeit, Toleranz, Humanismus, Ehrlichkeit und selbstständiges Denken mit auf den Weg zu geben. Und nun kommt meine Lehrerin und konfrontiert meine Mutter mit dem Islam und der Gleichberechtigung zwischen den Geschlechtern.

Nachdem meine Mutter, mein Vater und meine Geschwister mit mir geschimpft hatten, nahm ich mich mit größeren und kleineren Schülerstreichen zurück. Ich wollte schlicht und einfach nicht, dass meine Eltern in die Schule bestellt und bloßgestellt wurden. Der Islamvergleich hatte nicht nur meiner Mutter zugesetzt, sondern der gesamten Familie, zum einen, weil unsere Erziehung religionsbefreit verlief, zum anderen, weil sich viele Aleviten nicht als Muslime begreifen und das Alevitentum als eigenständige Religion ansehen.

Die Ambivalenz der Rolle der Mutter mit all ihren Konsequenzen, wie wir gerade zweimal beispielhaft gesehen haben, ist schon innerhalb der Familie angelegt. Es ist ein Trugschluss, zu glauben, dass die Mütter in der Familie passive und machtlose Wesen sind. Im Gegenteil: In vielen Fällen haben sie das Sagen und managen nicht nur die gesamte Familie samt Erziehung der Kinder und den Haushalt, sondern auch den Vater. Die Rolle der Mutter würde ich mit dem folgenden Vergleich zusammenfassen: Die Mutter ist die Kanzlerin und der Vater der Pressesprecher. Der Vater muss die Dinge nach außen kommunizieren, während die Mutter im Verborgenen die Strippen zieht.

Unabhängig davon plädiere ich zusammenfassend dafür, dass Pädagoginnen und Pädagogen auf Fehlverhalten der Jungen, das zu Teilen aus diesem ambivalenten Rollenverhalten der Mutter hervorgeht, reagieren müssen: klar in der Sprache, transparent in der Vorgehensweise. Ob das Fehlverhalten der Jungen kulturell, religiös oder jugendtypisch motiviert ist, sollte hierbei keine Rolle spielen.

Der Schwachpunkt des Familienverbandes – der machtlose Vater

In vielen traditionellen Milieus nimmt der Vater die Rolle des Familienoberhaupts ein. In diesem Sinne ist er nicht nur der

Ernährer der Familie, sondern gleichzeitig ihr Beschützer und ihr Repräsentant nach außen. Er trägt die Verantwortung für den Unterhalt seiner Familie und seiner Frau. Die Frau muss nicht arbeiten gehen. Der Führungsrolle des Vaters wohnt eine lebenslange Dominanz inne. Seine Autorität wird auch dann nicht angezweifelt, wenn die Kinder erwachsen sind.

Der Vater ist der Entscheider. Er muss keine Rücksprache mit seiner Frau oder anderen Familienmitgliedern halten, auch wenn die Entscheidung die gesamte Familie betrifft. Etwaige doch stattfindende Diskussionen bleiben eine interne Angelegenheit der Familie, damit der Vater nach außen weiterhin stark wirkt und unantastbar erscheint. Sein Prestige muss gewahrt bleiben.

Kommen die Kinder in die Pubertät, entwickelt sich fast immer eine merkliche Distanz zwischen ihnen und dem Vater, weil die Erziehung als quasi abgeschlossen gilt. Diese Distanz schlägt sich in der Kommunikation nieder. Die Mutter übernimmt an diesem Punkt eine Vermittlerrolle zwischen Vater und Kindern. Wenn die Kinder sich einem Elternteil anvertrauen, dann mit hoher Wahrscheinlichkeit der Mutter. Sie ist es, die im Streitfall beim Vater ein gutes Wort für das Kind einlegt. Außerdem überbringt die Mutter den Kindern die Wünsche des Vaters, seine Anweisungen und sogar seine Bestrafungen. Diese Art von Kommunikation, mit der Mutter als Vermittlerin, verläuft nicht immer reibungslos. Es kommt vor, dass die Mutter die Wünsche des Vaters falsch interpretiert oder sie verschweigt, vor allem, um ihre Söhne zu schützen. Die Kinder können die Anweisungen des Vaters dann gar nicht befolgen, die Autorität des Vaters ist somit beschädigt, und er stellt seine Autorität unter Umständen mit körperlicher Bestrafung der Kinder wieder her.

Viele Väter können dieses Idealbild eines Familienoberhaupts in Deutschland aber nicht erfüllen. Der Vater ist zwar auf dem Papier und der Tradition entsprechend die autoritäre Instanz, praktisch ist er gegenüber seinen Kindern und seiner Familie aber machtlos. Das hat mehrere Gründe.

Um als Ernährer der Familie anerkannt zu werden, muss der Vater erwerbstätig sein und genug Geld verdienen. Oft sind materielle Existenzsorgen der Hauptgrund für die Migration. In Deutschland angekommen, ist es also von großer Bedeutung, sich von dieser Last zu befreien und die finanzielle Absicherung der Familie zu gewährleisten. Um dieses Ziel zu erreichen, ist es legitim, dass die anderen Familienmitglieder – auch die weiblichen – zum Familienunterhalt beitragen. Allein dadurch verlieren die Männer an natürlicher Macht.

Hinzu kommt, dass viele Väter aufgrund von Arbeitslosigkeit nicht in der Lage sind, finanziell für ihre Familie zu sorgen. Wegen schlechter oder nicht vorhandener Berufsqualifikation sind viele von ihnen erwerbslos. Entweder muss der Vater einer Hilfstätigkeit nachgehen oder staatliche Hilfen, wie das Arbeitslosengeld II, in Anspruch nehmen. Ein Vater, der auf Transferleistungen angewiesen ist, verliert in seinem sozialen Umfeld an Ansehen, denn er ist nicht in der Lage, seine Familie durch seine Arbeitskraft zu versorgen. Viele beantragen daher gar keine staatlichen Leistungen. Beides führt im Zweifelsfall dazu, dass der Vater einerseits nicht zum Familieneinkommen beiträgt und andererseits auf den Verdienst der anderen Familienmitglieder angewiesen ist. In vielen Familien ist die Frau dann Hauptverdienerin.

Mögliche Konsequenzen der geschwächten Vater-Rolle sind, dass der Vater sich zurückzieht, er seine Autorität verliert und er schließlich auch seine anderen Rollen, zum Beispiel als Repräsentant der Familie, vernachlässigt. Alkoholkonsum oder

Glücksspiel können letztendlich ebenfalls Folge dieses Prestigeverlusts sein.

Auch die Ehrhaftigkeit der Familie kann gerade in dem neuen Heimatland nicht immer und gerade nicht durch den Vater gewährleistet werden. Zur Erinnerung: Die Familie hat dann Ehre, wenn die traditionellen Bereiche der Ehre, wie Sexualität, das Verhalten der Frauen und die Integrität der Familie, unversehrt sind. In den ländlichen Gebieten der Herkunftsländer, wo Polizei und Justiz sowie andere Institutionen (Schulen oder Jugendämter) nicht so präsent sind, sorgt das Konzept der Ehre für sozialen und rechtlichen Frieden. Ihre allgemein gültigen, aber nicht niedergeschriebenen Regeln funktionieren dort deshalb gut, weil sie erstens von allen Mitgliedern eines Dorfes respektiert und praktiziert werden und zweitens die soziale Kontrolle auf dem Land so engmaschig ist, dass ein Fehlverhalten sofort offenbar wird und sanktioniert werden kann. Durch die Migration verliert die Ehre in diesem Sinne aber an Bedeutung, weil die auf sozialer Kontrolle basierenden Regeln durch die Anonymität in der Großstadt und eine fehlende Gemeinschaft mit denselben Normen und Werten nicht umgesetzt werden können.

Der Vater ist auch in Deutschland dafür verantwortlich, dass die Ehre der Familie gewahrt bleibt. Hier wird die Ehre allerdings auf die Sexualität der Frau reduziert, weil das Verhalten der Frau ein kontrollierbarer Bereich zu sein scheint. Tatsächlich ist aber auch das vor allem im Hinblick auf Töchter nur schwer umsetzbar, da sich der Vater in Jugendmilieus nicht auskennt. Er weiß nicht, in welchen Bereichen sich das Mädchen bewegt. Um die Kontrolle zu behalten, reagiert er mit Verboten und bittet den Sohn oder die Söhne, auf ihre Schwester oder Schwestern zu achten. Denn der Sohn kennt die Wege, Aufenthaltsorte und Szenen, zu denen der Vater keinen Zugang hat.

Diese Kooperation mit dem Sohn schwächt die natürliche Dominanz und Macht des Vaters zusätzlich.

Auch in gesellschaftlichen Zusammenhängen erodiert die Autorität des Vaters. Während der Vater in seinem gewohnten sozialen Umfeld, das sich in vielen Fällen aus Menschen aus derselben Gegend oder dem gleichen Land zusammensetzt, seiner Rolle als Familienoberhaupt noch gerecht werden kann, ist er, sobald es um Kontakt mit der deutschen Außenwelt geht, auf seine Kinder und andere Personen angewiesen. Bei Behördengängen, bei Elternsprechtagen in der Schule oder auch bei größeren Anschaffungen benötigt er Unterstützung. Es geht hier nicht nur um sprachliche Kompetenz. Es geht genauso um eine Hilfestellung dabei, die unbekannten Strukturen von Behörden oder Schulen zu verstehen. Das Wissen darüber haben die Kinder ihren Vätern längst voraus. Außerhalb der bekannten Strukturen übernehmen sie somit die Führung.

In der neuen Heimat unterliegt die Vater-Rolle also einem umfangreichen Wandlungsprozess. Der Vater fühlt sich in seiner traditionellen Rolle nicht zuständig für die Erziehung der Kinder. Er sieht sich eher als natürliches Oberhaupt der Familie. Diese Rolle kann er aber, wie eben beschrieben, nicht immer erfüllen. Er versucht trotzdem krampfhaft, an seiner Autorität festzuhalten. Weil er dabei auf die Hilfe und die Kooperation der Kinder angewiesen ist, wird er auf Dauer unglaubwürdig. Ohne die traditionelle Vaterfigur verliert die ganze nach patriarchalischen Prinzipien organisierte Familie an Richtung. Gerade in dem Verhalten der Söhne zeigt sich das Fehlen dieser wichtigen Autoritätsfigur besonders. Nicht alle Familien halten an diesem traditionellen Vaterbild fest. Viele erfolgreiche und gut integrierte Familien haben sich von der traditionellen Vater-Rolle verabschiedet.

Mustafa – »Ich musste die Rolle meines Vaters übernehmen«

Wie sich das oben beschriebene Verhalten von Vätern auf Jungen auswirkt, möchte ich anhand von Mustafas Biografie anschaulich darstellen. Im Rahmen einer Studie aus dem Jahre 2015 führte ich ein ausführliches biografisches Interview mit Mustafa. Als ich ihn kennenlernte, war er 29 Jahre alt und wohnte in Köln. Zur Rolle und zum Verhalten seines Vaters sagte er Folgendes. *»Weißt du, es ist unfair, so über den eigenen Vater zu reden. Aber es ist so, wie es ist. Mein Vater ist in Deutschland einfach überfordert. Er kommt hier nicht klar. Er ist einfach ein Totalausfall. Sich um die Kinder kümmern? Nein, kann er nicht, er ist der Mann! Arbeiten gehen? Würde er gerne, aber er findet keine Stelle. Sich um die Schule der Kinder kümmern? Sein Deutsch ist schlecht, mit der Schule kennt er sich nicht aus. Was er aber gut kann, ist, im türkischen Kulturverein oder im Männercafé rumzuhängen. Da kennt er sich aus. Bei Skat und Backgammon ist er unschlagbar. Das ist sein Metier. Und was sagt meine Mutter? Sie sagt, solche Dinge wie arbeiten und Behördengänge müsse doch der Mann machen. Sie hat sich auch rausgenommen. Kurz gesagt: Vater kann nicht, Mutter will nicht. Also musste ich einspringen.«*

Mit »Ich musste einspringen«, was Mustafa so beiläufig erwähnte, ist die Übernahme von väterlichen Pflichten gemeint. Mustafas Vater kam mit Anfang zwanzig nach Deutschland. Im zentralanatolischen Yozgat hatte er sein Abitur gemacht, eigentlich wollte er studieren. Aber seine Eltern arrangierten die Ehe mit Mustafas Mutter, die in Köln lebte. In Deutschland musste der Vater den Wunsch, ein Studium aufzunehmen, dann sehr bald aufgeben. Er besuchte zwar einen Sprachkurs, aber seine Deutschkenntnisse reichten nur für den Alltag, nicht für ein Studium an einer deutschen Universität. Nachdem seine Frau mit Mustafa schwanger wurde, brach er den Deutschkurs schließlich ab und nahm eine Tätigkeit als Hilfskellner in einem türkischen Restaurant auf. Seine Frau hatte in Köln einen qualifizierenden Hauptschulabschluss gemacht und anschließend eine Lehre als Friseurin absolviert. Der Vater kam in Deutschland nie richtig an. Es lässt ihn nicht los, dass er in der Türkei hätte studieren können.

Er hat keine feste Arbeit. Seinen letzten Job als Paketfahrer verlor er 2014. Wie die alltäglichen Dinge in Deutschland funktionieren, hat der Vater nicht verstanden. Laut den Aussagen des Sohnes interessierte er sich auch nie wirklich dafür. Er hat sich eine eigene Parallelwelt aufgebaut, die darin besteht, türkisch zu sein: türkischen Fußball zu bejubeln, türkisches Fernsehen zu sehen, den türkischen Kulturverein oder eben das türkische Männercafé zu besuchen. Auch nachdem zwei weitere Kinder auf die Welt kamen, blieb der Vater passiv. Bereits mit 15 Jahren nahm Mustafa die schulischen Termine seiner Geschwister wahr, zunächst in Begleitung seiner Mutter, später eigenständig. Kamen Briefe von Behörden, betonte der Vater, dass er sie nicht verstehe. Die Mutter erklärte, dass sie zwar Deutsch könne, aber trotzdem den Inhalt nicht verstehen würde. Mustafa las sich die Briefe durch, versuchte zu verstehen, was die Behörden verlangten, und begleitete seine Eltern bei Bedarf dorthin.

Als Mustafa 18 Jahre alt war, ergab sich in der Familie folgendes Bild: Er managte mithilfe der Mutter das Familienleben. Er arbeitete als Lagerarbeiter und verdiente das Geld, die Mutter war in Teilzeit bei einer großen Friseurkette beschäftigt. Er kümmerte sich um die Schulangelegenheiten seiner Geschwister und erledigte die anfallenden Behördengänge. Der Vater war arbeitslos und engagierte sich im Kulturverein. Weil der Vater sich nicht um seine Familie kümmerte und die Mutter so stark in ihrer traditionellen Rolle verhaftet war, war Mustafa als ältestes Kind auf sich gestellt. Diese Belastung schlug sich auch in Mustafas schulischer Leistung nieder.

Wie seine Freunde besuchte Mustafa nach der Grundschule eine Gesamtschule. Ab der siebten Klasse fiel er mit machohaftem Gehabe und stetig abnehmender Leistungsbereitschaft auf. Trotzdem war er bei vielen Lehrern beliebt, weil er sich um die jüngeren Schüler kümmerte. Er fühlte sich für sie verantwortlich und setzte sich für sie ein. Er engagierte sich sozial, verlor dabei aber sein Ziel aus den Augen, das Abitur. Schließlich wurden seine Eltern zum Gespräch eingeladen, dem sie aber fernblieben. Wenn Mustafa selbst Unterstützung brauchte, war niemand für ihn da. Einen Verweis bekam er nie. Die Lehrer kannten ja zwei Seiten von ihm: sozial engagiert, wenn es um die Interessen der jüngeren Schüler ging, aber aufmüpfig gegenüber den Lehrkräften und leistungsschwach. Er verließ die Gesamtschule mit 16 Jahren – mit dem Hauptschulabschluss.

Mustafa betonte während unseres Gespräches immer wieder, dass es ihn nie belastet hat, diese verantwortungsvolle Rolle zu übernehmen. Seine Biografie erzählt aber eine andere Geschichte. Mit 22 Jahren verließ Mustafa sein Elternhaus und nahm sich eine eigene Wohnung. Das ist bemerkenswert, denn in konservativen Familien, wie Mustafas, ziehen die Kinder traditionell erst aus, wenn sie geheiratet haben. Mit der eigenen Wohnung kam für Mustafa die Wende. Er schloss eine Lehre als Einzelhandelskaufmann ab, holte sein Fachabitur nach und studierte anschließend Betriebswirtschaftslehre. All diese Dinge machte er sozusagen geräuschlos, ohne jemals noch mal sozial aufzufallen. Der Druck schien von seinen Schultern gefallen zu sein.

Dass dieser Druck der Verantwortung sehr groß sein kann, erlebte ich auch bei meinem eigenen Bruder. Mein vier Jahre älterer Bruder, meine eineinhalb Jahre ältere Schwester und ich besuchten in den 1980er-Jahren eine Hauptschule in Köln. Weil wir das Gefühl hatten, das Abitur in Deutschland nicht schaffen zu können, sind wir im Anschluss an den Hauptschulabschluss – nicht gleichzeitig, aber nach und nach – nach Ankara gegangen, um dort das Abitur zu erwerben und später zu studieren. Mein Bruder ging im Jahre 1983, meine Schwester im Jahre 1985 und ich 1986 nach Ankara. Mein Bruder hatte nicht den offiziellen Auftrag, auf uns aufzupassen. Dennoch fühlte er sich als Ältester für uns verantwortlich. In Ankara besuchten wir alle drei das gleiche Gymnasium. Das hatte Vorteile. Mein Bruder kannte sich in der Schule schon sehr gut aus und konnte uns für den Schulalltag und bezüglich der Lehrkräfte briefen. Ganz entspannt war er aber nicht, denn zwei Dinge mussten bei uns allen dreien funktionieren: der Erwerb des Abiturs und die Aufnahme eines Studiums. Denn in Deutschland machte in unserem Verwandten- und Bekanntenkreis das Gerücht die Runde, dass wir in die Türkei gegangen wären, weil wir zu schlecht für das deutsche Schulsystem seien. Das setzte uns alle unter Druck. Mein Bruder, der heute Professor für Germanistik ist, ist ein sehr freundlicher und sensibler Typ und litt am meisten unter den Gerüchten. In Ankara lief er also mit strengem Gesicht herum und machte spitze Bemerkungen zu unseren Leistungen und unserem Verhalten. Mein Vater gab ihm schließlich sogar den Beinamen »General«. Wir unternahmen in Ankara viel zusammen: Wir gingen gemeinsam ins Theater, zu Konzerten und ins Kino. Aber auch bei solchen Aktivitäten war mein Bruder selten richtig entspannt. Es blieb das Gefühl, dass er solche Dinge nur machte, um uns fürs Lernen bei Laune zu halten. Vielleicht tue ich ihm damit unrecht, aber dieses Gefühl hatte ich zu dieser Zeit. Entspannung habe ich bei meinem Bruder erst wieder beobachten können, als er, meine Schwester und ich das Abitur erworben hatten und wir als Studenten eingeschrieben waren. Das war jedoch nur eine Etappe, denn wir mussten das Studium ja auch noch erfolgreich abschließen. Immer wenn wir in unserer Dreier-WG Besuch hatten, war unser Bruder angespannt und blickte streng drein. Das war auch der Fall, wenn unsere Eltern oder Verwandtschaft aus Deutschland zu Besuch waren.

Welchem immensen Druck mein Bruder ausgesetzt gewesen sein musste, zeigt folgende Begebenheit: Ein Jahr nach dem Abitur kam ich nach Deutschland zurück, um mein Studium hier fortzusetzen. Weil mir das Studium der Germanistik und Anglistik an der Universität Bonn nicht lag, wechselte ich nach drei Semestern nach Regensburg, um dort Erziehungswissenschaft zu studieren. Beiläufig erzählte ich meinem Bruder am Telefon, dass ich mein Fach wechsle. Bei mir hatte sich anscheinend auch ein Automatismus etabliert, denn ich rechtfertigte mich gegenüber meinem Bruder. Meinen Eltern hatte ich nicht mal gesagt, dass ich mich in Regensburg beworben hatte. Obwohl ich das schlimmste Donnerwetter erwartete, sagte er nur: »Schön! Es freut mich für dich. Endlich hast du dein Fach gefunden. Das ist das Richtige für dich.« Als ich ihn fragte, warum er nicht sauer sei, antwortete er: »Warum sollte ich? Ich bin doch nicht mehr verantwortlich für dich.« Seitdem ist mein Bruder wie ausgewechselt. Er ist entspannt, locker, eloquent und witzig. Menschen, die ihn jetzt kennenlernen, können sich nicht vorstellen, warum er von meinem Vater den Namen »General« bekommen hat. Seit zwanzig Jahren schon hat mein Vater ihn nicht mehr so genannt.

Paradox: Das Mädchen profitiert von der klassischen Rolle

Das deutsche Schulsystem ist erwiesenermaßen kaum in der Lage, soziale Unterschiede auszugleichen. Die Nachkommen der ehemaligen Arbeitsmigranten sind dadurch nachweislich benachteiligt. Sie erwerben seltener als ihre deutschen Altersgenossen das Abitur und verlassen die Schule deutlich häufiger ganz ohne Abschluss. Das liegt neben der Schulstruktur und den wenig lernförderlichen Unterrichtsformen auch daran, dass Werte wie Selbstständigkeit, Selbstdisziplin, Ordnung und schnelles und termingerechtes Arbeiten eine besondere Rolle spielen. Ausgerechnet diese Werte, die für die Erfüllung der professionellen Ambitionen der Jungen notwendig wären, werden in traditionellen Familien bei den Jungen selten gefördert. Die Eltern fördern stattdessen unbewusst die Mädchen, weil Ordnung, Selbstdisziplin, Selbstständigkeit bei der Führung des Haushalts und auch der Erziehung der Kinder eine große Rolle spielen. Den Mädchen werden diese Kompetenzen zwar aus einer anderen Motivation heraus vermittelt, in der Schule kommen sie ihnen trotzdem zugute. Denn in der Regel legen die Lehrkräfte großen Wert auf selbstständiges und diszipliniertes Arbeiten sowie Ruhe und Ordnung. Die Mädchen sind aufgrund ihrer Erziehung viel eher in der Lage, diese Kriterien zu erfüllen, und sind dementsprechend angepasster in der Schule. Hausaufgaben und andere an sie übertragene Aufgaben erledigen sie rechtzeitig und pflichtbewusst. Von undisziplinierten oder aufmüpfigen Mädchen hört man kaum. Wenn Lehrkräfte sich mit öffentlichen Brandbriefen an Ministerien oder die Öffentlichkeit wenden, beziehen sie sich darin meist auf renitente muslimische Jungen.

Dies macht sich bemerkbar im Bildungsaufstieg der Mädchen. Ich muss betonen, dass Zahlen zum Bildungserfolg muslimischer Migranten nie alle Gruppen gleichberechtigt abbilden. Nicht alle Herkunftsländer werden in der Statistik einzeln abgefragt. Darüber hinaus sind viele Muslime eingebürgert und werden somit statistisch als Deutsche erfasst. Mit knapp drei Millionen bilden die türkeistämmigen Migranten jedoch eine repräsentative Gruppe, anhand derer sich der Schulerfolg von Mädchen statistisch nachvollziehen lässt. Den Daten des Statistischen Bundesamtes zufolge haben im Jahr 2017 29,1 Prozent der türkeistämmigen Jungen die Schule ohne einen Abschluss verlassen. Bei den Mädchen lag diese Zahl bei 28,7 Prozent. Die Abiturquote war bei den Jungen 19,1 und bei den Mädchen 17,0 Prozent. Zwar liegen die Jungs hier um Haaresbreite vorne, bemerkenswert ist das trotzdem, wenn man bedenkt, dass vielen der Mädchen von zu Hause keinerlei Ambitionen hinsichtlich Bildung und Karriere mitgegeben wurden. Auffällig wird der Geschlechterunterschied in der Bildung aber dann, wenn wir die Entwicklung über einen längeren Zeitraum betrachten. Laut den Daten des Bundesamts für Migration und Flüchtlinge sind im Jahr 2006 24,5 Prozent der türkeistämmigen Jungen und 35,3 Prozent der türkeistämmigen Mädchen ohne Abschluss von der Schule gegangen. Die Abiturquote lag bei den Mädchen bei 7,5 und bei den Jungen bei 11,1 Prozent. Innerhalb von nur zehn Jahren hat sich die Abiturquote bei den Mädchen also mehr als verdoppelt. Die Differenz zwischen den Geschlechtern ist beim Schulabgang ohne einen Abschluss ebenfalls auffällig. Während die Quote bei den Mädchen im genannten Zeitraum um sieben Prozent zurückging, ist sie bei den Jungen um fünf Prozent gestiegen. Dies macht sich auch bemerkbar bei den Hochschulabschlüssen. Im Jahre 2017 waren laut den Daten des Mikrozensus 4,4 Prozent aller türkeistämmigen Frauen und 3,7 Prozent der türkeistämmigen Männer im Besitz eines Diploms. Bei Bachelor-Abschlüssen ist ein ähnliches Bild zu beobachten: 1,5 Prozent der Männer und 1,7 Prozent der Frauen haben einen BA-Abschluss.

Obwohl der Besuch der Realschule oder des Gymnasiums für Jungen aus Karrieregründen bei den türkischen oder arabischen Eltern ganz oben auf der Wunschliste steht, ist deren Anteil laut der Beauftragten der Bundesregierung für Migration, Flüchtlinge und Integration aus dem Jahre 2016 an diesen Schulen verglichen mit deutschen und nicht muslimischen Jugendlichen gering. Mädchen werden gleichzeitig ganz unauffällig zu den Bildungsgewinnern. Viele Mädchen in traditionellen Familien haben eine hohe Affinität zu qualifizierenden Abschlüssen. Einerseits um sich individuell und beruflich in der Gesellschaft zu etablieren und andererseits um sich zu emanzipieren oder sich zumindest einige Freiräume jenseits der strengen Familienbande zu erkämpfen. Denn auch konservative Familien erlauben ihren unverheirateten Töchtern häufig zu Studienzwecken einen zeitlich befristeten Auszug aus dem Elternhaus. Und das obwohl der einzig legitime und gesellschaftlich anerkannte Grund für das Verlassen des Elternhauses traditionell die Heirat ist. Nach dem Abschluss gehen die Eltern meist davon aus, dass die Tochter ins Elternhaus zurückkehrt. Einen Auszug wegen Heirat betrachten die Eltern hingegen als endgültig.

Obwohl viele Mädchen also versuchen, sich durch Bildung vom Elternhaus zu emanzipieren, sind die im Elternhaus erlernten Geschlechterrollen häufig stärker. Die Mädchen und Frauen äußern zwar den Wunsch, dass der zukünftige Partner im Haushalt und bei der Kindererziehung helfen soll, eigentlich werden diese Felder aber nach wie vor dem Kompetenzbereich der Frau zugeordnet. Auch der Untersuchung von Boos-Nünning und Karakaşoğlu zufolge, die die Lebenswelten der Mädchen mit

Migrationshintergrund zum Thema hat, lehnt ein Großteil der befragten türkeistämmigen Mädchen die klassischen Geschlechterrollen ab. Geht es aber um die konkrete Umsetzung, stecken die Frauen zurück und orientieren sich wieder an den traditionellen Rollenzuweisungen. Was sind diese traditionellen Kompetenzen?

Erziehungskompetenz
Die Erziehungskompetenz liegt in konservativen, also traditionellen muslimischen Familien bei den Mädchen und Frauen. Sie werden schon früh an diese Rolle herangeführt und müssen schon in jungen Jahren die Verantwortung für jüngere Geschwister oder Cousins und Cousinen übernehmen. Diese Aufgabenverteilung wird von Generation zu Generation weitergegeben. Dem Mann sprechen die weiblichen Mitglieder der Familie allein wegen seines Geschlechts die Erziehungskompetenz ab. Gleichzeitig sieht der Mann diese auch klar bei den weiblichen Familienmitgliedern.

Die Betreuungs- und Erziehungskompetenz teilen sich die Frauen mit den Mädchen unabhängig davon, ob die Eltern erwerbstätig sind oder nicht. Die Betreuung der kleineren Geschwister durch die älteren Schwestern ist nicht nur in einer Notsituation gefragt, zum Beispiel wenn es gerade mal keine Betreuungsmöglichkeit gibt. Stattdessen sind sie voll in die Erziehung ihrer Geschwister eingebunden. In erster Linie soll das Mädchen so auf seine spätere Rolle als Mutter vorbereitet werden. In vielen formellen und informellen Gesprächen und im Rahmen mehrerer Studien habe ich herausgefunden, dass die Mädchen diese Rolle zwar annehmen und verteidigen, sie gleichzeitig aber unzufrieden damit sind, dass sie oft zu früh zu viel Verantwortung übernehmen müssen. Sie fühlen sich überfordert.

Die Verantwortung der älteren Schwestern für die Jüngeren beschränkt sich nicht nur auf das Wohnungsumfeld. Abhängig von den Ressourcen der Eltern und dem Alter der Töchter dehnen die Eltern den Verantwortungsbereich auch auf andere Bereiche, wie Bildungseinrichtungen, aus. Das bedeutet konkret: Die Tochter muss dann Aufgaben übernehmen, die aus Sicht deutscher Bildungseinrichtungen die Eltern zu erfüllen haben. Die Mädchen bringen die jüngeren Geschwister in die Kita oder Schule und nehmen auch an den Elternabenden teil, was in den Bildungseinrichtungen zu Irritationen führen kann.

Haushaltskompetenz
Neben der Erziehungskompetenz liegt auch die Haushaltskompetenz der traditionellen Rollenverteilung entsprechend bei den Mädchen. Die Mädchen werden angehalten, sehr früh im Haushalt mitzuarbeiten, und zwar in allen Bereichen. Ziel ist es, die Mädchen auf ihre spätere Rolle als Hausfrau vorzubereiten. Während Mädchen in diese Rolle hineingeboren werden und diese deshalb nicht hinterfragen, werden die Jungen an diese Rolle nicht herangeführt.

Die Mütter leben diese geschlechtsspezifische Trennung und Rollenzuweisung von Beginn an, sodass Jungen in diesem Feld keine Kompetenzen entwickeln können. Verhalten sie sich im Haushalt ungeschickt, wird das damit begründet, dass es sich eben um den Kompetenzbereich der Frauen handelt. Da in traditionellen Familien für Jungen kaum die Möglichkeit besteht, diese Dinge zu lernen, ist die Wahrscheinlichkeit groß, dass auch die erwachsenen Männer nicht in der Lage sein werden, diesen Bereich selbstständig zu meistern. Dass die Mädchen spätestens in der Pubertät selbstständig in der Lage sein müssen, einen Haushalt zu führen, begründen die Eltern mit der Hilflosigkeit der Männer in Haushaltsangelegenheiten. Die traditionelle Ausbildung der Geschlechterrollen stammt noch aus der ländlichen Sozialisation in der Türkei oder arabischen Ländern, wo die Mädchen früh heiraten und dann direkt in der Lage sein müssen, den Haushalt für ihren Ehemann zu übernehmen.

Dass aber auch in gebildeten Milieus noch Menschen überrascht sind, wenn Männer sich im Haushalt engagieren, möchte ich anhand unserer Geschwister-WG in Ankara verdeutlichen. Weil mein Bruder, meine Schwester und ich zusammenwohnten und gemeinsam zur Schule gingen bzw. studierten, haben wir uns das Führen des Haushaltes, also Einkauf, Kochen und Putzen, untereinander aufgeteilt. Damit sich niemand bevorzugt oder benachteiligt fühlte, haben wir alles nach dem Rotationsprinzip aufgeteilt. Spülen, Kochen oder Putzen wurden abwechselnd oder bei Bedarf gemeinsam erledigt. Wenn jemand eine Klausur hatte oder einen wichtigen Termin wahrnehmen musste, haben wir Dienste getauscht. Es klappte relativ gut und ohne große Diskussionen. Allerdings haben wir schnell festgestellt, dass die Kochkünste meines Bruders sehr bescheiden waren, deshalb haben meine Schwester und ich ihm häufig freiwillig den Kochdienst abgenommen.

Unsere WG war im Stadtteil für ihre linken Positionen bekannt. Bei uns gingen Studentinnen und Studenten, aber auch Akademiker ein und aus. Die abendlichen Debatten waren legendär, weil sie sehr kontrovers verliefen. Soziale Themen wie die Gleichberechtigung der Geschlechter wurden auf höchstem Niveau diskutiert. Zwischen diesen theoretischen Diskussionen und der Praxis herrschten allerdings große Unterschiede. Wenn ein Gast einen weiteren Tee haben wollte, wandte er sich immer an meine Schwester. Wenn meine Schwester dann sitzen blieb und einer von uns den Tee holte, waren die Gäste jedes Mal überrascht. Unabhängig davon hätte ich von einem revolutionären

Linken erwartet, dass er seinen Tee selbst aus der Küche holt. Offensichtlich ist auch bei modernen linken Männern beim Thema Haushalt die Grenze der Gleichberechtigung schnell erreicht. Im Übrigen waren sich an diesen Abenden aber auch die Frauen nicht ganz einig, ob die Männer für den Haushalt zuständig sind. Konsens war dann meist die folgende Formel: Die Frau ist für den Haushalt zuständig, und der Mann versucht sich zu beteiligen. Sehr revolutionär klingt das nicht.

Auch in unserer Familie kam dieses Thema erneut auf, als unsere normalerweise in Deutschland lebende ältere Schwester uns in der WG besuchte. Wir hatten zu dem Zeitpunkt alle drei wichtige Prüfungen oder Termine, sodass der Haushalt etwas zu kurz kam. Wir kamen weder zum Putzen noch zum Spülen. Die Küche sah nicht sehr ansehnlich aus. Als meine Schwester aus Deutschland die Wohnung betrat, konfrontierte sie meine mit uns lebende Schwester direkt mit der Frage, warum die Wohnung sich in so einem desolaten Zustand befinde. Ihre einzige Ansprechpartnerin war meine Schwester. Als wir dann betonten, dass wir den Haushalt normalerweise gemeinsam erledigen, sagte sie zu uns nur: »Was habt ihr denn damit zu tun? Das ist doch ihre Aufgabe.« Danach stritten wir vier Geschwister ausgiebig darüber, ob der Haushalt die Aufgabe einer Frau ist. Schließlich räumten wir die Wohnung zu viert, rauchend und Bier trinkend, gemeinsam auf.

Religiöse Erziehung als Hemmnis für den Bildungsaufstieg

Religiöse Erziehung bedeutet in traditionellen Familien die Vermittlung der fünf Säulen des Islam. Die fünf Säulen des Islam werden beiden Geschlechtern gleichermaßen vermittelt: *Sahada* (die Annahme des Islam als Religion), *Salat* (das täglich fünfmal zu verrichtende Ritualgebet), *Zakat* (Almosensteuer), *Saum* (das Fasten im Monat Ramadan) sowie die *Hadsch* (Wallfahrt) nach Mekka. Außerdem gehören zur religiösen Erziehung die islamischen Feiertage, also das Opfer- und das Zuckerfest.

Sahada – Glaubensbekenntnis: Die Annahme des Islam vollzieht sich mit dem Aussprechen des Glaubensbekenntnisses: »*Ashadu an la ilaha illa llah wa-ashadu anna Muhammadan rasulullah*« – ins Deutsche übersetzt lautet es: »*Ich bezeuge, dass es keinen Gott außer Allah gibt, und ich bezeuge, dass Muhammad der Gesandte Gottes ist.*« Im Islam wird davon ausgegangen, dass ein Kind automatisch Muslim ist, wenn es muslimische Eltern hat. Der Islamwissenschaftlerin Christine Schirrmacher zufolge ist keine spätere »Bekehrung«, kein Bekenntnis oder keine ausdrückliche Erklärung des Kindes notwendig, wie zum Beispiel bei der Taufe oder der Konfirmation im Christentum. Die Kinder in religiösen Familien werden von klein auf mit den Ritualen vertraut gemacht. Das Kind lernt im Laufe der Zeit, sich in unterschiedlichen Zusammenhängen zu Gott und seinem Propheten zu bekennen. Das kann in Gebeten geschehen oder aber bei religiösen Familienfesten. Das Bekenntnis wird einem Muslim kurz vor seinem Tod wieder ins Ohr gesprochen, damit er der Befragung durch die Todesengel nach seinem Tod standhalten kann.

Salat – Beten: Das wichtigste religiöse Ritual der Muslime ist das tägliche fünfmalige Beten. Aufgrund von Erwerbstätigkeit können nicht immer alle dieses Ritual einhalten. Aber mindestens das Freitagsgebet (mittags), das mit dem sonntäglichen Kirchgang der Christen vergleichbar ist, sollte eingehalten werden. Dies ist im Alltag nicht ganz leicht: Denn nicht nur der Gebetsort muss sauber sein, sondern auch der Betende muss sich einer rituellen Waschung, im Arabischen *wudu*, im Türkischen *abdest*, unterziehen. Jeder Gläubige muss vor dem Gebet beide

Hände bis zum Handgelenk, das Gesicht und beide Füße bis zu den Knöcheln dreimal, den Kopf einmal waschen, und er soll Nase und Mund dreimal ausspülen. Das Gebet ist ein Dialog des Gläubigen mit Gott. Durch den symbolischen Akt der Waschung tritt der Gläubige sauber und rein vor Gott.

Kinder und Jugendliche sollen die richtige Abfolge dieses Rituals, begleitet von gesprochenen Gebetsversen, erlernen und umsetzen. Es geht nicht darum, die Bedeutung der arabisch gesprochenen Verse zu verstehen und nachzuvollziehen, sondern das auswendig Gelernte korrekt wiederzugeben. Hier findet eine geschlechtsspezifische Trennung statt, das heißt, der Vater unterweist den Sohn, die Mutter die Tochter. Das tägliche Beten wird den Kindern im Grundschulalter beigebracht und sollte spätestens ab der Pubertät beherrscht werden.

Zakat – Almosensteuer: Almosenpflichtig ist jeder volljährige, gesunde und freie Muslim. Die Almosensteuer wird als verdienstvolles Werk des Muslims bezeichnet. Ihr Ertrag ist für die Armen und Bedürftigen bestimmt. Die Höhe der Almosensteuer richtet sich nach dem Einkommen. 2,5 Prozent des Betrags, der einem am Ende des Jahres netto übrig bleibt, soll gespendet werden. Ausgenommen ist, wer Schulden hat oder nicht genug verdient. Die Almosensteuer hebt den sozialen Aspekt der religiösen Pflicht hervor: Der Wohlhabende unterstützt durch die Almosensteuer die Ärmeren, sie soll an einen anderen Muslim, der in seinem Umfeld lebt und bedürftig ist, ausgezahlt werden. Ein Blick auf die erzieherische Umsetzung zeigt, dass die Kinder zu dieser religiös motivierten sozialen Pflicht angehalten werden.

Saum – Fasten: Das Einhalten des Fastenmonats Ramadan ist in den Herkunftsländern der Migranten sehr verbreitet. Die Gläubigen verzichten einen Monat lang zwischen Sonnenauf- und Sonnenuntergang darauf zu essen, zu trinken und zu rauchen. Am Abend und am frühen Morgen – zwischen Sonnenuntergang und Sonnenaufgang – kann wieder gegessen werden. Der Ramadan wird mit dem vier Tage anhaltenden Zuckerfest beendet. Die Fastenzeit liegt im neunten Monat (Ramadan) des islamischen Mondkalenders, weil in diesem Monat die Offenbarung des Korans an den Propheten Mohammed begonnen hat. Da Muslime den beweglichen Mondkalender nutzen, verschiebt sich der Fastenmonat jedes Mal um zehn bis elf Tage nach vorne. Der Sinn des Fastens besteht darin, dass sich der Gläubige durch Enthaltsamkeit die Bedeutung von Hunger und Durst vergegenwärtigen soll.

Bei der religiösen Erziehung wird Schritt für Schritt darauf hingewirkt, dass die Kinder das Fasten einhalten. Dabei lernen die Kinder meist »am Modell«. Das heißt, die Kinder beobachten ihre Eltern beim Fasten, um sie später schrittweise zu imitieren. Spätestens bis zur Pubertät (markiert die Mündigkeit im Islam) sollen die Kinder gelernt haben, den gesamten Monat fasten zu können. Das Fasten kennt aber auch Ausnahmen, wie z. B. Krankheit, Schwangerschaft, Alter oder längere Reisen.

Hadsch – Wallfahrt: Durch das Gebot des Koran (Sure 3, 97) ist jeder volljährige Muslim verpflichtet, mindestens einmal in seinem Leben die Wallfahrt nach Mekka zu unternehmen, sofern er die finanziellen Möglichkeiten hat. Es geht bei der fünften und letzten Säule des Islam darum, dass jeder Muslim die heiligen Orte des Islam gesehen haben soll. Die Wallfahrt nach Mekka findet im letzten Monat des islamischen Mondkalenders in der Gemeinschaft der Gläubigen statt. Wer die Wallfahrt erfolgreich abgeschlossen hat, erhält den Ehrentitel »Hadschi«. Das Ende der Wallfahrt wird mit dem Opferfest gefeiert.

Die religiösen Feste
Neben dem Beachten der fünf Säulen des Islam lernen die Kinder in traditionellen Familien auch, die religiösen Feste zu

feiern. Die vierte Säule des Islam (Fasten) wird mit dem Ramadanfest, umgangssprachlich Zuckerfest, und die fünfte Säule (Pilgerfahrt) mit dem Opferfest abgeschlossen.

Das Ramadanfest (Zuckerfest): Neben dem Opferfest ist das Zuckerfest eines der wichtigsten Feste der Muslime. Es wird mal als Ramadanfest, mal als Zuckerfest oder auch mal als Fest des Fastenbrechens bezeichnet. In Deutschland hat sich der Begriff Zuckerfest durchgesetzt. Beim dreitägigen Zuckerfest wird der Ausklang der anstrengenden dreißigtägigen Fastenzeit mit üppigem Essen und süßen Speisen gefeiert. Am ersten Tag des Zuckerfestes geht die gesamte Familie in die Moschee und betet gemeinsam. Die folgenden drei Tage werden der Familie, den Verwandten und Bekannten gewidmet. Man besucht sich gegenseitig, macht sich Geschenke, und die Kinder bekommen Taschengeld. Alle Familienmitglieder kleiden sich besonders gut, und die Wohnung wird für die zu erwartenden Gäste sorgsam hergerichtet. Das Fest ist bei Unstimmigkeiten oder bei Streit auch ein Anlass, sich wieder zu versöhnen.

In Bezug auf die religiöse Erziehung haben die muslimischen Familien in Deutschland eine große Verantwortung, weil in öffentlichen Bildungseinrichtungen meist keine Vermittlung des Islam erfolgt. Die Eltern müssen nicht nur die Bedeutung des Zuckerfestes erläutern, sondern es auch in einer fremden Umgebung feiern und vorleben. In den Herkunftsländern ist die Vermittlung der Feiertage leichter, weil sie nicht nur in der Familie, sondern auch in Schulen, Einrichtungen und im öffentlichen Leben zelebriert werden.

Opferfest: Das Opferfest ist eines der wichtigsten Feste der Muslime auf der ganzen Welt und wird im Anschluss an die Hadsch (Wallfahrt) gefeiert. Mit der Schlachtung eines Tieres gedenken die Muslime Ibrahims (Abraham), der in vielen Koranquellen als erster »Gottergebener« bezeichnet wird. Nach der Überlieferung wird Ibrahim von Gott in einer Prüfung seiner Glaubensfestigkeit aufgefordert, einen seiner beiden Söhne zu opfern. Ibrahim will dieser Aufforderung gerade nachkommen, als ihm ein Engel – im Auftrag von Gott – einen Schafsbock als Opfer anbietet. Statt seinen Sohn zu opfern, schlachtet Ibrahim das vom Engel überbrachte Tier und besteht den Test.

Wie gestaltet sich die Tradition, die dieses Ereignisses gedenkt? Anlässlich des Opferfestes wird traditionell ein Tieropfer erbracht. Das Tieropfer hat auch einen karitativen Charakter, denn das Fleisch wird zu einem großen Teil ärmeren Menschen gegeben, die sich nicht immer Fleisch leisten können. Gerade in islamisch geprägten Ländern gibt es immer noch viele Menschen, die sich aufgrund ihrer finanziellen Lage kein Fleisch kaufen können. Deshalb verzichten viele Muslime in Deutschland auf die Schlachtung eines Tieres und überweisen stattdessen Geld in ihr Herkunftsland, damit die Verwandten ein Tier opfern und an Bedürftige verteilen.

Wie das Zuckerfest wird auch das Opferfest als Familienfest gefeiert, es dauert allerdings vier Tage an. Das Opferfest beginnt mit dem Besuch der Moschee. Am ersten oder zweiten Tag wird ein Tier geopfert. An den verbleibenden Tagen besuchen sich die Familien gegenseitig.

In Deutschland leben ca. 4,7 Millionen Menschen muslimischen Glaubens. Diese Gruppe ist sehr heterogen, außerdem gibt es innerhalb des Islam unterschiedliche Strömungen. Wir kennen konservative, traditionelle, fromme oder auch nicht praktizierende Muslime. Sobald der Islam aber in einer Familie praktiziert wird, gewinnen auch die religiöse Unterweisung und die religiöse Erziehung an Bedeutung und besitzen gerade in Deutschland einen hohen Stellenwert.

In der Diaspora ist eine religiöse Sozialisation, wie sie in den

Herkunftsländern erfolgt, nicht möglich. In vielen Schulen in Deutschland steht der Islamunterricht nicht auf dem Stundenplan, oder er wird auf die Nachmittagszeit gelegt. Viele religiös-konservative Eltern wollen ihre Kinder aber auch vor westlich-christlichen Werten schützen, ein institutionalisierter Islamunterricht kommt daher sowieso nicht infrage. Dadurch gewinnt die religiöse Sozialisation in der Familie also im Privaten noch mehr an Bedeutung. Damit ihre Kinder muslimisch aufwachsen, kompensieren die Eltern die fehlende muslimisch geprägte gesellschaftliche Umgebung beispielsweise über Korankurse in Moscheevereinen. Nicht die Schulangelegenheiten werden dann mit Nachdruck vorangetrieben, sondern der Besuch des Korankurses. Er steht im Mittelpunkt des Alltages vieler Kinder.

Der Großteil dieser Moscheevereine ist für sein konservatives Weltbild bekannt. Nicht nur beim Beten nehmen diese Vereine eine strenge Geschlechtertrennung vor, sondern in allen Bereichen der Vereinsaktivitäten. Viele der Geistlichen kommen aus der Türkei, sind der deutschen Sprache nicht mächtig und vertreten ein sehr konservatives Weltbild. Häufig sind sie auch selbst ernannte Imame, also theologische Laien. Auch sie sprechen oftmals kein Deutsch. Der integrative Charakter dieser Vereine ist demnach überschaubar. Der Zulauf ist hingegen relativ groß.

Die Eltern kümmern sich mithilfe der Moscheevereine um die religiöse Sozialisation ihrer Kinder. Dabei vernachlässigen sie unter Umständen die schulische Bildung der Kinder.

Meine Eltern betonten in der Erziehung unermüdlich, dass wir Aleviten sind. Aber eine auf der alevitischen Glaubensrichtung basierende praktische Erziehung haben sie trotzdem nicht verfolgt. Sie haben also ihre erzieherische Handlung nicht auf

Grundideen des Alevitentums bezogen. Es war ihnen lediglich wichtig, dass wir die Wurzeln unserer religiösen Herkunft kennen.

Die fünf Säulen des Islam, die ich oben kurz angeschnitten habe und die von Sunniten und Schiiten befolgt werden, waren für uns nicht relevant. Überhaupt war eine religiöse Sozialisation in unserer Familie nicht vorhanden. Während meine türkischen Freunde nach der Schule Korankurse besuchten, spielte ich in meiner Freizeit mit anderen Kindern und Jugendlichen im Park oder ging zum Fußballtraining.

Nicht, dass es keine alevitischen Kulturvereine in Deutschland gäbe, aber meine Eltern haben sich dort weder ehrenamtlich engagiert, noch bestanden sie darauf, dass wir solche Einrichtungen besuchten. Im Gegenteil: Wenn Verwandte Teil solcher Vereine waren oder aber ihre Kinder in diese Vereine schickten, um Kurse zu besuchen, waren sie sehr kritisch.

In unserer Erziehung waren Werte wie Hilfsbereitschaft, Ehrlichkeit, Aufrichtigkeit, Gewaltfreiheit, Rücksichtnahme und Solidarität gegenüber den Schwächeren zentral. Ich stelle nicht in Abrede, dass in religiösen Familien diese Werte nicht ebenso relevant sind. Aber im Gegensatz zur Erziehung in religiösen Familien war bei uns die Vermittlung dieser Werte nicht mit einem religiösen Corpus verknüpft. Der dogmatische Tenor, der bei religiöser Erziehung mitschwingt, fehlte bei uns. Meine Geschwister und ich hatten das Gefühl, freier zu sein als unsere religiös aufwachsenden Freunde.

Aber auch unsere Familie hatte ein Dogma, die Bildung. Während in vielen muslimischen Familien das gemeinsame Leben von der Religion bestimmt wird, wurde bei uns das gemeinsame Leben der Bildung beziehungsweise dem Bildungsaufstieg untergeordnet. Das hat dazu geführt, dass unsere achtköpfige Familie nie vollständig war. Immer waren irgendwelche

Kinder wegen angestrebter Bildungsabschlüsse außer Haus. Die Schattenseite des Bildungserfolgs waren dann minderjährige Kinder, die fern von ihren Eltern hohe Bildungsabschlüsse erlangen wollten und darunter litten, nicht bei den Eltern sein zu können. Diese Situation war zwar für alle Familienmitglieder nicht immer einfach. Aber alle haben ihre Ziele erreicht und sind zufrieden. Inzwischen weiß ich von meinen Geschwistern, dass sie finden, dass es sich gelohnt hat, diesen Weg trotz der schwierigen Bedingungen zu gehen.

INFOBOX

Aleviten / Sunniten
Das Alevitentum ist eine Glaubensrichtung, die vor allem in der Türkei verbreitet ist. Die Anzahl der Aleviten wird in der Türkei auf 15 bis 20 Prozent der Gesamtbevölkerung geschätzt. Das sind ca. 12 bis 16 Millionen Menschen, weil in der Türkei knapp 80 Millionen Menschen leben. Die Zahl muss deshalb geschätzt werden, weil der türkische Staat das Alevitentum nicht als eigenständige Religionsgemeinschaft anerkannt hat. Im Zuge der Gastarbeiteranwerbung der 1960er- und 1970er-Jahre sind sehr viele Aleviten nach Deutschland gekommen. In Deutschland leben inzwischen je nach Quelle 500 000 bis 800 000 Aleviten.
Sind Aleviten Muslime? Das Alevitentum wird von einigen Aleviten als eigenständige, vom Islam unabhängige Religion angesehen. Andere verzichten auf den Religionsbezug und begreifen das Alevitentum als eine Philosophie, die traditionell anatolische Werte mit einem

als universal verstandenen Humanismus verknüpft. Wiederum andere ordnen dem Alevitentum politische Ideale zu, betrachten es als eine revolutionäre Klassenkampftheorie oder betonen aus nationalistischer Perspektive vorislamisch-türkische oder kurdisch-iranische Wurzeln. Die meisten Aleviten verstehen das Alevitentum als eine stark von türkischer Kultur geprägte, in ihrem Kern humanistische Form des Islam. Weitverbreitet, nicht nur unter Aleviten, ist auch die Auffassung, dass es sich beim Alevitentum im Vergleich zum sunnitischen Islam um eine liberalere Religionstradition handelt.

Worin unterscheiden sich Aleviten und Sunniten? Der Alevitenforscher Ismail Kaplan nimmt folgende Unterscheidung vor: Das Alevitentum betont das »Einssein« bzw. das »Einswerden«. Es sieht in dem Prozess des »Einswerdens« die Vertiefung einer Verbindung von Gott und Mensch, die als »Eins«, einem Ausdruck der Vollkommenheit, gesehen werden. Demgegenüber betont das Sunnitentum einen Dualismus zwischen Gott als dem Herrn und Schöpfer oben und dem als Untertan geschaffenen Menschen unten. Diese Kluft kann durch einen Gnadenerweis Gottes bestenfalls kurzzeitig überbrückt werden.

Im Alevitentum gilt es als Ziel, in seiner Zeit auf der Welt die Vervollkommnung (sich menschlich-individuell verbessern) zu erreichen. Im Sunnitentum strebt der Gläubige danach, durch seine Pflichterfüllung gegenüber Gott die Anwartschaft auf den Zugang zum Paradies zu erlangen – wobei es letztlich in dem unerforschlichen Willen des »Richtergottes« steht, ob er diesen Zugang gewährt.

Das Alevitentum ist eine Gemeinschaftsreligion dahingehend, dass die Gemeinschaft der Gläubigen und ihr Eintreten füreinander betont werden. Das gemeinsame Gebet und die Herstellung des Einklangs unter den Teilnehmerinnen und Teilnehmern bei den Gottesdiensten, der dann auch in das Alltagsleben ausstrahlt, zielt auf die Reifung und letztlich Vervollkommnung aller Gläubigen in der Gemeinde. Im Vergleich dazu gehen die Anhänger des Sunnitentums jeweils ihren eigenen Weg, um ihre Pflichten zu erfüllen, die ihnen den Zugang zum Paradies eröffnen können.

Das Alevitentum basiert auf vollkommener Freiwilligkeit und auf dem Prinzip gegenseitiger Anerkennung. Das Alevitentum kennt keine Dogmatik (z. B. Gebetsrituale oder Textexegese) und erhebt keinen universellen Anspruch. So verteidigt es auch nicht die Form der Gebete oder andere Formalien, wie es das Sunnitentum tut, das die Scharia (islamisches Gesetz) als Religionskodex vorschreibt und dessen Einhaltung kontrolliert.

Sexuelle Aufklärung – kein Thema in der Familie

Bei der sexuellen Aufklärung ist der Großteil der muslimischen Eltern relativ konservativ eingestellt. Das Thema wird meist auf den Geschlechtsverkehr reduziert, die körperliche und sexuelle Entwicklung eines Menschen oder Dinge wie Geschlechtskrankheiten werden kaum besprochen. Das möchte ich anhand eines Beispiels aus unserer Dreier-WG in Ankara konkretisieren.

Traditionell heiraten viele Paare in der Türkei in den Sommermonaten. Die Menschen haben mehr Zeit, und es kann im Freien gefeiert werden. Während eines Sommers war in unserer WG in Ankara besonders viel Betrieb. Auch zwei Tanten von mir waren anlässlich einer Hochzeit zu Besuch. Eine Freundin von ihnen heiratete. Die Hochzeitsvorbereitungen fanden bei uns statt. Tagsüber war die Braut daher meistens in der WG. Einkäufe, Friseurtermine und andere Dinge wurden organisiert. Im Vorfeld des standesamtlichen Termins wuchs die Aufregung in der WG noch mal an. Mitten in diesem Trubel zogen sich meine Tanten und noch weitere Freunde und Verwandte mit der Braut in ein Zimmer zurück und sperrten die Tür ab. Was die Frauen so dringend im Geheimen besprechen mussten, erschloss sich mir nicht. Nach einigen Minuten klingelte das Telefon. Der Bräutigam war am Telefon und wollte von mir wissen, wie weit die Vorbereitungen waren. Da ich diese Frage nicht beantworten konnte, wollte ich den Hörer an die Braut weitergeben. Ich klopfte an die Tür und bekam keine Antwort. Schließlich öffnete meine Tante und machte mich zur Schnecke. Sie war sauer auf mich, weil ich die Gruppe bei dem wichtigsten Gespräch vor der Hochzeit gestört hatte. Ich sei zu unsensibel, so meinte die Tante. Etwas geknickt ging ich wieder zum Telefon und sagte dem Bräutigam, dass die Vorbereitungen sehr fortgeschritten seien und er sich entspannt auf den Termin freuen könne.

Nach ungefähr einer halben Stunde löste sich die Damengruppe wieder auf. Jetzt ging es darum, das Hochzeitskleid anzuziehen, zum Friseur zu fahren und pünktlich vor dem Standesbeamten zu sitzen. Nachdem die Braut sich mit ihrer Entourage zum Friseur aufgemacht hatte, kam ich mit meiner Tante ins Gespräch. Sie erzählte mir, dass sie die Braut vor der Hochzeit aufklären mussten. Sie sollte schließlich wissen, was in der Hochzeitnacht passiere und worauf sie achten müsse. Ich dachte, ich hätte die Ausführungen meiner Tante falsch verstanden. Eine Frau, die mit Ende zwanzig heiratet, wird wenige Stunden vor ihrer Hochzeit aufgeklärt? Meine Tante war erstaunt: Wann sollte das denn sonst passieren? Vorher gebe es ja keinen Grund dafür. Meine Schwester und ich, die vorher in Deutschland eine Schule besucht hatten und intensive BRAVO-Leser waren, waren über diese Aussage ziemlich schockiert. Ich habe bei diesem Beispiel lediglich die Perspektive der weiblichen Aufklärung dargestellt. Bei jungen Männern läuft es ähnlich ab, nur sind alle Beteiligten eben männlich. Zu der Perspektive der Jungen komme ich aber auch zum Schluss dieses Kapitels noch mal.

Die sexuelle Aufklärung, wie sie im Beispiel dargestellt wurde, bei der nur das gesagt wird, was sich nicht vermeiden lässt, ist in Milieus mit strenger Sexualmoral üblich. Allgemein sind religiöse, konservative und bildungsbenachteiligte Eltern der Ansicht, dass die Aufklärung über eine gute Freundin/einen guten Freund oder die große Schwester/den großen Bruder erfolgen sollte. Die Aufgabe wird aufgrund von Scham und Respekt vor den Eltern (weil die Eltern, wenn sie mit ihren Kindern offen über Sexualität reden, an Autorität einbüßen würden) an ältere Geschwister oder Freunde delegiert.

Die traditionelle Aufklärung ist dann eine reine Informationsweitergabe, die ich während meiner Schulzeit auch in der Türkei erlebt habe. Die Fragen der Kinder werden aber beantwortet. Bei den Jungen und auch Mädchen wird die sexuelle Aufklärung auf den Geschlechtsakt in der Hochzeitnacht reduziert. Da es bei den Jungen keine Menstruation gibt, wird auf eine frühe Thematisierung verzichtet. Bei den Mädchen müssen die Eltern notgedrungen etwas früher agieren. Die Eltern gehen davon aus, dass die Kinder sich im digitalen Zeitalter über das Internet oder die Medien informieren, was begrüßt wird, weil sie selbst nicht aktiv werden müssen. Dadurch müssen die Eltern tabuisierte und schambesetzte Themen nicht ansprechen.

In Bezug auf voreheliche Sexualität sind die religiösen Eltern meist streng konservativ, was das weibliche Geschlecht betrifft. Grund hierfür ist die Verbindung der weiblichen Unversehrtheit mit der Ehre der Mädchen. Es entspricht dem Konzept der Ehre, dass sie die Ehe als Jungfrau eingehen müssen. In bestimmten Milieus muss das sogar anhand der Bettlaken nachgewiesen werden. Solche Rituale existieren bei Jungen nicht. Ihre Ehre ist außerdem nicht mit ihrer Sexualität verknüpft, dementsprechend werden sexuelle Erfahrungen bei ihnen geduldet.

Ist der Mann nicht erfahren, besteht zusätzlich die Gefahr, dass er in der Hochzeitsnacht seine Männlichkeit nicht unter Beweis stellen kann und er in den Augen seiner Frau und männlichen Verwandten an Ansehen und Macht verliert. Diese gefühlte Bedrohung kann dazu führen, dass der Bräutigam kurz vor der Eheschließung von männlichen Erwachsenen – es kann ein älterer Bruder oder ein guter Freund sein – gefragt wird, ob er bereits sexuelle Erfahrungen mit einer Frau hatte. Verneint der Heiratskandidat diese Frage, kommt es vor, dass der Mann zum Geschlechtsverkehr ermuntert wird, zum Beispiel im Rahmen eines Bordell-Besuchs. Die zwei unterschiedlichen moralischen Maßstäbe tragen zur Verunsicherung bei: Unerfahrene Frauen, die ihre Unschuld bis zur Hochzeitsnacht bewahren und in der Ehe treu bleiben müssen, treffen auf Männer, die schon vor der Ehe Erfahrungen sammeln sollen. Ein Interview, das ich 2007 für eine wissenschaftliche Publikation geführt habe, bekräftigt die Annahme, dass die Männer ihre gesammelten Kenntnisse in die Ehe übertragen. Mit ihrer Ehefrau wollen sie die gesammelten Erfahrungen weiter umsetzen und stoßen dabei an Grenzen, weil die Frauen eben nicht über den gleichen Erfahrungshorizont verfügen. Hasan äußert sich in unserem Interview folgendermaßen dazu: »*Ich gehe immer noch ab und zu in den Puff. Oder ich hab schon ab und zu eine deutsche Freundin. Das finde ich schon gut. Das müssen die Männer schon machen. Die Frauen dort können viel. Die wissen schon, was die Männer geil macht. Da kann ich schon andere Stellungen ausprobieren. Ja, diese Sachen probiere ich schon mit meiner Frau. Aber die hat überhaupt keine Ahnung. Ich sage, du sollst so und so machen. Aber die liegt wie ein Holzstück da. Die hat überhaupt keine Ahnung. Oder sie sagt, ich will das nicht machen. Dann sage ich, komm her, ich zeige dir, wie das geht.*« Hasans Ansicht nach steht es den Männern zu, nicht nur voreheliche, sondern auch außereheliche sexuelle Beziehungen zu pflegen. Dies ist bei Ehefrauen und weiblichen Familienmitgliedern ausgeschlossen, sie würden sanktioniert, legten sie solche Verhaltensweisen an den Tag.

Konservative, religiöse Eltern vertreten also geschlechtsspezifische moralische Ansichten. Mädchen dürfen gerade aufgrund des strengen Ehrkonzepts keine vorehelichen sexuellen Erfahrungen haben, während Jungen hier mehr Freiheiten besitzen. Laut der Sexualpädagogin Menekşe Çağlıyan ist bei konservativen Mädchen und jungen Frauen die Sexualität ein tabuisiertes Thema, das sie nur mit sehr engen Freundinnen besprechen können, denen sie uneingeschränkt vertrauen. Sie ist mit Scham und Respekt vor Autoritätspersonen behaftet und kann deshalb nicht in Anwesenheit von Autoritätspersonen thematisiert werden. Die patriarchalische und hierarchische Erziehung trägt dazu bei, dass die Kinder nicht lernen, angemessen über dieses Thema zu reden. Warum aber können die Eltern nicht mit ihren Kindern über dieses Thema reden? Dafür gibt es drei zentrale Gründe:

1. *Elterliche Unsicherheit*
In muslimischen Familien ist Sexualität traditionell kein Thema. Eltern geben die Tradition des Schweigens an ihre Kinder weiter, weil sie selber nicht gelernt haben, angemessen über Sexualität zu reden. Die elterliche Unsicherheit zeigt sich auch daran, dass die Eltern und die Verwandten, wenn sie sich denn um die Sexualerziehung der Kinder kümmern, diese auf den Bereich des Geschlechtsverkehrs zwischen Mann und Frau reduzieren. Erst im Biologieunterricht in der Schule erfahren viele Kinder, wie viele Bereiche tatsächlich zu einem mündigen Sexualleben dazugehören. Die Unsicherheit der Eltern, vor allem die der Mütter, wird dann offenkundig, wenn bei den Töchtern die Menstruation beginnt. Nicht alle Mütter bereiten ihre Töchter darauf vor. Erst beim Einsetzen der ersten Regelblutung gibt es dann unter Umständen eine kurze Aussprache zwischen Mutter und Tochter.

2. *Schamgefühl / Respekt vor Autoritäten*
Die elterliche Unsicherheit, nicht darüber zu reden, führt dazu, dass Sexualität und sexuelle Aufklärung mit Scham belegt sind. Wenn die Eltern darüber reden, dann versuchen sie häufig, den Begriff der Sexualität zu umschreiben, zum Beispiel als »diese Sache« oder »dieses Thema«. Scham steht dabei in einem direkten Zusammenhang mit Respekt. In muslimischen Familien gilt es als respektlos, intime Anliegen in Anwesenheit von Autoritätspersonen zu thematisieren. Thematisieren die Kinder diese als intim geltenden Bereiche in Anwesenheit der Eltern doch, z. B. Sexualität, fassen das Vater und Mutter, laut Menekşe Çağlıyan, als ein Untergraben ihrer Autorität auf.

3. *Angst, das Interesse der Kinder zu wecken*
Ein weiterer Grund für die Tabuisierung der Sexualität innerhalb der Familie ist, dass die Eltern befürchten, die Neugierde ihrer Kinder, vor allem die der Töchter, durch eine Thematisierung zu wecken. Sie sollen wegen des traditionellen Ehrbegriffs als Jungfrau die Ehe eingehen. Dem widersprechen die Erkenntnisse aus der Pädagogik und Psychologie, denen zufolge Reglementierungen oder Verbote erst recht das Interesse von Kindern oder Heranwachsenden wecken. Vor allem unterschätzen die Eltern die Rolle der Medien und Freunde, wenn sie glauben, dass ihre Töchter durch Tabuisierung unwissend bleiben und sich somit nicht für Sexualität interessieren. Die Wissenschaftlerinnen Menekşe Çağlıyan und Anette Müller machen deutlich, dass sich Mädchen und Jungen aufgrund des einfacheren medialen Zugangs früh und umfassend informieren, was bei der ersten und zweiten Generation in Deutschland lebender Migranten in dieser Form nicht möglich war. Dieses Wissen verheimlichen die Kinder in der Regel, um ihre Eltern nicht zu verunsichern und keinen Ärger zu bekommen. Studien von Menekşe Çağlıyan, Anette Müller oder aber auch der Bundeszentrale für gesundheitliche Aufklärung weisen außerdem darauf hin, dass das Bedürfnis nach Wissen über Sexualität nicht mit sexuellem Verlangen zusammenhängen muss. Laut der Bundeszentrale für gesundheitliche Aufklärung (BZgA) gehen gerade Jugendliche, die sich intensiv mit der Sexualität, ihrem Körper und dem Wissen darüber auseinandersetzen, reflektiert, vorsichtig und zurückhaltend mit sexueller Aktivität um. Die Angst davor, Bedürfnisse in den Kindern auszulösen, ist nichtsdestotrotz einer der zentralen Punkte, warum das Thema Sexualität in der Familie tabuisiert wird.

Eine Ohrfeige schadet wohl nicht – Gewalt und Erziehung

Die Gründe, warum Eltern in der Erziehung auf Gewalt zurückgreifen, sind vielfältig. Ohnmacht, Überforderung, fehlende Kommunikation, mangelhafte Konfliktlösungsstrategien oder ein inkonsistenter Erziehungsstil können Auslöser für Gewalt in der Erziehung sein. In mehreren Untersuchungen des Kriminologischen Forschungsinstituts Niedersachsen (2002, 2005 und 2009) wurden Jugendliche der neunten Jahrgangsstufe danach gefragt, ob sie in den letzten zwölf Monaten Opfer von Gewalt wurden. Die Ergebnisse zeigen, dass junge Menschen türkischer und ex-jugoslawischer Herkunft zwei bis drei Mal häufiger von elterlicher Gewalt betroffen sind als andere Jugendliche. Warum ist das so? Folgende Bereiche können in konservativen muslimischen Familien Gewalt als Durchsetzungsmittel in der Erziehung begünstigen.

Verstöße gegen die Erziehungsziele
Der wichtigste Grund für Gewalt in der Erziehung sind die Verstöße gegen die Erziehungsziele. Wenn in Familien Armut und materielle Abhängigkeit vorherrschen, entwickeln sich Wertvorstellungen am besten, wenn die Familienmitglieder untereinander loyal und gehorsam sind. Gegenseitige Unterstützung ist die Norm in der unterprivilegierten Familie. Individuelles Fortkommen wird der Gemeinschaft untergeordnet. Kağıtcıbaşı und Sunar gehen davon aus, dass sich die gehorsamen Kinder später ihren Eltern gegenüber loyal verhalten, während unabhängige Kinder vielleicht eher eigene Interessen im Auge haben, wenn sie erwachsen geworden sind. Wenn die Vorgaben der Eltern von den Kindern nicht erfüllt werden, neigt insbesondere der Vater oftmals dazu, bei der Erziehung Gewalt anzuwenden. Die

physische Gewaltanwendung wird von den meisten Eltern als Maßregelung, nicht aber als Gewalt wahrgenommen. Sollte das Kind sich nach einer Ohrfeige immer noch nicht wie gewünscht verhalten, ist es legitim, das Kind zu beschimpfen, anzuschweigen oder zu ignorieren. Auch diese psychische Gewaltanwendung ist für die meisten Eltern keine Gewaltausübung.

Verstöße gegen die Ehre
Ein weiteres Motiv für Gewalt in der Erziehung ist der Verstoß gegen das Konzept der Ehre. Eines der zentralen Ziele, das Eltern ihren Kindern vermitteln möchten, ist tadelloses Ansehen der Familie in der Öffentlichkeit. Beschädigt ein Kind das Ansehen der Familie, sind der Vater, aber auch andere Familienmitglieder dazu berechtigt, das Ansehen und die Ehre der Familie mittels Gewalt wiederherzustellen. Welche Verhaltensweisen der Kinder werden als ehrlos betrachtet? Hier einige Beispiele:

Freizügige Bekleidung der Kinder: Freizügige und körperbetonte Bekleidung deuten konservative Eltern bei Jungen und Männern als Zeichen für Homosexualität und bei den Mädchen und Frauen als Nähe zu Prostitution.

Außereheliche Beziehung von Mädchen zu Jungen: Bereits eine freundschaftliche Beziehung zu einem Mann oder auch nur ein Small Talk in der Schule kann von der Familie als unehrenhaftes Verhalten ausgelegt werden. Eine außereheliche Beziehung der Töchter bei fehlender Heiratsabsicht kann im Extremfall mit Gewaltandrohung oder Gewalt geahndet werden. Wenn der Bruder die Schwester nicht kontrolliert oder kontrollieren möchte, kann der Vater ihn ebenfalls bestrafen, weil er damit seiner Rolle nicht gerecht wird.

Straffälligkeit: Werden die Kinder straffällig, zum Beispiel durch Diebstahl, schadet das dem Ansehen der Familie in der Öffentlichkeit immens. Mit Diebstahl verbinden Muslime eine

Familie, die nicht für sich selbst sorgen kann. Das schadet insbesondere dem Familienoberhaupt, das nicht in der Lage scheint, seine Familie zu ernähren. Straffälligkeit aufgrund von gewalttätigem Verhalten wird hingegen häufig nicht als Ehrverletzung, sondern als männliches Attribut bewertet.

Drogenabhängigkeit: Drogenabhängigkeit der Kinder ist ebenfalls etwas, das der Ehre der Familie schadet. Die Drogenabhängigkeit – vor allem wenn sie den Sohn betrifft – wird dem Vater angelastet, der es nicht geschafft hat, sein Kind von diesem schädlichen Weg abzuhalten. Erfährt der Vater von der Drogenabhängigkeit seines Kindes, können Drohungen und Gewalt eine erste Reaktion sein, um die Familienehre wiederherzustellen. Im Extremfall verstoßen Väter ihre drogensüchtigen Kinder.

Soziale Distanz zwischen den Generationen und Geschlechtern
In traditionell geprägten Familien herrscht eine große Distanz zwischen den Generationen und den Geschlechtern. Es kommt vor, dass Männer über die Frauen bestimmen und sich das Recht nehmen, aufgrund ihrer Stellung in der Familienhierarchie, Frauen bzw. jüngere Familienmitglieder zu schlagen. In dieser Hierarchie steht der Großvater ganz oben und kann bei Konflikten einschreiten und mit einem Machtwort den Konflikt beenden. Ihm zu widersprechen ist ein Tabu.

Überforderung
Gerade bei Müttern musste ich bei der Durchführung unterschiedlicher Studien und in der Beratungspraxis feststellen, dass eine Überforderung aufgrund von Doppelbelastung durch Erwerbstätigkeit (auch wenn es sich nur um geringfügige Arbeit handelt) und Erziehung/Haushalt zu härterem Bestrafen und zur Gewaltausübung führt. Wenn eine Frau aus finan-

ziellen Gründen zum Familieneinkommen beitragen muss, ist sie trotzdem weiterhin viel intensiver in den Haushalt und die Kindererziehung involviert als der Mann. Viele Mütter und Väter sind der Meinung, dass die Erziehung der Kinder heute komplizierter ist als noch vor zwei Jahrzehnten. Dies führen sie auf die veränderte Medien- und Techniklandschaft in Bezug auf Computer, Internet, E-Mail, Mobiltelefon, Konsolenspiele, Fastfood und Markenkleidung zurück. Das veränderte Lebenskonzept der Kinder ist für die meisten Eltern nicht vollständig erfassbar. Die Unsicherheit, die daraus entsteht, kann in Überforderung und schließlich, aus mangelndem Wissen, wie auf das Kind einzugehen ist, in Gewalt umschlagen. Die Ohrfeige erscheint einigen als einzige Lösung, um dem Kind bewusst zu machen, was erwartet wird.

Zur Überforderung aufseiten der Eltern kann auch mangelnde Schulbildung beitragen. Sie sind dann nicht imstande, dem Kind zu vermitteln, was von ihm erwartet wird, und ihm Fragen zu beantworten. Die verbale Begründungs- und Argumentationsfähigkeit ist nur gering ausgeprägt. Die Abende verbringen die Familien vor dem Fernseher. Gesellschaftsspiele, die die innerfamiliäre Kommunikation stärken, sind eher die Ausnahme. Erläuterungen und stichhaltige Begründungen für Aufgaben oder Erwartungshaltungen werden nicht gegeben. Das Motto lautet: Die Kinder müssen nicht alles verstehen, sondern die Anweisungen der Eltern befolgen. Diese Strategie lässt zwischen Kindern und Eltern Missverständnisse entstehen, die zu Gewaltanwendung in der Erziehung führen.

Sozialwissenschaftliche und repräsentative Untersuchungen des Kriminologischen Forschungsinstituts Niedersachsen weisen nach, dass Kinder und Jugendliche, die in ihrer Erziehung Gewalt erfahren haben, später häufig selbst Gewalt anwenden.

Die Wissenschaftler begründen das damit, dass die Jugendlichen diese Art der Konfliktlösung erlernt haben und daher in ihrem eigenen Alltag ebenfalls praktizieren. Natürlich wird nicht jeder Jugendliche, der in seiner Erziehung Gewalt erfahren hat, später gewalttätig. Gleichzeitig haben aber Gewalttäter in ihrer Erziehung häufig selbst Gewalt erfahren. Ich habe 228 Akten von Jugendlichen ausgewertet, die bei der Arbeiterwohlfahrt München zwischen 1997 und 2007 ein Anti-Aggressivitäts-Training besucht haben. Alle Teilnehmer waren männliche muslimische Jugendliche mit Migrationshintergrund, weil die Arbeiterwohlfahrt München auf diese Zielgruppe spezialisiert ist. Fast die Hälfte der Jugendlichen – 113 von 228 – hatte keinen Hauptschulabschluss. Insgesamt 60 Jugendliche waren im Besitz eines Hauptschulabschlusses oder besuchten die Hauptschule noch. Eine Berufsausbildung absolvierten die wenigsten der Hauptschulabsolventen.

Viel wichtiger ist hier aber ein anderer Befund: Wir haben vor und nach den Kursen die Jugendlichen nach ihrer Gewalterfahrung befragt, z. B. ob und in welchem Kontext sie selbst Gewalt erfahren haben. Alle 228 Befragten fanden es legitim, dass die Kinder in der Erziehung mit Gewalt gezüchtigt werden. Und alle diese 228 Jugendlichen gaben an, dass sie selbst in der Erziehung Gewalt erfahren haben. Das heißt, die Jugendlichen akzeptierten nicht nur elterliche Gewalt, sie würden sie auch selbst in der Erziehung anwenden. In der Theorie bezeichnet man dieses Reproduzieren von selbst Erlebtem als Modelllernen. Nach Albert Bandura, dem Entwickler der Modelllerntheorie, kann die Beobachtung von aggressivem Verhalten an einem Modell, zum Beispiel einem Elternteil, als Ursache für das Erlernen von Aggression angesehen werden. Hier spielen Aufmerksamkeitsprozesse eine wichtige Rolle. Demnach kann eine Person durch Beobachtung dann viel lernen, wenn sie die wichtigsten Merkmale des Modellverhaltens beobachtet. Zum einen muss das Verhalten also genau gesehen werden, und zum anderen ist es wichtig, wer das Verhalten zeigt. Hierbei spielen Menschen, die emotional wichtig sind, wie beispielsweise Familienmitglieder oder Freunde, eine wichtige Rolle. Darüber hinaus imitieren Kinder oder Jugendliche am ehesten das Verhalten, das als besonders erfolgreich eingestuft wird.

Ali und Soran, die beide an den Anti-Aggressivitäts-Trainings teilgenommen haben, legen mit ihren eigenen Worten dar, warum für sie Gewalt in der Erziehung legitim ist:

»Also, ich habe als Kind viele Schläge bekommen. Also von allen: Vater, Mutter, Bruder und so weiter. Aber am meisten von meinem Vater. Das ist doch ganz normal. Wenn Kinder Mist machen, ist es normal, wenn sie eine Watschen bekommen. Warum ich Watschen bekommen habe? Ja, weil ich nicht gemacht habe, was meine Eltern gesagt haben. Oder wenn ich frech war und so. Vollkommen normal, weißt du. Also, bei Kindern bin ich gegen Gewalt. Aber wenn ein Kind nicht auf die Eltern hört, würde ich auch eine Watschen geben.« (Ali, 16 Jahre)

»Ich habe schon viele Ohrfeigen bekommen. Ich bekomme immer noch welche, wenn ich Scheiße baue. Wenn ich eine Ohrfeige verdiene, ja, dann ist es nicht so schlimm, wenn man eine mitbekommt. Manchmal muss man schon eine Ohrfeige bekommen. Die Kinder müssen machen, was die Eltern sagen. Ohrfeigen sind nicht gut. Aber manchmal muss es sein. Wenn mein Kind nicht auf mich hören würde, würde ich ihm einen mitgeben, weißt du. Geht halt nicht anders.« (Soran, 17 Jahre)

Die Beschneidung – die Markierung der Männlichkeit

In muslimischen Familien symbolisiert die Beschneidung eines Jungen seine Aufnahme in die männliche Welt. Die Beschneidung des Jungen ist laut der Soziologin Pinar Selek auch heute noch eine der vier Stationen des Mannwerdens (neben Wehrdienst, Arbeit/Beruf und Eheschließung). Die Familien begehen die Beschneidung mit einer feierlichen Zeremonie, bei der dem Jungen Geschenke gemacht werden. In der Regel machen Familienmitglieder dem Jungen dabei nicht nur Mut, dass er die Schmerzen aushalten kann, sie setzen ihn auch unter Druck, keine Angst oder Bedenken zu zeigen. Das möchte ich anhand meiner eigenen Beschneidung vertiefen.

Ich habe meine ersten Lebensjahre in einem kurdisch-alevitischen Dorf in Zentralanatolien verbracht. Ich kann mich sehr gut daran erinnern, dass die Beschneidung der Jungen immer ein großes Thema im Dorf war. Wenn die Sommermonate näher rückten, nahm auch die Anzahl der Beschneidungen zu. Wenn bekannt wurde, welches Kind beschnitten werden sollte, war das auf dem Dorfplatz ein zentrales Thema. Das betroffene Kind wurde von Männern und Jugendlichen, die die Beschneidung bereits hinter sich hatten, aufgezogen. Sprüche wie »Jetzt wirst du aber ein richtiger Kerl!« waren eher die harmlose Sorte der Kommentare. Die Älteren haben ihre Erfahrungen und Heldentaten, die mit Beschneidung zusammenhängen, detailreich und breit gefächert dargelegt. Einige wollten mit diesen Erzählungen den Jüngeren die Angst nehmen, aber oft war das Gegenteil der Fall.

Zu meiner Zeit war es üblich, dass Beschneidungen ohne örtliche Betäubung vorgenommen wurden. Die sogenannten Beschneider waren weder Mediziner, noch hatten sie medizinische Vorkenntnisse. Diese Autodidakten waren spezialisiert auf diesen einen Schnitt. Einige konnten weder lesen noch schreiben. Bei möglichen Komplikationen waren sie dementsprechend hilflos. Es kursierten immer wieder Gerüchte, dass bestimmte Beschneider nicht gut wären und Komplikationen auftreten würden, die im Krankenhaus behandelt werden mussten – wenn es denn in der Nähe ein Krankenhaus gab. Einmal habe ich in unserem Dorf persönlich miterlebt, dass sich die Wunde eines achtjährigen Jungen so stark entzündete, dass er in der 120 Kilometer entfernten Großstadt stationär behandelt werden musste.

Trotzdem war es im Dorf unmöglich, über seine Ängste zu reden. Denn wer die Beschneidung heil überstanden hatte, war erwachsen und konnte bei Männergesprächen mitmachen. Wer Ängste oder Bedenken nur ansatzweise andeutete, wurde belächelt oder mit Sprüchen niedergemacht. Aussagen wie »Sei doch ein Mann!« oder »Bist du ein Weib?« waren dann die Konsequenz.

Als ich sieben Jahre alt war, gab es einen großen Aufruhr in unserem Dorf. Am Tag der Beschneidung konnte eine Familie ihren Sohn nicht finden. Er lag morgens nicht in seinem Bett. Er war spurlos verschwunden. Die Familie hatte alles vorbereitet: Die Musiker waren bestellt, der Beschneider hatte sich angekündigt, die Gäste kamen, und das Essen stand bereit. Nur der Hauptprotagonist war wie vom Erdboden verschluckt. Alle haben sich auf die Suche gemacht. Aber das Dorf und die Umgebung sind sehr weitläufig, und die Suchmöglichkeiten waren begrenzt. Schließlich wurde das Fest abgesagt. Der Vater war sehr verärgert, weil er sich für seinen ängstlichen Sohn rechtfertigen musste. Zwar trösteten ihn die anderen Männer, unter sich haben sie aber betont, was für ein ängstliches und weiches Kind er doch hätte. Der neunjährige Hüseyin tauchte schließlich wieder auf.

Weil er von den Erzählungen auf dem Dorfplatz Angst bekommen hatte, packte er im Vorfeld der Beschneidung ein paar grundlegende Dinge und war in die Berge geflüchtet. Er hat in einer Höhle geschlafen und sich von mitgebrachten Sachen ernährt. Als seine Vorräte aufgebraucht waren, ist er nach zwei Tagen wieder nach Hause gekommen. Während die Mutter vor Freude weinte und ihren Sohn in die Arme schloss, war der Vater sehr angespannt: Er machte seinem Sohn Vorwürfe. Vor allem ging es ihm darum, dass er selbst jetzt keine gute Stellung mehr unter den anderen Männern habe. Durch seinen weichen und ängstlichen Sohn habe er an Ansehen verloren. Vom Vater kam keine einzige Silbe der Freude oder der Erleichterung. Ein Jahr später versuchten es die Eltern wieder mit der Beschneidung. Dieses Mal gab es keine große Zeremonie. Der Beschneider kam, erledigte seine Aufgabe und ging wieder. Eine solch schlichte Beschneidung ohne Feier kann als Strafe für das Kind interpretiert werden. Diese Aktion war jahrelang ein großes Thema, und auch heute noch erzählt man sich davon.

Ein Jahr nach diesem Fall stand dann meine Beschneidung an. Die Beschneidung sollte in der Stadt stattfinden, weil ich zu diesem Zeitpunkt nicht mehr im Dorf lebte, sondern bei Verwandten in Kayseri. Die Beschneidung war einige Monate vorher angekündigt worden, und meine Eltern kamen diesen Sommer extra aus Deutschland. Mein vier Jahre älterer Bruder und ich sollten gemeinsam beschnitten werden.

Für die Beschneidung tragen die Kinder besondere Kleidung, sie sind entweder Prinzen, Könige, Soldaten oder tapfere Krieger. Alleine diese Uniformen symbolisieren Stärke, Tapferkeit und Unerschrockenheit. Dafür, dass diese Kleidung lediglich einen Tag getragen wird, ist sie sehr teuer. Nicht jeder kann sie sich leisten, viele Eltern sparen jahrelang dafür. Meine Eltern leisteten sich diese Uniformen für uns, weil sie als die Reichen aus Deutschland galten. Bereits der Verkäufer im Laden berichtete von seinen Erfahrungen und betonte, dass ich jetzt ein richtiger Mann würde. Seine Söhne hätten nicht einmal mit den Augen gezuckt, als der Beschneider das Messer an den Penis angesetzt hätte. Ich fühlte mich in meiner Uniform sehr unwohl, musste es aber über mich ergehen lassen.

Die eigentliche Beschneidung fand öffentlich im Garten statt. Wir hatten auch einen Paten, der nur für diesen Zweck bestimmt wurde. Der Pate ist in der Regel ein Freund der Familie oder ein naher Verwandter. Wenn ein Junge beschnitten wird, setzt er sich auf den Schoß des Paten, und der Beschneider nimmt den Schnitt vor, meist ohne örtliche Betäubung. Für die eigentliche Beschneidung trugen mein Bruder und ich ein langes und breites Gewand, damit der Beschneider einerseits leichter seiner Arbeit nachgehen konnte und wir andererseits vor den Blicken der anderen geschützt waren.

Als Erstes war mein Bruder dran. Er setzte sich auf den Schoß des Paten, und der Beschneider bückte sich hinunter. In dem Moment wurden die umstehenden Männer laut und riefen tröstende Sprüche wie »Du schaffst das!«, »Maşallah« (wie Gott wollte) oder »Sei tapfer, es ist gleich vorbei!«. Es war für mich gruselig, weil ich sah, wie mein Bruder sich vor Schmerzen auf die Zähne und Lippen biss und ihm die Tränen die Backen runterrollten, schreien tat er aber nicht. Nach dem Schnitt und einer kurzen Versorgung der Wunde hatte er es geschafft. Zur Belohnung stopften ihm die Männer ungefragt zwei Stück Baklava in den Mund. Dann durfte er sich auf das Prinzenbett legen, das im Garten aufgestellt war. Danach war ich dran.

Es war alles andere als hilfreich, dass ich mit meinen eigenen Augen ansehen musste, wie das Ganze bei meinem Bruder ein paar Minuten zuvor ablief. Am liebsten wäre ich weggelaufen. Ich konnte aber nicht, weil ich an das Ansehen meines Vaters denken musste. Gegen meinen Willen setzte ich mich auf den Schoß meines Paten. Die Männer wurden wieder laut. Nach einigen Sekunden wandelte sich aber die Stimmung. Statt aufmunternde Worte zu rufen, fingen alle Männer an, laut zu lachen. Anscheinend hatte ich auf das Gesicht des Beschneiders uriniert, als er sich zum Schneiden gebückt hat. Das Gelächter nahm kein Ende, und der Beschneider war peinlich berührt. Nach einer kurzen Pause unternahm er aber einen zweiten Anlauf. Unter Grölen und Gelächter ließ ich den Schnitt über mich ergehen. Die Männer stopften auch mir Süßigkeiten in den Mund, und ich durfte mich neben meinen Bruder legen. Nach der Zeremonie verschwanden die Männer, und wir wurden von meiner Mutter und weiteren Tanten und Schwestern betreut. Nach einem Tag mussten wir schon wieder rausgehen, damit die Wunde besser heilte. Nach einer Woche war ich schmerzfrei und konnte den Alltag wieder unbeschwert genießen.

Dass ich auf das Gesicht des Beschneiders uriniert hatte, zog allerdings im Nachhinein noch weite Kreise. Sogar in unserem 120 Kilometer entfernten Dorf sorgte mein Unfall für jede Menge Gesprächsstoff. Ich hatte mir »vor Angst in die Hose gemacht«. Auch als ich als Erwachsener im Dorf zu Besuch war, wurde mir die ganze Geschichte ungewollt und unaufgefordert mit größter Freude erneut erzählt.

Die Markierung der Männlichkeit wird dadurch deutlich, dass die Jungen vor der Beschneidung ganz selbstverständlich ihre Mütter nackt ins Dampfbad begleiten. Sobald sie beschnitten sind, ist dies nicht mehr erlaubt.

Neben dem Männlichkeitsaspekt, dem Stärkezeigen, dem Hartsein, betonen die Familien auch die religiöse Motivation der Beschneidung. Streng genommen ist die Beschneidung der muslimischen Jungen aber keine verbindliche religiöse Vorschrift, sie wird im Koran nicht erwähnt. Die Beschneidung wird eher empfohlen und hat darüber hinaus einen hygienischen Aspekt. Zurückzuführen ist sie auf den Propheten Abraham. Sie wurde als Brauch vom Propheten Mohammed übernommen und in die muslimische Tradition eingeführt.

Mit Ergün, der als Sohn eines Gastarbeiters nach Deutschland kam und in München wohnt, führte ich vor vier Jahren ein Interview für eine Publikation. Er hat drei Söhne und betont den religiös-traditionellen Aspekt der Beschneidung: »Zu einem richtigen Muslim gehört es auch, dass er beschnitten ist. Ein Muslim, der nicht beschnitten wurde, ist kein richtiger Muslim. Das steht nicht im Koran. Aber unser Prophet war auch beschnitten und hat auch allen Muslimen empfohlen, dies zu tun. Alle meine drei Söhne sind beschnitten. Das ist wichtig. Meinen Söhnen habe ich so früh wie möglich gesagt, dass sie beschnitten werden, weil unsere Religion das von uns möchte. Alle drei Jungs haben wir in der Türkei beschneiden lassen. So richtig traditionell von einem Beschneider ohne Betäubung.«

Ergün betont in unserem Gespräch den historisch bedingten religiösen Aspekt der Beschneidung. Aus Ergüns Aussagen geht aber auch hervor, dass es für die Beschneidung keine verbindliche Altersgrenze nach unten gibt, denn alle drei Söhne wurden gemeinsam beschnitten, wie es auch bei mir der Fall war. Im Allgemeinen gilt aber, dass ein Junge noch vor der Pubertät, also mit knapp elf oder zwölf Jahren, beschnitten werden soll.

Ergün machte außerdem deutlich, dass manche in Deutschland lebende Familien immer noch die traditionelle Beschneidung ohne lokale Betäubung bevorzugen. Auch wenn in der Türkei und anderen arabischen Ländern immer wieder darauf hingewiesen wird, dass die Beschneidung ein medizinischer Eingriff ist, der im Krankenhaus von einem Arzt unter Betäubung vorgenommen werden muss, wählen viele Familien weiterhin die traditionelle Beschneidungsmethode. Ergün schilderte weiter, warum er seine Söhne nach dieser nicht ungefährlichen Methode beschneiden ließ: »Also, wir alle wurden so beschnitten. Zu unserer Zeit gab es nichts anderes. Außerdem wurde unser Prophet Mohammed auch so beschnitten. Es ist unislamisch, wenn die Kinder vorher betäubt werden. Deshalb habe ich ja meine Söhne in der Türkei von einem

Beschneider beschneiden lassen. Außerdem muss ein richtiger Mann bei der Beschneidung nicht betäubt werden. Er muss früh lernen, Schmerzen auszuhalten. Das gehört zum Mannsein halt dazu.« Die Beschneidung hat also nicht nur eine religiöse Bedeutung, sondern die Schmerzen, die ein Junge aushalten muss, verweisen auch auf den oben erwähnten Männlichkeitsaspekt. »Ich meine, es gehört sich nicht, dass meine Söhne Angst vor der Beschneidung haben. Ich habe allen dreien klipp und klar gesagt, dass sie nicht weinen sollen. Das gehört dazu. Das gehört dazu, wenn du Mann werden willst.« Die Beschneidung von Jungen ist also in erster Linie religiös-kulturell motiviert. In der Praxis wird sie aber nicht nur religiös begründet, sondern auch als eine wichtige Station im männlichen Leben betrachtet.

Weil ich selbst einen zehnjährigen Sohn habe, haben meine Eltern mich gefragt, wann wir ihn beschneiden lassen. Die Empörung meiner Eltern war groß, als ich betonte, dass wir nicht daran dächten. Er könne selbst darüber entscheiden, wenn er achtzehn Jahre alt sei. Weil meine Familie, wie schon erwähnt, nicht religiös ist, haben meine Eltern zwar keine religiösen Gründe angeführt, weswegen sie eine Beschneidung für unumgänglich halten, aber immer wieder betont, dass ein richtiger Mann beschnitten werden muss. Sie stellten traditionelle Gründe in den Vordergrund. Unsere Entscheidung dulden sie eher, weil meine Frau Deutsche ist; quasi aus Respekt vor einer anderen Kultur.

Es gibt keine schwulen Muslime – die Bedeutung der Homosexualität

Eine aktuelle Untersuchung zeigt, dass die Ablehnung von Homosexualität nicht nur unter Migranten oder Muslimen verbreitet ist, sondern in allen gesellschaftlichen Milieus zu beobachten ist. In einer in acht europäischen Ländern (Großbritannien, Frankreich, Deutschland, Niederlande, Italien, Portugal, Polen und Ungarn) durchgeführten Untersuchung von Zick, Küpper und Wolf lehnen 42,6 Prozent der befragten Europäer gleiche Rechte für Schwule und Lesben ab und beurteilen Homosexualität als unmoralisch. Die religiöse Einstellung ist eine von vielen genannten Begründungen für die Ablehnung von Homosexualität. Auch bei muslimischen Familien wird dies deutlich. Warum lehnen muslimische Familien die Homosexualität ab? Diese Frage möchte ich exemplarisch anhand von Kemals Biografie beantworten. Ich habe mit ihm und seinem Vater getrennt voneinander lange Gespräche geführt.

Kemals Eltern stammen aus einer Gegend der Türkei, in der neben der Religion die klassischen Geschlechterrollen von zentraler Bedeutung sind. Der Vater ist zwar größtenteils in Deutschland sozialisiert, aber die religiöse Erziehung auch im Hinblick auf die Geschlechterrollen hat er stark verinnerlicht. Die Mutter ist erst als Erwachsene aus ihrem Heimatdorf nach Deutschland gekommen, sodass sie die traditionellen Geschlechterrollen ebenfalls verinnerlicht hat.

Den klassischen Geschlechterrollen kann Kemal aus Sicht des Vaters nicht gerecht werden: »*Kemal hat immer Dinge gemacht, die nicht normal waren. Er hat schon als kleines Kind nicht mit Autos gespielt, sondern mit Puppen. Ich habe alle Puppen in den Müll geworfen und Autos gekauft. Als Kind und Jugendlicher war er immer mit Mädchen befreundet. Ich wollte aber, dass er sich Jungen als Freunde aussucht, damit er sieht, was die Jungs so machen. Ich habe ihn auch geschlagen, damit er mit Jungs spielt. Aber das Schlimmste kam zum Schluss. Ich wollte, dass er Handwerker wird. Und was hat er gemacht? Er ist Schneider geworden. Ein Frauenberuf! Alles verkehrt! Vor meinen Freunden und Verwandten habe ich mich geschämt.*«

Kemal verhält sich nicht rollenkonform. Der Vater Birol versucht seinen Sohn sogar mit Gewalt dazu zu bringen, sich wie ein Junge zu verhalten und einen entsprechenden Beruf zu wählen. Aber er bleibt erfolglos. Die große Sorge des Vaters um seinen Sohn liegt im gesellschaftlichen Druck begründet, der dem Vater entgegenschlägt, weil sein Sohn kein typisch männliches Verhalten an den Tag legt.

Als Kemal seinem Vater mitteilt, dass er homosexuell ist, eskaliert die Situation. Der Vater nimmt seinen Sohn mit zu einem Arzt, um ihn behandeln zu lassen. Denn in vielen muslimischen Milieus gilt Homosexualität noch immer als eine Krankheit, die geheilt werden könne. Diese Zeit erlebte Kemal wie folgt: *»Mein Vater hat mich grün und blau geschlagen. Er hat gesagt, in unserer Religion gibt es keine Homosexualität. Das ist nicht der Wunsch unseres Gottes und Propheten. Das ist Sünde und eine Krankheit. Die werden wir jetzt beheben. Er hat mich ins Krankenhaus mitgenommen. Er hat dem Arzt gesagt: ›Mach aus ihm wieder einen gesunden Mann.‹ Der Arzt wusste gar nicht, was er sagen oder tun sollte. Als er erfahren hat, dass es um Homosexualität geht, hat er meinem Vater gesagt, wir sollen nach Hause gehen, das sei normal, Homosexualität sei keine Krankheit. Er hat dann dort den Arzt zusammengeschlagen.«* Nachdem der Vater beim Arzt, der schließlich von einer Anzeige absah, nicht weitergekommen war, versuchte er, den Sohn zu verheiraten, um dessen Homosexualität zu verschleiern: *»Der Gott hat uns als Mann und Frau geschaffen und uns bestimmte Rollen gegeben. Diese Rollen zu vertauschen ist eine Sünde. Ich wollte meinen Sohn dann mit einer Frau verheiraten, damit er ein ganz normales Leben führt, damit er Familie gründet und Kinder bekommt. So wie der Gott das vorgesehen hat. Ja, ich wollte auch, dass die Nachbarn nicht schlecht über uns reden. Aber wichtig war, dass Kemal die Ordnung, die Gott gibt, nicht durcheinanderbringt.«* Hier macht der Vater deutlich, dass er die Homosexualität nicht nur aus religiösen Gründen ablehnt, sondern auch aus einer Männlichkeitsvorstellung heraus. Der Erziehungswissenschaftlerin

Menekşe Çağlıyan zufolge liegt das Verbot der Homosexualität an der fehlenden Fortpflanzungsmöglichkeit, der Zerstörung des Gleichgewichts zwischen den Geschlechtern sowie am Verstoß gegen die Tradition und die Gebote Gottes.

Der Wunsch des Vaters, seinen Sohn zu verheiraten, um die klassischen und seiner Meinung nach natürlichen Geschlechter- und Familienrollen zu bewahren, scheiterte daran, dass Kemal sich zu seiner Homosexualität bekannte. Diese Tatsache führte dazu, dass Kemal von seinem Vater verstoßen wurde: *»Ein Junge, der die Regeln der Natur durcheinanderbringt, den Mann zur Frau macht, ist nicht mein Sohn. Ich habe seit Jahren keinen Kontakt zu ihm. Ich weiß nur, dass er in Nürnberg ist und dort studiert. Alles andere geht mich nichts an.«* Einige Jahre später habe ich erfahren, dass der Vater wieder heimlich Kontakt zu seinem Sohn aufgenommen hat und sie inzwischen regelmäßig telefonieren.

Das ist eine typische Verhaltensweise der Eltern bzw. der Väter. Das Verstoßen ist ein Signal, das an die eigene soziale Gemeinschaft gerichtet ist. Das Umfeld soll verstehen, dass der Vater solche Verhaltensweisen nicht duldet und sogar zum äußersten Mittel greift, sich vom eigenen Sohn abwendet.

Viele Muslime lehnen Homosexualität nicht nur aus religiösen Gründen ab, sondern auch aus ihrem Verständnis von Männlichkeit heraus. Homosexualität widerspricht dem traditionell-patriarchalischen Männlichkeitsbild, das sich aus Eigenschaften wie Stärke, Dominanz und selbstbewusstem Auftreten zusammensetzt. Kemals Vater Birol erklärt am Beispiel seines zweiten Sohnes Mustafa:

»Ich wollte, dass Kemal Sachen macht, die alle Jungen machen. Zum Beispiel wollte ich, dass er mit anderen Jungen rauft, lernt, sich durchzusetzen. Das wollte er alles nicht. Das machen doch alle Jungs so. Den Mustafa habe ich richtig wie einen Jungen erzogen. Er kann sich durchsetzen. Er steht zu seinem Wort, er hat auch nie geweint, wenn er eins auf die Nase

bekommen hat. *Er hat schon als Kind seine Schwester geschützt. Das habe ich ihm alles so beigebracht. Eben wie ein richtiger Mann.«*

Um dem Männlichkeitsbild schon früh zu entsprechen, werden die Jungen bereits im Kindesalter zum Ringen, Boxen und zu anderen Kampfsportarten ermutigt und darin gefördert, während dies bei den Mädchen kategorisch abgelehnt wird. Wenn sich die Jungen beim Spielen verletzen und weinend zur Mutter oder zum Vater laufen, werden sie unter Umständen bestraft, da das Weinen Schwäche (und somit weibliches Verhalten) darstellt.

Andere wichtige Bestandteile der Männlichkeit sind *Dominanz* und *selbstbewusstes Auftreten*. *»Jungs müssen schon anders sein als die Mädchen. Sie müssen Dinge entscheiden. Dinge, die die gesamte Familie betreffen. Sie müssen stark sein, wenn sie diese Entscheidungen treffen. Wenn ein Mann heute das sagt und morgen was anderes, dann glaubt ihm keiner. Ein Mann muss immer zu seinem Wort stehen. Wenn Männer jeden Tag ihre Meinung ändern, dann sind sie doch nicht glaubhaft, sie können ihre Familie nicht führen«*, meint Birol.

Zusammenfassend wird aus der Aussage von Birol deutlich, dass das Ziel der Männlichkeit darin besteht, dass die Jungen dominant und selbstbewusst auftreten. Ein Junge muss in der Lage sein zu entscheiden, was für die später zu gründende Familie das »Richtige« und »Vorteilhafte« ist. Dies kann er unter Beweis stellen, indem er seine Position selbstbewusst verteidigt und auf Meinungen, die von außen an ihn herangetragen werden, keine Rücksicht nimmt. Dies könnte ihm als Schwäche ausgelegt werden, die eher von Frauen zu erwarten ist.

Ein weiterer wichtiger Begriff ist die *Nicht-Homosexualität*. Die Bezeichnung »schwul« ist sowohl unter Migranten als auch unter Deutschen in bestimmten Kontexten negativ besetzt. Bei einigen Männern muslimischer Abstammung gibt es zudem zwei unterschiedliche Bewertungen von Homosexualität. Die aktive

Rolle beim Geschlechtsverkehr wird mit den Begriffen Stärke, Dominanz, Potenz und Männlichkeit in Verbindung gebracht. Die passive Rolle wird dagegen mit den Begriffen Schwuchtel, Frau und Schwächling abgewertet und ist verpönt.

»Als Kemal mir das gesagt hat, fand ich das nicht schlimm. Männer machen das doch ab und zu mal. Was ist denn schon dabei. Ich habe auch schon mal einen Mann gefickt. Wenn der Mann sich ficken lässt, ist das sein Problem. Aber dann habe ich erfahren, dass Kemal sich ficken lässt. Das ist unfassbar. Wenn ein Mann sich ficken lässt, dann ist er doch kein Mann. Als ich selber Jugendlicher war, sind wir durch die Müllerstraße gezogen und haben schwule Jungs gefickt. Damit haben wir den Schwulen gezeigt, dass wir die richtigen Männer sind. Damit sie mal einen richtigen Schwanz im Arsch spüren. Aber dass jetzt mein Sohn so etwas macht, ist unmöglich. Ich werde ihm das nicht verzeihen.« (Birol, der Vater)

Der Ethnologe Hermann Tertilt hat herausgefunden, dass in einigen männlichen Milieus nur solche Männer als schwul bezeichnet werden, die die Rolle des »Schwächeren«, also den passiven Part übernehmen, weil diese mit der Frauenrolle assoziiert wird und somit nicht in das vorgeschriebene Männerbild passt. Anders formuliert: Nicht Penetrieren wird als homosexueller Akt definiert, sondern sich penetrieren lassen. Schwulenfeindliche Männer, wie von Birol berichtet, nehmen Kontakt zu schwulen Männern auf, haben mit ihnen auch Geschlechtsverkehr, bezeichnen sich aber nicht als homosexuell, weil sie ausschließlich in der aktiven Rolle waren.

Dass diese Einstellung kein Einzelfall ist, möchte ich anhand der Verhaltensweisen der Jugendlichen in den Anti-Aggressivitäts-Trainings darlegen. Diese von mir geleiteten Trainings waren richterlich verfügt. Die Jugendlichen mussten daran teilnehmen, für den Fall der Nichtteilnahme drohte ihnen Arrest. Die Gruppen bestanden aus sechs bis zehn Jugendlichen zwischen 14 und 21 Jahren, alle Teilnehmer waren mehrfach wegen

Gewaltdelikten verurteilt. Die Kurse waren auf mehrere Monate angelegt. Neben dem Umgang mit Aggressionen, Gewalt oder Provokationen standen migrationsbedingte Themen oder aber Männlichkeit und Ehre auf dem Kursprogramm. Die Einheiten waren fast ausschließlich praxisorientiert und interaktiv. Theoretische Einheiten waren absolute Ausnahmen und wurden mit Filmsequenzen oder praktischem Arbeiten aufgelockert. Während der Trainings in zehn Jahren mit insgesamt 228 männlichen muslimischen Jungen oder jungen Männern waren zwei Themen immer konstant und kontroverser Inhalt der Kurse, obwohl ich diese Themen nicht direkt ansprechen wollte: die Einstellung der Teilnehmer zur Homosexualität und der muslimische Mann in Zusammenhang mit Potenz.

Dass bei Gewalttätern kultur- und religionsübergreifend homophobe Einstellungen weitverbreitet sind, ist mittlerweile gut erforscht und in der Praxis dementsprechend bekannt. So sind auch bei männlichen muslimischen Gewalttätern homophobe Einstellungen ein weitverbreitetes Phänomen. In den Trainings habe ich von den Jugendlichen fast ausschließlich schwulenfeindliche Signale wahrgenommen. Einige Jugendliche gingen sogar so weit, dass sie die Existenz der schwulen Männer infrage gestellt haben. Dass den schwulen Männern ihre Männlichkeit abgesprochen wurde, war hingegen eher »selbstverständlich«, »normal« oder »harmlos«. Schwulenfeindliche oder schwulenverachtende Äußerungen gehörten in diesen Trainings zum »guten Ton«. Wer nicht mitmachen wollte, wurde selbst als schwul bezeichnet. Dieser extremen Ablehnung stand aber in den Kursen auch eine extreme Körperlichkeit gegenüber. Diese explizite Körperlichkeit ist aber mit männlicher Freundschaft, die im Orient unter guten Freunden bekannt ist, nicht zu verwechseln.

Vor allem bei praktischen Übungen, bei denen sich die Teilnehmer festhalten oder anfassen müssen, kommt es zu unsittlichen Berührungen am Gesäß oder zwischen den Beinen. Viele vertuschen diese Berührungen damit, dass sie aus Versehen dorthin gekommen seien. Einmal war eine Berührung von einem Jungen so offensichtlich und direkt, dass ich ihn damit konfrontierte. In den Wochen davor fiel er mir mit extrem homophoben Positionen auf. Meine Konfrontation prallte aber an ihm ab. Er fand es vollkommen legitim, den anderen Jungen anzufassen, weil er nämlich schwul sei. Als ich dann sagte, dass es ihm nicht zustehen würde, einen anderen sexuell zu belästigen – unabhängig davon, ob er schwul sei oder nicht –, eskalierte die Situation. Denn ich brachte den Jungen, den ich schützen wollte, gegen mich auf. Sein Vorwurf: Was mir einfallen würde, auch wenn es eine theoretische Annahme sei, ihn mit Homosexualität in Verbindung zu bringen? Hier wird sehr schnell deutlich, dass es nicht um Sexualität oder Homosexualität geht, sondern um Machtverhältnisse und Provokation. Denn mit unsittlichen Berührungen werden Grenzen getestet. Es soll eruiert werden, ob das Gegenüber darauf reagiert. Wenn er nicht dagegenhält, wird er als schwule Sau diffamiert.

Als ich dem Jungen sagte, dass er wohl tatsächlich homosexuell sei, wenn er andere Männer anzüglich anfasse, brach Gelächter aus. Die Gruppe warf mir vor, ein naiver Akademiker zu sein, der nichts über männliches Verhalten wisse. Ein potenter Mann sei nun mal allzeit bereit, sexuell aktiv zu sein. Und wenn der potente Mann in der aktiven Rolle Sex mit einem schwulen Mann habe, dann sei er nicht schwul, sondern männlich. Diese Position nahmen bis auf wenige Ausnahmen alle Jugendlichen in den Trainings ein. Viele berichteten von nächtlichen Aktionen, bei denen sie in einschlägigen Bars Kontakt zu Männern aufnahmen, um sexuell aktiv zu sein. In den Erzählungen stellten die jungen Männer ihre Männlichkeit, Macht oder Potenz in den Vordergrund, während die Sexualpartner verachtet oder diffamiert wurden.

Weil das Thema Ehre explizit auf dem Programm stand, zeigten wir einen Spielfilm, der das Thema aus der Perspektive einer türkischen Abiturientin aus Hamburg zeigte. Ziel war es, das Thema Ehre aus unterschiedlichen Perspektiven anzudiskutieren, den Jungen Raum zu geben, den Begriff zu reflektieren. Am Ende diskutierten die jungen Männer aber nicht über Ehre, sondern über die Potenz oder Impotenz eines türkischen Mannes. Was war im Film passiert? Die ältere Schwester der Abiturientin – die Hauptfigur im Film ist die Abiturientin – heiratet einen türkischen Mann. Beide Familien scheinen traditionell eingestellt zu sein. Denn die Braut soll in der Hochzeitsnacht ihre Jungfräulichkeit anhand des blutigen Lakens nachweisen. Drei ältere Frauen und die Abiturientin warten die halbe Nacht vor der Tür auf das Zeichen als Beleg dafür, dass die Schwester unberührt ist. Schließlich kommt der Bräutigam ohne den Beweis aus dem Zimmer und bittet die Frauen zu gehen. Lediglich eine der älteren Frauen stellt empört fest: »Ach, der Beweis fehlt.« Danach kurze Stille und Schnitt. Weil der Beweis der Jungfräulichkeit nicht erbracht wurde, nehmen alle an, dass die Schwester vorehelichen Sex hatte. Der Vater verstößt seine Tochter und verhängt eine Kontaktsperre für alle Familienmitglieder. Fast alle Jungs, die den Film sahen, fanden das Verhalten des Vaters angemessen. Einige wenige fanden, dass er noch härter durchgreifen müsse, beispielsweise durch die Tötung der Tochter. Wieder andere wenige meinten, dass der Vater überreagiert habe.

Weil die Abiturientin pfiffig ist und die eigene Schwester sehr gut kennt, glaubt sie nicht an diese Version. Gegen den Willen des Vaters besucht sie die Schwester und konfrontiert den

Schwager. Der konnte deshalb in der Hochzeitsnacht den sogenannten Beweis nicht vorzeigen, weil er in diesem Moment gestresst war und deshalb nicht sexuell aktiv werden konnte. Die Abiturientin fordert ihn auf, mit ihrem Vater zu reden und reinen Tisch zu machen. Durch diese Konfrontation fühlt sich der Bräutigam beleidigt und greift seine Schwägerin körperlich an. Da der Schwager nicht umzustimmen ist, beschließt die Abiturientin, der Familie die Wahrheit zu erzählen. Der Vater ist sprachlos über die eigene Tochter. Denn sie redet von der Impotenz eines Mannes, was ein absoluter Tabubruch ist. Der Vater unterbricht das Gespräch und möchte die Tochter sogar in die Türkei bringen.

Jedes Mal, wenn ich den Film vorführte, wollte ich über die Ehre und Doppelmoral der Ehre diskutieren. Aber die jungen Männer empörten sich immer wieder darüber, warum ich ihnen einen impotenten Türken zeigte. Sie argumentierten, dass ein Türke niemals impotent sein könne. Meine Erklärungen, dass durchaus Stress, Leistungsdruck oder Unlust dazu führen können, prallten an ihnen ab. Nach ermüdenden Diskussionen darüber, dass Impotenz nicht an soziale, religiöse oder kulturelle Komponenten gekoppelt ist, sondern persönliche Gründe hat, schienen die Argumente der Jugendlichen aufgebraucht zu sein. Der einzig legitime Grund für den impotenten Türken im Film war aus Sicht der Jugendlichen gefunden: eine Erfindung der Filmemacher, also eine Fiktion. Es gab aber auch Gruppen, die mich und meine Kollegin angriffen und fragten, warum wir überhaupt solch einen Film zeigten, der die Männlichkeit und die Potenz der Türken erniedrige. Das sei pure Provokation, die nicht hinnehmbar sei.

In diesem Abschnitt wurde deutlich, dass wir zwar nicht von einem homogenen Erziehungsstil sprechen können, aber autoritäre Erziehungsstile in muslimischen Familien eindeutig stärker bevorzugt werden. Die Erziehung von Kindern in muslimischen Familien ist von zwei elementaren Motiven gekennzeichnet: dem Zusammenhalt der Familie und Respekt und Anerkennung gegenüber der Autoritätspersonen. Während die Mütter sich intensiv mit allen Erziehungsfragen ihrer Kinder befassen, verhalten sich die Väter in dieser Hinsicht eher passiv oder gar teilnahmslos. Die passive Rolle des Vaters ist damit zu erklären, dass er sich wegen der Erwerbstätigkeit und der Rollenzuschreibung »Erziehung ist die Sache der Mutter« zurücknimmt.

II.
Integrations- und Erziehungsfehler: Wie der Alltag die Jungen überfordert

Was ist Integration? Zu den vier Ebenen der Integration

Um öffentlich und auf politischer Ebene über Integrationsproblematik und -fehler reden zu können, müssen wir zunächst die Einwanderungsgeschichte der Bundesrepublik reflektieren. Im ersten Kapitel habe ich kurz erwähnt, dass Deutschland in den 1960er- und Anfang der 1970er-Jahre ausschließlich Arbeitskräfte suchte, die für einen begrenzten Zeitraum Tätigkeiten in Industrie und Bergbau ausüben sollten, um danach in ihre Heimatländer zurückzukehren. Diese Migration unterscheidet sich grundlegend von der Migration von heute.

Damals haben die deutschen Behörden bei der Zuwanderung weder auf Bildung noch auf Sprachkenntnisse geachtet. Die Arbeitskräfte sollten vielmehr über körperliche Fitness und langjährige Erfahrung in praktischen Tätigkeiten verfügen. Da waren höhere Bildungsabschlüsse eher von Nachteil. Die Zugewanderten wiederum verfolgten in erster Linie das Ziel, ihre ökonomische Lage zu verbessern, um später finanziell abgesichert in ihr Heimatland zurückzukehren. Die Erwartungen beider Seiten – die der deutschen Wirtschaft und Politik sowie die der sogenannten Gastarbeiter – an die Zuwanderung wurden erfüllt. Hierfür war es weder erforderlich, sich kennenzulernen, noch sich anzupassen. Von Integration hat niemand gesprochen. Dieser Begriff war weitestgehend unbekannt und eher ein Randthema unter Sozialwissenschaftlern. Vor allem Arbeiter aus der Türkei waren bei den Arbeitgebern sehr beliebt, weil sie sich nicht gewerkschaftlich organisierten. Nach dem sogenannten Anwerbestopp von 1973 wurde schließlich deutlich, dass die Menschen sesshaft wurden und hierblieben. Trotzdem hat es bis Ende der 1990er-Jahre gedauert, bis sich in der Politik die Erkenntnis durchgesetzt hat, dass Deutschland ein Einwanderungsland ist. Erst zwanzig Jahre später, im Jahr 2018, hat sich Deutschland zu einem Einwanderungsgesetz durchgerungen.

Das entscheidende Problem, dem man sich heute stellen muss, ist also viel weniger die Einwanderungspolitik, sondern eher, wie wir mit bereits Eingewanderten umgehen sollen. Wie können Familien, nachdem sie teilweise schon Jahrzehnte und in mehreren Generationen in Deutschland leben, nachträglich integriert werden?

Das ist keine leicht zu beantwortende Frage, denn alles, was man von Staaten mit einer erfolgreichen Integrationspolitik lernen kann, greift gleich zu Beginn der Einwanderung. Beispielsweise haben die skandinavischen Staaten die Einwanderung und später auch die Einbürgerung mit hohen Anforderungen verknüpft. Sie verlangen ein bestimmtes Bildungsniveau, gute Sprachkenntnisse, Berufserfahrung und ein gewisses Einkommen bzw. Vermögen. Damit ist automatisch gewährleistet, dass die Menschen, aufgrund der gestellten Bedingungen im Vorfeld, Einwanderung anders angehen und sich darauf vorbereiten und einstellen. Diese Länder legen außerdem großen Wert darauf, dass gleich die erste Einwanderergeneration gefördert wird. Solche präventiven Maßnahmen könnten und sollten auch in

Deutschland eingeführt werden, wie zum Beispiel Deutsch- und Integrationskurse, Anerkennung der beruflichen Ausbildung, Anerkennung der Sprache und Kultur als Ressource, sicherer Aufenthaltsstatus oder zügige Familienzusammenführung. Die Debatte um die Integration der Geflüchteten kann die Weichen für solche Programme stellen, allerdings nur, wenn sie unter realistischen Vorzeichen geführt wird. Beispielsweise wurde in der Debatte um Geflüchtete schon nach einem Jahr über nicht gelungene Integration gesprochen. Innerhalb eines Jahres kann aber keine Integration stattfinden. Dieser Prozess dauert in einer komplett neuen Umgebung durchschnittlich fünf bis zehn Jahre.

Mit einer veränderten und modernisierten Einwanderungspolitik können wir allerdings nicht die Erwartung verknüpfen, dass sich dadurch automatisch auch die mittlerweile in Deutschland etablierten Eingewanderten und teilweise auch Eingebürgerten nachträglich integrieren. Politische Entscheidungen wirken – wie wir etwa bei den Arbeitsmarktreformen der Agenda 2010 beobachten konnten – auch noch Jahrzehnte später nach. Die klassischen Einwanderungsländer Kanada, Australien, skandinavische Länder etc. sind bei der Integration der Migrantinnen und Migranten anders in diese Prozesse hineingegangen. Weil diese Länder andere Vorbedingungen (Sprachkenntnisse oder Berufsausbildung) an die Zuwanderer stellten, haben sie eine Situation, wie sie sich in Deutschland heute darstellt, gar nicht erst aufkommen lassen. Die Verunsicherung hierzulande im Umgang mit Migration und Geflüchteten ist auch darauf zurückzuführen, dass sich die deutsche Politik und Gesellschaft nicht auf Best-Practice-Beispiele für die hier spezifischen Herausforderungen berufen können. Aus dem Gefühl der Hilflosigkeit wird daher gern die erfolgreiche Assimilation der aus Osteuropa Zugewanderten angeführt. Doch hierbei handelt sich zum einen um Nachbarländer und damit um eine kulturnahe Einwanderung. Außerdem war damals die wirtschaftliche und rechtliche Lage vollkommen anders. Die Strukturen der Wirtschaft haben sich innerhalb weniger Jahrzehnte fundamental gewandelt: Durch Automatisierung, Rationalisierung und Globalisierung finden niedrig qualifizierte Arbeitskräfte kaum noch Anschluss auf dem Arbeitsmarkt. Das wird heute vor allem die niedrig qualifizierten Geflüchteten hart treffen.

Was aber bedeutet in diesem Zusammenhang der hoch umstrittene und emotional aufgeladene Begriff Integration? Integration lässt sich nach dem Soziologen Hartmut Esser in vier Teilbereiche untergliedern und erweist sich als langwieriger und komplexer Prozess.

INFOBOX

Integration
Das Bundesamt für Migration und Flüchtlinge definiert Integration folgendermaßen: »Integration ist ein langfristiger Prozess. Sein Ziel ist es, alle Menschen, die dauerhaft und rechtmäßig in Deutschland leben, in die Gesellschaft einzubeziehen. Zugewanderten soll eine umfassende und gleichberechtigte Teilhabe in allen gesellschaftlichen Bereichen ermöglicht werden. Sie stehen dafür in der Pflicht, Deutsch zu lernen sowie die Verfassung und die Gesetze zu kennen, zu respektieren und zu befolgen.« (Quelle: Bundesamt für Migration und Flüchtlinge)

- Kulturelle Integration (Sprache und soziale Werte)
- Strukturelle Integration (Arbeitsmarktintegration und Bildungsbeteiligung)
- Soziale Integration (soziale Beziehungen)
- Emotionale Integration (Identifikation der Individuen mit dem Aufnahmeland)

1. *Kulturelle Integration: Sprache und soziale Werte*
Grundlegend für eine erfolgreiche Integration und Berufslaufbahn sind vor allem gute Sprachkompetenzen. Die Sprachkompetenzen der bereits länger hier lebenden muslimischen Familien sind in beiden Sprachen, also sowohl in der Mutter- bzw. Herkunftssprache als auch im Deutschen, häufig eingeschränkt. Selbst in der dritten Generation sind die Sprachkenntnisse noch erstaunlich gering. Die Anwendung der Muttersprache der Eltern ist vom Stil und Wortschatz her oft milieuspezifisch und »überaltert«, sodass die Familien und insbesondere die Nachkommen in ihrem Herkunftsland sprachlich auffallen. Die Muttersprache hat sich in Deutschland von der Sprache des Herkunftslandes abgekoppelt und sich nicht im selben Maße weiterentwickelt. Zum einen, weil im Rahmen der Arbeitsmigration teilweise formal weniger gebildete Menschen einwanderten, die einen milieuspezifischen Dialekt sprachen, zum anderen, weil sprachliche Entwicklungen nicht den Weg in die neue Heimat gefunden haben. Das gilt für die verschiedenen Ausprägungen der arabischen Sprache, wie sie von Libanesen, Syrern, Irakern, Ägyptern, Tunesiern, Marokkanern usw. gesprochen wird, genauso wie für das Türkische.

Dem interkulturellen Bildungsforscher Hans-Joachim Roth zufolge fällt das Erlernen der deutschen Sprache besonders schwer, wenn man sie nicht früh als zweite Muttersprache erlernt oder wenn man die eigene Muttersprache – also Türkisch oder Arabisch – nicht gut beherrscht. Im Umkehrschluss heißt das, dass Migranten, die ihre Muttersprache gut beherrschen, auch schneller eine andere Sprache – in diesem Falle Deutsch – erlernen können. Zusätzlich beeinflusst wird der Grad der Sprachkompetenz durch die soziale Umgebung. Segregation von Migranten in bestimmten Stadtteilen und Separation von Geflüchteten durch Sammelunterkünfte verstärken sprachliche Defizite weiter. Die Tatsache, dass der Alltag im jeweiligen Stadtteil oder in der jeweiligen Unterkunft mit mäßigen Deutschkenntnissen problemlos bewältigt werden kann, senkt die Motivation, die deutschen Sprachkompetenzen zu verbessern.

Gerade bei Jugendlichen besteht zudem ein Zusammenhang zwischen Sprache und sozialem Verhalten. Durch sprachliche Schwächen ist so mancher Jugendliche mit Migrationshintergrund, aber oft genug auch ohne, häufig nicht in der Lage, Konflikte kommunikativ auszutragen. Laut den Kriminologen Dieter Baier und Christian Pfeiffer entwickeln sich die meisten Konflikte aufgrund von Missverständnissen, Missdeutungen und fehlender kommunikativer Fähigkeiten.

Eines der entscheidenden Merkmale und der Schlüssel zur kulturellen Integration ist und bleibt der Erwerb der deutschen Sprache. Die Beherrschung der Sprache trägt nicht nur dazu bei, dass der Zugang zum Bildungs- und Arbeitsmarkt leichter fällt, sondern auch die Adaption der sozialen Werte und die Teilhabe am gesellschaftlichen Leben gut gelingt. Dadurch sind die Menschen in der Lage, Werte und Normen der Mehrheitsgesellschaft besser zu verstehen und in ihren Alltag zu integrieren. Vor allem die Konzentration der Migrantinnen und Migranten in bestimmten Stadtteilen verstärkt nicht nur die sprachlichen Defizite und die Bildung von Parallelgesellschaften, sondern verhindert die soziale Teilhabe und Durchmischung.

2. Strukturelle Integration: Arbeitsmarkt und Bildungssystem

Erwerbstätigkeit ist zweifelsfrei eine der wichtigsten Dimensionen im Leben eines Menschen. Nur durch einen Arbeitsplatz kann ein Mensch gewährleisten, dass er über ökonomisches Kapital verfügt, das den materiellen Ausgangspunkt für Flexibilität und Selbstbestimmtheit schafft. Dabei ist ein Arbeitsplatz aber auch der notwendigste Aspekt der Sozialintegration. Über seinen Beruf kann ein Mensch Anerkennung und einen sozialen Status erlangen und Selbstwertgefühl entwickeln. Man darf auch die Tatsache nicht unterschätzen, dass im Erwachsenenalter der berufliche Kontext eine wichtige Rolle beim Knüpfen und Aufrechterhalten sozialer Kontakte spielt.

Dementsprechend konnte die erste Generation der Gastarbeiter trotz relativ schlechter Sprachkenntnisse und fehlender Integrationsprogramme eine Integrationsleistung vollbringen. Sie konnten ihre Lebensverhältnisse durch die Migration insgesamt verbessern und sich eine sichere Existenz aufbauen. Die Arbeit ermöglichte es ihnen zudem, einen Teil ihrer finanziellen Mittel in ihre Herkunftsländer zu schicken und dadurch auch von der in der Heimat gebliebenen Verwandtschaft Anerkennung und Respekt zu erlangen.

Die berufliche Integration muslimischer Jugendlicher und junger Erwachsener gelingt aber nur bedingt. Als Gründe hierfür werden auf der einen Seite Diskriminierungseffekte angeführt, beispielsweise im Bewerbungsverfahren für einen Ausbildungs- oder Arbeitsplatz, auf der anderen Seite aber auch die fehlenden formalen schulischen Voraussetzungen. Geflüchtete begegnen diesem Problem in besonders drastischer Weise, da ihnen der legale Weg in den Arbeitsmarkt zunächst verwehrt bleibt.

Für die dauerhafte Integration in Deutschland ist das Bildungssystem, wie in allen modernen Gesellschaften, von besonderer Bedeutung. Denn Erfolg auf dem Arbeitsmarkt gründet hauptsächlich auf Bildungsabschlüssen und Sprachkenntnissen. Aufgrund struktureller Veränderungen auf dem Arbeitsmarkt gibt es genau jene Arbeitsplätze, wie sie für die erste Generation der Einwanderer noch zur Verfügung standen, nicht mehr. Inzwischen werden insbesondere Fachkräfte und Hochqualifizierte gesucht. Daher besteht in manchen Bereichen ein Arbeitskräftemangel, der durch niedrig qualifizierte Arbeitssuchende nicht abgedeckt werden kann. Die Bildungsexpansion in der zweiten Hälfte des 20. Jahrhunderts hat zudem dazu geführt, dass der Wert von Abschlüssen gesunken ist. Ein Hauptschulabschluss reicht in den meisten Fällen nicht mehr aus, um einen Beruf zu erlernen und sich dauerhaft beschäftigungsfähig zu halten.

Wie schon erwähnt, wünschen sich Eltern mit Migrationshintergrund, vor allem türkische, häufig hohe Bildungsabschlüsse für ihre Kinder. Primär geht es ihnen darum, dass ihre Kinder die Möglichkeit haben sollen, einen vielversprechenden Beruf ergreifen zu können. Es handelt sich also eher um einen funktionalen Wunsch. Die Währung Bildung kann aber gerade in Deutschland nicht vollständig funktionalisiert werden. Denn nur zu lernen, um später einen prestigeträchtigen oder einträglichen Beruf zu haben, entspricht nicht der hier üblichen Vorstellung von Allgemeinbildung. Bildung beinhaltet immer auch Bildung als Selbstzweck, also Bildung, »weil Bildung einfach gut ist«. Die funktionale Haltung der Familie gegenüber Schule und Bildung verinnerlichen Kinder schon früh.

3. Soziale Integration: Netzwerke, Freundschaften, Partnerschaft

Die soziale Integration bezeichnet den Umfang sozialer Kontakte der Zuwanderer zu Einheimischen. Ob also Partnerschaften, Eheschließungen, Freundschaften und das soziale Netzwerk ausschließlich innerhalb des jeweiligen ethnischen oder religiösen Milieus oder auch interkulturell und interreligiös bestehen. Diese Form der Integration ist deshalb bedeutsam, weil soziale Kontakte als soziales Kapital dienen: beispielsweise als Unterstützung bei der Arbeitsplatzsuche, als Hilfe bei der sprachlichen Lernentwicklung (auch der Kinder) und bei der Etablierung neuer sozialer Normen und Werte. Dieser Bereich ist politisch nur schwer zu beeinflussen, denn die erfolgreiche soziale Integration hängt vor allem von der individuellen Einstellung ab.

Der Beauftragten der Bundesregierung für Integration zufolge bevorzugen 80 Prozent der Migranten bei der Wahl des Wohnortes Städte, die mindestens 100 000 Einwohner haben. Die Daten der Bundesregierung zeigen auch, dass die großen Ballungszentren in den alten Bundesländern einen mehr als doppelt so hohen Migrantenanteil aufweisen wie die ländlichen Räume. Der Anteil der Migranten ist in den Städten also am höchsten und konzentriert sich dort wiederum auf bestimmte Stadtteile. Diese Stadtviertel haben oft einen niedrigeren Sozialstatus und sind für die deutsche Bevölkerungsgruppe häufig unattraktiv.

Dem liegt eine besondere Eigendynamik zugrunde: Wohlhabende verlassen die betroffenen Wohngebiete, und die Mietpreise sinken, dadurch kommen immer mehr einkommensschwache Bewohner und Migrantenfamilien hinzu, wie z. B. in Duisburg-Marxloh oder in der Dortmunder Nordstadt. Häufig haben die Wohnungssuchenden aber keine andere Wahl als in diese Gebiete zu ziehen, denn für muslimische Familien erweist es sich häufig als schwieriges Unterfangen, eine geeignete Wohnung zu finden. Besonders dann, wenn es sich um kinderreiche Familien handelt. Dies zeigt sich momentan besonders bei Geflüchteten oder anerkannten Asylbewerbern, die auf dem freien Markt angemessenen Wohnraum suchen. Sie zieht es zumeist in Quartiere, teilweise ganze Stadtteile, deren Erscheinungsbild durch Deindustrialisierung und Einwanderung geprägt ist.

Auch die Gewerbestruktur passt sich in diesen Gebieten der Wohnbevölkerung an. Es werden vermehrt Türkisch und Arabisch sprechende Auszubildende und Mitarbeiter eingestellt. Das eröffnet zwar für viele Jugendliche die Möglichkeit, bei einer Bank oder Versicherung beschäftigt zu sein. Das führt aber auch dazu, dass die deutsche Sprache in den betroffenen Straßenzügen immer irrelevanter wird. Selbst beim Besuch einer Bank oder Versicherung ist es dann nicht mehr notwendig, Deutsch zu sprechen. Es entstehen entkoppelte Stadtgebiete, die die öffentlichen Institutionen vor neue Herausforderungen stellen.

Bei der geballten Unterbringung von Geflüchteten in bestimmten Stadtteilen besteht beispielsweise die Gefahr, dass Sozialräume entstehen, die im öffentlichen Diskurs als Parallelgesellschaften gekennzeichnet werden. In der Stadt Essen haben Lokalpolitiker kürzlich öffentlich geklagt, dass die Stadt überfordert sei, so viele Geflüchtete in bestimmten belasteten Stadtteilen unterzubringen.

Die sozioökonomische Differenzierung der Bevölkerung wird also durch eine kulturelle zusätzlich verschärft. In bestimmten Stadtteilen konzentrieren sich Menschen mit Zuwanderungsgeschichte, die kaum Kontakt zur Mehrheitsgesellschaft aufbauen können. Dieses Problem betrifft auch nachkommende Generationen, weil die Kinderbetreuungseinrichtungen und Schulen überwiegend eine stadtteilspezifische Kinder- und Schülerstruktur aufweisen und dadurch relativ homogen sind.

4. *Emotionale Integration: Identität(en)*
Die drei genannten Bereiche der Integration werden im letzten Schritt der Integration vereint: der emotionalen Integration. Sie ist nicht direkt beeinflussbar, sondern wird davon bestimmt,

inweiweit man sich mit Deutschland oder mit seinem Wohnort identifiziert. Die emotionale Integration ist gewissermaßen die Königsdisziplin: Sie ist komplex, beruht auf Subjektivität und ist nicht mit Rationalität erklärbar, sie entwickelt sich langfristig und ist auch von äußeren Einflussfaktoren abhängig. Vor allem steht sie in Bezug dazu, wie Migranten von der Mehrheitsgesellschaft, beispielsweise Politik, Zivilgesellschaft, Medien, aufgenommen werden. Es leuchtet ein, dass sich ein gut gebildeter Mensch, der perfekt Deutsch spricht, einen Arbeitsplatz hat und viele oder intensive soziale Beziehungen zu Deutschen pflegt, eher mit Deutschland identifizieren kann. Die Möglichkeit, sich mit Deutschland zu identifizieren, hängt aber eben auch mit der Mehrheitsgesellschaft zusammen. In Deutschland wird es auch sehr gut integrierten muslimischen Menschen nicht immer leicht gemacht, sich dazugehörig zu fühlen.

Der Migrationsforscher Tarek Badewia spricht hier von einem Zustand »zwischen den Stühlen«. Er meint damit, dass sich Migranten weder der einen noch der anderen nationalen bzw. kulturellen Identität zugehörig fühlen. Im Kern lässt sich das damit begründen, dass sie deutlich unterschiedliche und teilweise widersprüchliche Erfahrungen im Herkunftsland der Eltern sowie in der deutschen Mehrheitsgesellschaft machen. Die Tatsache, dass man sich nicht als Deutscher und nicht als Türke oder Syrer fühlt, kann allerdings auch mit der Metapher des »dritten Stuhls« erklärt werden. Damit ist eine hybride Identität gemeint. Diese dritte Identität ist eine Synthese aus den beiden ursprünglichen Identitäten, der deutschen und der Identität des jeweiligen Herkunftslandes. Eine Herausforderung ist diese Identität vor allem deshalb, weil das neue bzw. das dritte Ich selbstständig entwickelt werden muss. Gleichzeitig ist sie eine große Chance, weil der erweiterte Erfahrungsschatz, erworben durch zwei Kulturen, eine enorme Ressource darstellt. Weder deutsch noch ausländisch zu sein und trotzdem beides zugleich, führt unweigerlich zu komplexen Anforderungen. Schon Deutschen fällt es schwer, zu erläutern, was Deutschsein bedeutet. Entsprechend stehen Migranten vor einer doppelten Herausforderung, da sie ein Mehr an Möglichkeiten der Identitätsbildung haben. Gleichzeitig haben sie ein Weniger an Orientierung. Dementsprechend schwer fällt es der dritten Migrantengeneration, eine hybride Identität zu entwickeln, sich auf den »dritten Stuhl« zu setzen. Auch weil ihnen angemessene Rollenvorbilder fehlen.

Vor diesem Hintergrund ist das Phänomen zu verstehen, dass sich die Jugendlichen in Deutschland, obwohl hier geboren, als Türken oder Araber sehen. Dabei ist ihr Referenzpunkt nicht das tatsächliche Heimatland ihrer Großeltern – darüber wissen sie in der Regel relativ wenig –, sondern vielmehr eine Vorstellung. Das ist psychologisch betrachtet durchaus plausibel. Fühlt man sich nicht zugehörig, gleichberechtigt oder erwünscht, dann entwickeln sich Vorstellungen, die es erleichtern, in diesem belastenden Zustand zu leben. Zu einem Problem kann dies beispielsweise dann werden, wenn die ersten Erfahrungen mit dem Heimatland der Großeltern gesammelt werden. Denn auch dort können sich die Jugendlichen häufig nicht zugehörig fühlen. Jugendliche aus Deutschland mit türkischen Wurzeln werden in der Türkei zum Beispiel als »Deutschländer« bezeichnet, es wird so eine deutliche Abgrenzung konstruiert.

Nicht nur über die Wurzeln ihrer Eltern versuchen Jugendliche, sich selbst eine Identität zu geben, ähnlich ist auch die Selbstbeschreibung als Muslim einzuordnen. Die Jugendlichen suchen in dieser Kategorie ein Definitionskriterium, das Orientierung bietet – allerdings häufig auch ohne die Religion hinreichend zu kennen.

Das Bedürfnis, irgendwo dazuzugehören, ist bei allen Jugendlichen stark ausgeprägt. In den prekären Verhältnissen, in denen sich viele muslimische Jugendliche in Deutschland befinden, ist die Wahl einer solch »einfachen« und zugleich orientierungsstiftenden Identität als Muslim, Türke oder Araber durchaus rational und nachvollziehbar. Viel schwerer ist es hingegen, sich gewissermaßen ein eigenes Milieu zu schaffen, einen Lebensraum, der sich weder strikt an der Herkunftsgesellschaft noch an der Lebensweise der Eltern oder an der Mehrheitsgesellschaft orientiert.

Wie individuell, komplex, unspezifisch und ambivalent die emotionale Integration sein kann, auch wenn die ersten drei Ebenen der Integration optimal verlaufen sind, möchte ich an meiner eigenen Erfahrung vor Augen führen.

Von außen und objektiv betrachtet, bin ich eine Person, die scheinbar optimal integriert ist. Alle zuvor erläuterten Integrationskriterien und Integrationsebenen erfülle ich bzw. bin ich durchschritten. Ich stamme aus der Türkei und werde soziologisch der zweiten Generation der Migranten zugeordnet. Den überwiegenden Teil meines Lebens habe ich in unterschiedlichen Gegenden von Deutschland – Rheinland, Bayern, Ruhrgebiet – verbracht. Ich kann von mir behaupten zu wissen, wie Deutschland tickt. Die deutsche Sprache beherrsche ich fast fehlerfrei in Wort und Schrift. Ich kann ein bayerisches Diplom und eine bayerische Promotion vorweisen. Ich bin seit 2000 deutscher Staatsbürger und seit zwölf Jahren Hochschullehrer – verbeamtet auf Lebenszeit. In meinem Alltag spreche ich fast ausschließlich Deutsch, ich träume auf Deutsch und erziehe meinen Sohn in deutscher Sprache. Ich bin noch nie mit dem Gesetz in Konflikt geraten. Ich habe deutsche und nichtdeutsche Freunde. Ich habe eine deutsche Frau ohne Migrationshintergrund geheiratet. Ich war Mitglied einer demokratischen deutschen Partei und Mitglied einiger deutscher Sportvereine. Zu migrantischen Vereinen oder Institutionen hatte ich nie Kontakt. Ich stamme zwar aus einer alevitisch-kurdischen Familie, definiere mich aber atheistisch. Vermutlich aufgrund dieser Konstellation bin ich auch sehr kritisch gegenüber der Türkei und der türkischen Politik. Eine Moschee habe ich von innen noch nie gesehen, aber öfter eine Kirche.

Man kann jetzt die Frage stellen: Wo ist der Haken? Der Haken besteht darin, dass ich mich mit Deutschland nicht (immer) identifizieren kann und mit Deutschland öfter hadere. Die emotionale Integration ist bei mir also nicht ausreichend entwickelt. Genauso hadere ich aber mit der Türkei. In der Türkei werden Minderheiten, vor allem Kurden und Aleviten, systematisch unterdrückt. Das Land ist höchstens semidemokratisch, Menschen- und Bürgerrechte werden mit Füßen getreten, und von einer freien Presse kann keine Rede sein. Das sind demokratische Basics, die Deutschland mehr als erfüllt. Eigentlich macht es mir mein Herkunftsland Türkei also sehr leicht, mich von ihm abzuwenden. Andererseits bedeutet mir das Land trotzdem sehr viel. Ich verachte zwar den türkischen Fußball, weil er nicht nur korrupt, sondern auch schlecht ist, schaue mir aber trotzdem die Spiele von Galatasaray an. Bei Welt- und Europameisterschaften bin ich gegen meinen rationalen Willen für die Türkei.

Trotz dieses zutiefst zwiegespaltenen Verhältnisses mit meinem Herkunftsland kann ich mich wie gesagt auch nicht immer mit Deutschland identifizieren. Vielleicht liegt es daran, dass mir diese Identifikation im Alltag schwer gemacht wird. An dieser Stelle möchte ich nur zwei kleine exemplarische Begebenheiten anführen, die mich an Deutschland und am Deutschsein manchmal zweifeln lassen.

Wegen eines Vortrags war ich mit dem ICE von Dortmund nach Frankfurt unterwegs. Um mich in Ruhe auf meinen Vortrag vorzubereiten, hatte ich mein Ticket ausnahmsweise für die erste Klasse gebucht. Ich bin eigentlich ein kommunikativer Mensch. An diesem Tag aber, wegen der Vorbereitung, eher nicht. Mein Abteilnachbar wollte trotzdem unbedingt mit mir reden. Weil ich das spürte, versuchte ich, Blickkontakt zu vermeiden. Auf Dauer klappte das aber nicht. Bei der ersten Gelegenheit fragte mich mein Sitznachbar ohne Vorwarnung wie aus der Pistole geschossen, was für ein Landsmann ich denn sei. Als Antwort fragte ich ihn, welche Nationalität er habe. Von meiner Gegenfrage war er überrascht, er stammelte »Deutscher«. »Ebenso«, sagte ich und widmete mich wieder meinen Unterlagen. Das reichte ihm aber nicht aus. »Und woher kommen Ihre Eltern?«, hakte er nach. Ich antwortete, dass sie in Köln wohnen. Er meinte aber natürlich, woher sie stammen. Nachdem ich ihm sagte, dass meine Eltern ursprünglich aus Zentralanatolien kommen, rief er: »Ach, du bist Türke!« Bevor ich in die Debatte einsteigen konnte, was Deutsch und Türkisch ist, kam der Schaffner, um die Tickets zu kontrollieren. Er war sehr freundlich und bemüht. Er fragte mich, ob ich wüsste, dass die Tickets in der zweiten Klasse viel günstiger seien. Vom Komfort her wäre die zweite Klasse auch nicht viel schlechter als die erste Klasse. Ich bedankte mich für die Aufklärung und ging in den Speisewagen.

Auch das folgende Ereignis ließ mich am Deutschsein zweifeln: Seit 2014 bin ich Dekan der Fakultät für Angewandte Sozialwissenschaften der Fachhochschule Dortmund. Ein Dekan leitet die Fakultät. Er wird vom Fakultätsrat für einen bestimmten Zeitraum gewählt und muss vom Rektor formal bestätigt werden. Wenn die Amtszeit abgelaufen ist, kann sich die Person wieder zur Wahl stellen. Kurz nach Beginn meiner Amtszeit suchte ein Mann, Mitte dreißig, das Dekanatsbüro ohne einen Termin auf. Obwohl die Tür geschlossen war, bekam ich mit, wie er mit unserer Sekretärin diskutierte. Er ließ sich von der Sekretärin nicht abwimmeln und wollte unbedingt mit dem Dekan reden. Er würde das Haus nicht verlassen, bevor er nicht den Dekan gesprochen habe. Ich beschloss kurzerhand, mit ihm zu reden. Als er mein Zimmer betrat, sagte er zur Begrüßung, dass er nicht mit mir reden wolle, sondern mit dem Dekan der Fakultät. Ich solle ihn doch bitte herbeiholen. Als ich ihm sagte, dass wir keinen anderen Dekan als mich hätten, fragte er mich, warum die Fakultät nicht in der Lage war, einen Deutschen für den Job zu finden. Ich ließ mich nicht auf diese Diskussion ein, stattdessen fragte ich ihn, weshalb er das Bedürfnis habe, mit dem Dekan zu reden. Er wolle sich auf die offene Stelle als Professor bewerben und den Dekan in einem persönlichen Gespräch davon überzeugen, dass er der Richtige sei, promoviert habe er aber nicht. Seine Kenntnisse in Sozialwissenschaften würden für eine Professur trotzdem locker reichen. Außerdem müsste ich als Dekan wissen, dass eine Person aufgrund ihrer außergewöhnlichen Leistungen nach Paragraf 36 Hochschulgesetz ohne Promotion berufen werden könne. Ich wandte ein, dass das stimme, der Paragraf aber eher bei Künstlern angewandt würde. Ich riet ihm, sich die Portokosten zu sparen, weil er aufgrund fehlender Qualifikationen nicht mal eingeladen würde. Zum Abschied sagte er mir dann, dass er mich persönlich und die Hochschule als Institution wegen Diskriminierung verklagen wolle.

Aus meinen Forschungen, der Arbeit mit Jugendlichen und Alltagsbegegnungen weiß ich, dass viele Migranten ähnliche Erfahrungen machen und deshalb hin und wieder oder aber öfter an Deutschland und ihrer Beziehung zu Deutschland zweifeln. Obwohl wir eigentlich perfekt integriert sind, werden wir von anderen Deutschen nicht als zugehörig angesehen. Und gerade wenn die ersten drei Ebenen der Integration nicht optimal verlaufen sind, kann es sein, dass die Identifikation mit Deutschland noch geringer ausgeprägt ist, als es bei mir der Fall ist.

Ist Assimilation die beste Integrationsform?

Der Begriff Assimilation ist in Deutschland politisch hoch umstritten. Auch deshalb, weil Recep Tayyip Erdoğan, damals noch Ministerpräsident der Türkei, im Jahre 2008 vor ca. 16 000 türkeistämmigen Zuhörern in Köln die Assimilierung als ein »Verbrechen gegen die Menschlichkeit« bezeichnet hatte. Die darauffolgenden Debatten waren emotional so aufgeladen, dass die deutsche Regierung erklären musste, dass sie keine Assimilierung der Migranten wünsche, sondern deren Integration verbessern möchte.

In sozialwissenschaftlichen Abhandlungen diskutiert man den Assimilationsbegriff hingegen viel nüchterner und weniger dogmatisch. Ganz vereinfacht dargestellt bedeutet Assimilation die Angleichung oder gar Verschmelzung von (ursprünglich) unterschiedlichen Gruppen. Ausschlaggebend für den Erfolg ist hier vor allem, dass die ethnische Zugehörigkeit nicht zu Vorurteilen führt und keine Rolle für die Teilhabe der Zugewanderten am gesellschaftlichen Leben spielt. Nach der vollständigen Assimilation entscheiden die individuellen Fähigkeiten einer Person, welche Position sie in der Gesellschaft einnimmt, nicht ihre kulturelle oder ethnische Herkunft. Übersetzt in den Alltag bedeutet das: Die Menschen gleichen sich in ihren allgemeinen Einstellungen, ihren Identitäten, in ihrer Kultur, Sprachen, der Religion und Bräuchen an. Die Angleichung und Verschmelzung erfolgt aber nicht bis zur Unkenntlichkeit.

Wenn wir beispielsweise in Deutschland über Assimilation diskutieren, ist damit häufig die Annahme verbunden, dass Migrantinnen und Migranten ihre Werte, Normen, Einstellungen, ihre Religion und ihre Sprache komplett aufgeben und die der Mehrheitsgesellschaft übernehmen. Das ist der Hauptgrund, warum die Menschen eine Assimilierung ablehnen. Sie ist außerdem gerade dann besonders kompliziert, wenn die kulturellen und religiösen Normen scheinbar weit auseinanderliegen. Ein Beispiel: Vermutlich wird sich kein Mensch darüber aufregen, wenn in Deutschland von Österreichern oder Niederländern Assimilierung erwartet wird, weil sie mit ihren Bräuchen, Einstellungen oder Identitäten sowieso sehr nah an deutschen Werten und Normen sind. Oder umgekehrt: Wenn Österreicher sich weigern würden, sich im Sinne der Assimilierung zu integrieren, würde das niemandem auffallen. Denn die Österreicher sind mit ihrem Sprachgebrauch und ihren Werten und Normen sehr eng mit Deutschland verbunden. Das einzig Auffällige wäre bei den Österreichern der Dialekt, den viele Menschen im Norden und Westen Deutschlands aber dem Bayerischen zuordnen. Im Gegensatz dazu nehmen wir in Deutschland an, dass Muslime wegen ihrer Religion, ihrer kulturellen Einstellungen, Bräuche und Sprachen weit entfernt von den deutschen Werten und Normen sind und eine Integration im Sinne von Assimilation deshalb nicht in Betracht kommt. Scheinbar funktioniert Integration im Sinne von Assimilation nur dann besonders gut, wenn religiöse und kulturelle Normen nah beieinander sind.

Meine jahrelangen wissenschaftlichen und persönlichen Beobachtungen zeigen, dass Muslime in Deutschland die Assimilation zwar häufig ablehnen, diese in bestimmten Bereichen aber dennoch befürworten. Im Bereich der Lebenswelten ist die Assimilation verpönt und die Ablehnung sehr stark. In der strukturellen Teilhabe (Bildung, Arbeitsmarkt oder Wohnort) hingegen ist der Wunsch nach Assimilation ausgeprägt, auch wenn dieser Begriff hier nicht verwendet wird. Aber was beinhalten diese beiden Bereiche des Lebens, und weshalb unterscheiden sie sich in der Assimilationsbereitschaft? Das möchte ich exemplarisch am Bereich Schule näher erläutern.

Strukturelle Teilhabe: Ein Großteil der Muslime wünscht sich Assimilation im Sinne von Angleichung und Verschmelzung in den Bereichen Bildung, Wohnort und Arbeitsmarkt. Aber sie ordnen diesen Wunsch niemals dem Begriff der Assimilation zu. Der Wunsch der Eltern ist groß, dass ihre Kinder in der Schule erfolgreich sind und nicht aufgrund ihrer Herkunft oder ihres Namens benachteiligt werden. Sie erwarten aber auch von ihren Kindern, dass sie sich in der Schule anpassen und die Leistungsanforderungen erfüllen. Im Bereich des Bildungserfolgs ist eine Angleichung auf der strukturellen Ebene also höchst wünschenswert. Dass eine rein strukturelle Angleichung ohne Lebensweltbezug aber auch in der Schule nur schwer zu realisieren ist, macht den Widerspruch im Schulalltag aus. Was heißt das?

Die Eltern wollen, dass ihr Kind sich der Schulstruktur anpasst. Dieser Wunsch geht aber nicht immer auf, weil einige Eltern sich Angleichung und Verschmelzung in der Schule nicht auf der sozialen oder kulturellen Ebene wünschen. Das macht sich beispielsweise dann bemerkbar, wenn Eltern die Geburtstagseinladungen von anderen Kindern ablehnen, darauf bestehen, dass der Islamunterricht oder die Muttersprache in der Schule angeboten werden oder sie aus religiösen Gründen den Schwimmunterricht oder Klassenfahrten ablehnen. Die strukturelle Assimilation als eine Form der Integration ohne Anpassung der Lebenswelt kann nicht funktionieren. Die Eltern wünschen sich paradoxerweise die Assimilation ihrer Kinder in der Schule, aber unter Beibehaltung der kulturellen und religiösen Werte aus den Herkunftsländern. Dass es dadurch bei unterschiedlichen Werten und Normen Differenzen gibt, liegt auf der Hand. Je konservativer und traditioneller die Eltern und ihre Kinder sind, desto größer sind die Anpassungsdifferenzen in der Schule.

Lebenswelten: Im Bereich von Lebensweisen und Lebenswelten lehnen viele Muslime eine Assimilation komplett ab. Denn hier geht es nicht um strukturelle und institutionelle Teilhabe, sondern um Angleichung von Werten und Normen, die scheinbar unterschiedlicher Natur sind. Dieser Bereich lässt sich besonders gut anhand von Kultur- und Moscheevereinen darstellen.

Durch die Teilhabe in solchen Vereinen bewahren Muslime auch in Deutschland ihre Tradition. Die Vereine sind von außen als solche häufig nicht zu erkennen. Sie sind unauffällig, haben kein Minarett und sind in herkömmlichen Häusern oder Wohnungen untergebracht. Für die Mitglieder und Besucher der Kultur- und Moscheevereine gibt es zahlreiche Angebote, die aus Mitgliedsbeiträgen und aus öffentlichen Geldern finanziert werden. Viele sind eingetragene Vereine (e. V.) und beschäftigen Sozialarbeiter oder Sozialpädagogen. Dies ist aber nicht immer der Fall. Viele Imame in den Moscheevereinen haben sich selbst zu solchen ernannt und können keine akademische Ausbildung vorweisen. Resultat ist häufig Vermittlung von fehlerhaftem und unreflektiertem Wissen. In den Kulturvereinen sind die Verantwortlichen im Vorstand in der Regel ebenfalls Laien, die ohne pädagogische Ausbildung intensive Jugendarbeit betreiben.

Sowohl bei Kultur- als auch bei Moscheevereinen stehen die Kinder und Jugendlichen im Fokus des Interesses, allerdings aus unterschiedlichen Motiven. Während einige Kulturvereine Orientierungshilfe in der Bildung für Kinder, Jugendliche und deren Eltern anbieten, erweitern andere dieses Programm. Neben der Hausaufgabenbetreuung und der Information über das Bildungssystem werden den Kindern und Jugendlichen unter der Überschrift »Heimat- oder Traditionspflege« die Werte und Normen des Herkunftslandes vermittelt. Bei Moscheevereinen ist das Hauptziel der Jugendarbeit das Verstehen und Praktizieren des Islam, da viele Jugendliche ihre eigene Religion nicht richtig kennen. Vor allem arbeiten die Moscheen und Moscheevereine gegen die Vorurteile, die nicht nur bei der Mehrheitsgesellschaft, sondern auch in großen Teilen der muslimischen Community vorhanden sind. Die Verantwortlichen und die Teilnehmer der Kulturvereine begrüßen die Integration und leisten aus ihrer Sicht Integrationsarbeit, die Assimilation lehnen sie aber kategorisch ab.

Weil viele Vereine mit ihrer Arbeit die Assimilierung verhindern möchten, tragen sie bewusst oder unbewusst dazu bei, die Separation der Muslime zu fördern. Die Menschen bleiben in ihrem bekannten Umfeld, orientieren sich viel stärker in Richtung des Herkunftslandes und separieren sich im Kontext der Lebenswelten von der Mehrheitsgesellschaft. Wenn die Menschen das Gefühl bekommen, dass sie ihre Werte, Normen, kulturellen Eigenarten oder religiösen Lebensformen aufgeben und sich komplett anpassen müssen, ist der Widerstand gegen solch ein Konzept groß. Denn das Konzept der Assimilation suggeriert eine erhöhte Überanpassung seitens der Migrantinnen und Migranten. Deshalb bin ich der Meinung, dass der Begriff Assimilation im Zusammenhang mit Integration, die der Sozialwissenschaftler Harmut Esser immer wieder predigt, nicht zu gebrauchen ist. Vielmehr müssen wir darüber debattieren, wie wir dazu beitragen können, dass Muslime oder Migranten am gesellschaftlichen Leben teilhaben können.

Die größte Sünde der Integrationspolitik: die ethnischen Vorbereitungsklassen

Laut der Datenlage des Mikrozensus aus dem Jahre 2019 haben 19,3 Millionen der Menschen in Deutschland einen Migrationshintergrund. Circa 4,7 Millionen davon sind muslimischen Glaubens. Der Großteil der Muslime, ungefähr drei Millionen, stammt aus der Türkei. Sie sind im Zuge der Gastarbeiteranwerbung in den 1960er- und 1970er-Jahren nach Deutschland gekommen und leben mittlerweile in der dritten, teilweise vierten Generation in Deutschland. Die »Gastarbeiterbeschäftigung« erreichte mit insgesamt 2,5 Millionen im Jahre 1973 ihren vorläufigen Höhepunkt. Am 23. 11. 1973 verfügte der Bundesminister für Arbeit und Sozialordnung Walter Arendt die Einstellung der Anwerbung ausländischer Arbeitnehmer durch die Bundesanstalt für Arbeit. Nur noch der Nachzug enger Familienangehöriger (Ehepartner und Kinder unter 18 Jahren) der bereits in Deutschland tätigen Arbeitnehmer war im Rahmen der Familienzusammenführung möglich. Der Anwerbestopp sollte den Vorrang des nationalen Arbeitsmarktes und damit der deutschen Arbeitnehmer sicherstellen. Er sollte nur dann aufgehoben werden, wenn sich dadurch die Folgeprobleme nicht verschärfen würden. Formal hat dieser Anwerbestopp heute noch Bestand. In der Folge haben sich viele verheiratete Männer und Frauen für einen dauerhaften Aufenthalt in Deutschland entschieden und ihre Kinder und Ehepartner nachgeholt. Den Satz von Schriftsteller Max Frisch in Bezug auf die damaligen Gastarbeiter, »Wir riefen Arbeitskräfte, und es kamen Menschen«, kennen mittlerweile sehr viele Experten aus Wissenschaft, Politik und Gesellschaft. In diesem kurzen Satz steckt das Dilemma der Migrationspolitik der 70er- und 80er-Jahre. Man wollte »lediglich« Arbeitskräfte haben und hat sich dabei quasi keine

Gedanken darüber gemacht, welche strukturellen, sozialen und kulturellen Herausforderungen zu überwinden sind.

Weder die Bundesregierung noch die Einwanderer selbst hatten einen dauerhaften Aufenthalt geplant. Obwohl sich die Gastarbeiter in der Folge aber niederließen, konnte auch nach dem Anwerbestopp keine gezielte Migrations- oder Integrationspolitik beobachtet werden. Ziel der deutschen Politik war es bis tief in die 1990er-Jahre hinein, die »Gastarbeiter« und deren Angehörige in ihre Heimatländer zurückzuführen. Anfang der 1980er-Jahre hat Deutschland Gastarbeitern, die in ihre Länder zurückkehren wollten, sogenannte Rückkehrprämien ausgezahlt. Dieser Versuch, die Zahl der »ausländischen« Bevölkerung zu reduzieren, scheiterte, weil nur sehr wenige Menschen dieses Angebot in Anspruch nahmen. Auch die Behandlung der Kinder der Gastarbeiter in Schulen und anderen Bildungseinrichtungen war geprägt von der Prämisse, dass sie in ihr Herkunftsland zurückkehren würden. Die so betitelten »Gastarbeiterklassen« in den Schulen, die die Kinder auf ihre Rückkehr vorbereiten sollten, wurden erst Ende der 1990er-Jahre endgültig abgeschafft.

Auf die Bedeutung solcher Gastarbeiterklassen oder Vorbereitungsklassen werde ich etwas näher eingehen, weil die Auswirkungen dieses Konzepts auch heute noch sichtbar sind. Im schulischen Kontext stand bei den Kindern der Gastarbeiter der Reintegrationsgedanke im Mittelpunkt. Die strukturelle (in diesem Fall die schulische) und soziale Integration in Deutschland waren nicht erwünscht, wegen der großen Gefahr, dass diese Kinder nach der Rückkehr in ihre Heimatländer Anpassungsschwierigkeiten haben könnten. Deshalb wurden die sogenannten ethnischen Vorbereitungsklassen gegründet. Die bekanntesten ethnischen Vorbereitungsklassen waren die für Italiener, Griechen und Türken. Da diese Klassen in erster Linie darauf ausgerichtet waren, auf die Rückkehr in die Heimat vorzubereiten, wurde der Großteil des Unterrichts von Lehrkräften aus den Heimatländern übernommen.

Ich selbst habe von Februar 1980 bis Juni 1982 eine dieser ethnischen Vorbereitungsklassen besucht. Eine Woche nach meiner Ankunft in Deutschland kam ich in die Hauptschule Kolkrabenweg in Köln-Vogelsang. Obwohl in unserer Nähe andere Hauptschulen ansässig waren, musste ich in eine zehn Kilometer entfernte Schule gehen. Denn diese Schule bot ethnische Vorbereitungsklassen an und konnte mitten im Schuljahr auch noch Schüler aufnehmen. Ich kam in eine Klasse mit lauter türkischen Kindern. Die einzige Deutsch sprechende Person war unsere Klassenlehrerin.

Die Hauptschule Kolkrabenweg ist in einer Gegend in Vogelsang, in der heute vor allem die Mittelschicht lebt. Die Schule liegt im Grünen, Reihenhäuser und Häuser mit Gärten prägen den Stadtteil. Das Schulgebäude ist flach, maximal auf zwei Etagen gebaut und hat einen großen Konferenz- und Theatersaal sowie eine große Turnhalle und einen Sportplatz im Freien. Die Schule hat zwei Pausenhöfe, die durch das Haus des Hausmeisters und den Theatersaal getrennt werden. Wie gesagt besuchte ich die türkischen Vorbereitungsklassen, die im Gebäude auf der rechten Seite mit eigenem Pausenhof untergebracht waren. Das linke Gebäude mit eigenem Pausenhof war für die Regelklassen, also Deutsche, vorgesehen. Es war zwar nicht verboten, in der Pause auf den anderen Hof zu gehen, aber kein Kind aus einer ethnischen Vorbereitungsklasse traute sich das. Heutzutage würden Sozialwissenschaftler so eine Aufteilung mit dem Begriff Segregation, also dem Gegenteil von Integration, beschreiben. Genau das war damals aber auch gewollt.

Anfangs war mir nicht ganz klar, was die Bezeichnung ethnische, in meinem Fall türkische, Vorbereitungsklassen bedeutete. Es gab zu dieser Zeit in unserer Schule auch noch italienische und griechische Vorbereitungsklassen. Wurden wir auf die deutschen Regelklassen vorbereitet oder auf die Rückkehr in unsere Heimatländer? Nachdem ich mich mit der neuen Umgebung vertraut gemacht hatte, die Aufteilung nach Nationalitäten wahrnahm und die Inhalte kennenlernte, die uns vermittelt wurden, wurde mir klar, dass wir auf die Rückkehr in die Heimat vorbereitet werden sollten. Ich hatte mich noch nicht einmal in Deutschland eingefunden, schon wurde ich für die Rückkehr in die Türkei gerüstet. In der Schule lernte ich neben der deutschen Sprache Mathematik, Türkisch und Geschichte, aber die türkische Geschichte, nicht die deutsche. Türkisch und Geschichte wurden von einer jungen Lehrerin in Türkisch unterrichtet. Die deutsche Lehrerin brachte uns Deutsch und mathematische Grundlagen bei. Später erfuhr ich, dass wir zwar auf eine Rückkehr in die Heimat vorbereitet werden sollten, bei guten Deutschkenntnissen konnten wir aber trotzdem in die Regelklassen wechseln.

Ab Ende der 70er-Jahre verfolgten viele Bundesländer das Konzept der doppelten Strategie. Die Kinder sollten auf die Rückkehr in ihr Herkunftsland vorbereitet werden, verzögerte sich die Rückkehr jedoch, durften sie in einer Regelklasse weiterunterrichtet werden. Deshalb haben viele Bundesländer in den ethnischen Vorbereitungsklassen das Modell »ein Drittel Deutsch und zwei Drittel muttersprachlicher Unterricht« entwickelt. Diese Politik hatte aber Konsequenzen, die ich selbst zu spüren bekommen habe. Erst ab der siebten Klasse wurde ich in einer Regelklasse unterrichtet. Das hatte große Bildungslücken zur Folge. Das Thema Nationalsozialismus, ein zentraler Bereich des deutschen Geschichtsunterrichts, hatte ich beispielsweise komplett verpasst. Diesen Teil musste ich mir schließlich selbst durch Eigenstudium beibringen. Nicht jeder, der solche

Klassen besucht hat, konnte aber im Nachhinein herausfinden, was er verpasst hatte, und sich dann auch noch dazu motivieren, diese Lücke selbst zu schließen.

Die Bildungspolitik der 1970er und 80er hatte aber nicht nur Bildungslücken bei Migrantenkindern zur Folge. Sie befeuerte auch Nationalismus unter türkeistämmigen Jugendlichen und förderte ihre Desintegration in Deutschland.

Desintegration: Wenn wir heute über integrationsunwillige Migranten reden, verbinden wir deren Desintegration mit nicht vorhandenen Deutschkenntnissen. Das Erlernen der deutschen Sprache ist sicherlich ein zentraler Aspekt, um sich in einem neuen und fremden Land zurechtzufinden. Bei den sogenannten Gastarbeitern der 70er-Jahre war es noch nicht vorgesehen, dass sie die Deutsch erlernen, weil ihre Integration in die bundesrepublikanische Gesellschaft nicht vorgesehen war. Dass mit Steuergeldern eine Politik betrieben wurde, die auch den Nachfolgegenerationen der Gastarbeiter die Integration erschwerte, gar unmöglich machte, ist aus heutiger Sicht unerklärlich. Kinder und Jugendliche, die jahrelang solche ethnischen Vorbereitungsklassen besuchten, hatten nicht nur Probleme damit, sich sozial in die Gesellschaft zu integrieren, sondern auch sich strukturell einzufügen. Da die Kinder und Jugendlichen in solchen Klassen nicht angemessen Deutsch lernen konnten, waren sie auf der Suche nach einem Ausbildungsplatz benachteiligt. Außerdem hatten die Jugendlichen in bestimmten Bereichen große Wissenslücken, so wie es bei mir der Fall war, was die Arbeitssuche und strukturelle Integration zusätzlich erschwerte. Die Konsequenz war, dass diese Jugendlichen, wie auch ihre Eltern, unqualifizierten Tätigkeiten nachgehen mussten. Arbeitslosigkeit, Bezug von Transferleistungen, Armut oder Anspruch auf geringe Rente sind die nachhaltigen Folgeerscheinungen.

Nationalismus: Die deutsche Öffentlichkeit schreckte auf, als bekannt wurde, dass sehr viele türkeistämmige Migranten der ersten, zweiten und dritten Generation in den Jahren 2017 und 2018 den hyperkonservativen und religiös-nationalistischen Machthaber der Türkei – Recep Tayyip Erdoğan – mit ihrer Wahlstimme unterstützt haben. Viele Jugendliche und Erwachsene trugen bei Protesten und Demonstrationen, mit denen sie die Erdoğan-Politik unterstützen wollten, dessen Konterfei auf ihren T-Shirts und schwenkten die türkische Fahne. Wenn man sich aber unter die Fahnenschwenker mischte und sich nach den Einstellungen zur Erdoğan-Politik erkundigte, herrschte ein betretenes Schweigen. »Ähm ja, er hat die Türkei groß und stolz gemacht«, kam dann. Es ging den Menschen nicht um Politik, sondern um das Zeigen und Ausleben nationalistischer Emotionen. Und diese Emotionen wurden mit Lust an Protest und Provokation zum Ausdruck gebracht. Die Debatte kreiste im Anschluss um die Desintegration oder Integrationsunwilligkeit der Muslime, hier stellvertretend repräsentiert von den Türkeistämmigen.

Dabei haben wir diesen ausgeprägten Nationalismus mindestens zwei Jahrzehnte auch mit deutschen Steuergeldern in unseren Schulen unterstützt. Viele Lehrkräfte aus der Türkei haben jahrelang in ethnischen Vorbereitungsklassen das Türkentum und den türkischen Nationalismus hochgehalten. Der Geschichtsunterricht, den ich selbst besucht habe, bestand in erster Linie darin, die Heldentaten der Osmanen zu verherrlichen. Kritische Nachfragen oder Widerspruch wurden von der Lehrerin stellenweise mit harscher Zurechtweisung oder mit einer Ohrfeige unterbunden. Was in solchen Klassen jenseits des offiziellen Lehrplans geschah, blieb den deutschen Bildungspolitikern vorenthalten. Sie finanzierten lediglich den Rahmen für den sich etablierenden Nationalismus.

Loyal gegenüber der Familie und selbstbewusst in der Öffentlichkeit – zur ambivalenten Rolle von Jungen

Wie ich im ersten Abschnitt verdeutlichen konnte, sehen die Eltern aus traditionell-muslimischen Familien in Individualität kein Ideal. Sie betonen die Gemeinschaft der Familie und ordnen die individuellen Interessen immer den kollektiven Bedürfnissen unter. Sie selbst haben sich stets an diesem Prinzip orientiert und damit häufig auf persönliche Ziele und Bedürfnisse verzichtet. Im Laufe des Sozialisationsprozesses erfahren die Heranwachsenden mehrfach, wie sehr auch sie selbst von diesem Zusammenhalt profitieren konnten. Eine Trennung von den Normen und Werten der Eltern kommt hingegen einem Bruch mit der arabischen bzw. türkischen Community gleich, was mit großen Risiken verbunden sein kann. Auf der einen Seite steht also das Bedürfnis nach einer individuellen, aber ungewissen Entwicklung der Heranwachsenden; auf der anderen Seite steht das Kollektiv, stehen Solidarität und Loyalität – und nur solange man den traditionellen Prinzipien treu bleibt, können die Jugendlichen von diesem Zusammenhalt profitieren. Bei der Wahl zwischen Freiheit (also: Unsicherheit und Individualität) und Sicherheit (also: Orientierung und Kollektivität) fühlen sich Jugendliche häufig überfordert und werden sich für den aus ihrer subjektiven Perspektive vermeintlich sicheren Weg entscheiden – was durchaus rational sein kann. Deshalb sind Solidarität und Loyalität gegenüber den Eltern und Familienmitgliedern sowie gegenüber den Freunden die wichtigsten Werte in den muslimischen Gruppierungen in Deutschland. Diese Werte werden im Migrationsprozess stärker betont und verschärft, weil die Familie bzw. Freunde die einzigen Rückzugsgebiete sind. Nur ihnen kann uneingeschränkt vertraut werden. Den sozialen Institutionen, beispielsweise Schule, Jugendamt oder Jugendeinrichtungen, misstrauen die Migranten auch noch in der dritten Generation, weil sie deren Funktion nicht richtig einschätzen können. Solidarität, Loyalität und Zusammengehörigkeit innerhalb der Familie bleiben unantastbar, auch wenn es innerhalb der Familie Probleme gibt, die ohne die Hilfe von außen nicht gelöst werden können. Sich mit den internen Problemen der Familie an Beratungsstellen oder an das Jugendamt zu wenden, gilt als Verrat oder Loyalitätsbruch. Denn das Familienbild nach außen wird dadurch massiv beschädigt. Dieses Orientierungsmuster und seine Konsequenzen möchte ich anhand eines Fallbeispiels aus der Praxis präzisieren.

Ein Fallbeispiel aus der Praxis:
Der 17-jährige Ümit ist mehrfach durch Gewalt, Ladendiebstahl und Drogendelikte straffällig geworden. Während der Beratungsgespräche bei der Jugendgerichtshilfe stellte die zuständige Sozialpädagogin, eine Kollegin, fest, dass Ümit auch viele Probleme im Elternhaus hat, wie zum Beispiel Arbeitslosigkeit der Eltern, Alkoholprobleme des Vaters, Gewalttätigkeit vonseiten des Vaters, beengte Wohnverhältnisse. Nach reiflicher Überlegung und in Absprache mit Ümit entschied die Sozialpädagogin, ihren Klienten in einer sozialpädagogisch betreuten Wohngruppe unterzubringen. Alle Gespräche mit Ümit verliefen positiv, weil er unbedingt das Elternhaus verlassen wollte, um eigenverantwortlich und selbstständig sein Leben zu regeln. Die Sozialpädagogin bestärkte Ümit in seiner Bestrebung und machte ihm Mut, den Schritt zu gehen. Es mussten lediglich einige abschließende Gespräche mit den Eltern durchgeführt werden, weil sie die Erziehungsberechtigten waren. Während des Gespräches, im Beisein der Pädagogin und der Eltern, war Ümit sehr ruhig, er vermied den Augenkontakt zu den

beiden Elternteilen und blickte auf den Boden. Der Vater betonte unermüdlich, dass sie als Eltern mit Ümit keinerlei Probleme hätten und dass die Familie intakt sei. Er verstehe auch nicht, warum man seinen Sohn wegnimmt und in ein Heim steckt. Es gehe ihm zu Hause doch ganz gut und er bekomme alles, was er möchte. Die Pädagogin versuchte zwar zu betonen, dass Ümit eigenverantwortlich entschieden hatte, in ein Wohnheim zu gehen, fand aber beim Vater kein Gehör. Das Gespräch wurde hitziger und unproduktiv. Denn die Eltern wollten nicht verstehen, dass es für Ümit besser wäre, zu Hause auszuziehen. Nach einer Weile wollte die Pädagogin wissen, was Ümits Wunsch sei, ob er in ein Wohnheim einziehen möchte, da antwortete Ümit mit »Nein«. Mit gesenktem Kopf betonte Ümit, dass er sich zu Hause wohlfühle und dass er zu Hause keinerlei Probleme habe, auch nicht mit den Eltern. Die Pädagogin war sprachlos, weil Ümit sich ganz anders verhielt als im Einzelgespräch. Sie betonte unermüdlich, dass er eigenständig und selbstbewusst wie im Einzelgespräch äußern solle, was er möchte, konnte den Jungen aber nicht mehr überzeugen.

Was war passiert?
Für die Eltern, vor allem für den Vater, ist es primär von Bedeutung, dass die Familie nach außen intakt und funktionsfähig wirkt. Das Verhalten des Jungen, dass er sich der »Behörde« anvertraut und sich gegenüber den Eltern nicht loyal verhält, verurteilt der Vater zwar, äußert das aber nicht in der Öffentlichkeit. Der Loyalitäts- und Solidaritätsbruch bringt die Familie, insbesondere den Vater, in Erklärungsnot und Schwierigkeiten. Solidarität bedeutet für die Eltern, dass das Kind seine eigenen Wünsche und Vorstellungen denen der Gemeinschaft – hier der Familie – unterordnet. Der Sohn kennt die Wünsche und die Vorstellungen der Eltern. Der gesenkte Kopf und die Vermei-

dung des Blickkontakts mit den Eltern während des Gespräches mit der Sozialpädagogin zeigen eindeutig, dass er in einem Dilemma steckt. Die Wünsche und Erwartungen der Eltern mit seinen eigenen und denen der Sozialpädagogin in Einklang zu bringen, fällt ihm sichtlich schwer. Auf der einen Seite muss er loyal gegenüber seinen Eltern bleiben, aber er will auch sein eigenes Bedürfnis nach Eigenverantwortung nicht aus den Augen verlieren. Als er aufgrund der Frage der Pädagogin realisierte, dass ihm dieser Spagat nicht gelang, entschied er sich für die Loyalität gegenüber den Eltern.

Dass ein junger Mensch nach mehr Eigenverantwortung und Selbstständigkeit strebt, ist für die deutsche, akademisch ausgebildete Sozialpädagogin eine Selbstverständlichkeit. Schließlich besteht ihr Auftrag als Pädagogin und Vertreterin der Institution sogar darin, junge Menschen zur Selbstständigkeit und Eigenverantwortlichkeit zu ermuntern. Als ihr klar wurde, dass Ümit seine eigenen Wünsche den Vorstellungen der Eltern unterordnete, beschuldigte die Pädagogin die Eltern, insbesondere den Vater, Druck auf sein Kind auszuüben und damit seine Selbstständigkeit einzuschränken. Sie betonte, dass die Entwicklung zur Selbstständigkeit in diesem Alter außerordentlich wichtig sei und dass die Eltern eigentlich stolz auf ihren Sohn sein müssten.

Die Eltern sehen darin aber kein Ideal. Sie legen Wert auf die Gemeinschaft der Familie und ordnen individuelle Bedürfnisse immer kollektiven Interessen unter. Sie selbst haben sich stets an diesem Prinzip orientiert und damit häufig auf persönliche Ziele verzichtet. Aber auch für Ümit sind die Werte Loyalität und Solidarität sehr wichtig. Im Laufe seines Sozialisationsprozesses hat er mehrfach erfahren, wie sehr auch er selbst vom familiären Zusammenhalt profitieren kann. Die Trennung von den Eltern würde zudem einem Bruch mit der eigenethnischen

Gemeinschaft gleichkommen, was für ihn mit großen Risiken verbunden ist. Dieser Risiken wurde er sich in der Situation mit Sozialpädagogin und Eltern bewusst: Auf der einen Seite steht eine Fachkraft, die ihn in seiner – ungewissen und riskanten – individuellen Entwicklung professionell unterstützen möchte. Auf der anderen Seite stehen seine Eltern, die alles für ihn tun würden, solange er der Familie und den traditionellen Prinzipien treu bleibt. Bei der Wahl zwischen Freiheit (Ungewissheit und Individualität) und Sicherheit (Orientierung und Kollektivität) fühlt er sich überfordert und entscheidet sich für den vermeintlich sichereren Weg.

Dem Sozialwissenschaftler Wilhelm Heitmeyer zufolge sind Überforderungstendenzen, Orientierungslosigkeit und Desintegration in der modernen Gesellschaft typisch für Konflikte, unter denen alle Jugendlichen heute leiden. Individualisierung wird zwar mit zunehmender Freiheit verknüpft, aber im Gegensatz dazu auch mit abnehmender Sicherheit, weil ich im Notfall keine Gruppe oder Familie habe, auf die ich mich verlassen kann. Dabei betonen die Wissenschaftler, dass der Individualisierungsprozess für Jugendliche nur dann positive Züge hat, wenn diese Ablösung von Bindungen nicht in einem Vakuum mündet. Denn Desintegration findet gerade in einem Anerkennungsvakuum statt. Es ist der Ausdruck dafür, dass man sich mit Deutschland nicht identifizieren kann (emotionale Desintegration), was zusätzlich verunsichernd wirkt. Wenn dabei die Anerkennung ausbleibt, tritt leicht eine Entwicklung ein, die eine traditionelle Form der Rückbesinnung auf die Herkunftskultur annimmt. Und für muslimische Jugendliche stellen die Bindungen zur eigenethnischen Gemeinschaft einen bedeutsamen Orientierungspunkt dar, da sie die Chance erhalten, Anerkennung außerhalb dieses Kollektivs zu erfahren.

In Besprechungen zwischen Eltern und Pädagogen werden

diese Zusammenhänge häufig übersehen. Es kommen Lebens- und Erziehungskonzepte der Eltern zum Vorschein, die auf den ersten Blick nicht mit den Vorstellungen der Institutionen (und der Pädagogen) kompatibel sind. Ein Perspektivwechsel – Warum verhält sich der Vater oder der Sohn anders als erwartet? Warum betont der Vater, dass die Familie intakt sei? Warum senkt der Sohn den Blick? Welche Bedeutung messen Eltern und Kinder traditionellen Werten bei? Unter welchem (inneren) Druck steht der Sohn? – würde den pädagogischen Fachkräften helfen, das Verhalten des Kindes oder Jugendlichen sowie der Eltern besser zu verstehen.

»Er hat mich komisch angeschaut« – Jungen und Gewalt

Laut den Daten des Kriminologischen Forschungsinstituts Niedersachsen aus dem Jahre 2017 ist der Anteil der Jugendlichen mit Migrationshintergrund unter Gefängnisinsassen fast dreimal so hoch wie in der Bevölkerung. Es fällt auf, dass der Großteil der Gefängnisinsassen mit Migrationshintergrund vor allem aus der Türkei oder arabischen Ländern stammt und männlich ist. Diese Unverhältnismäßigkeit können wir zum einen mit der sozialen und wirtschaftlichen Lage erklären, in der diese Jugendlichen in Deutschland aufwachsen. Und zum anderen damit, dass die Jugendlichen mit Migrationshintergrund von der Polizei öfter kontrolliert und von der Justiz härter bestraft werden. Diese Jugendlichen sind häufig Nachkommen der traditionellen Arbeitsmigranten, die schon innerhalb ihrer Herkunftsregionen den bildungsbenachteiligten und konservativen Milieus angehörten. Außerdem fällt an der Statistik auf, dass der überwiegende Anteil der inhaftierten Jugendlichen männlichen Geschlechts ist und es sich bei den Straftaten größtenteils um Gewaltdelikte handelt. Ebenso zeigen die Daten des Kriminologischen Forschungsinstituts Niedersachsen, dass Gewalttaten an Schulen häufiger von Schülern mit Migrationshintergrund ausgeführt werden.

Dabei werden viele der Gewalttaten polizeilich gar nicht erst erfasst. Sie haben den Charakter eines klassischen Duells zur Klärung einer Sache unter »richtigen« Männern. Dementsprechend haben sich beide Seiten zu dieser Art der Klärung entschieden, und öffentliche Stellen werden somit gar nicht informiert. Aus der Perspektive der Akteure wird keine andere Form der Konfliktaustragung in Betracht gezogen. Das Duell ersetzt in gewisser Hinsicht gesellschaftlich anerkannte Formen der Konfliktbewältigung, wie z.B. Gericht, Polizei oder Diskurs. Damit ist eine juristische Verfolgung in der Praxis nahezu ausgeschlossen. Wenn die Polizei eingeschaltet wird, dann meist aufgrund der Hinweise von Dritten, also nicht unmittelbar an dem Konflikt beteiligten Personen.

Ausgehend von den Sozialisationsbedingungen der Kinder und Jugendlichen möchte ich die etablierten Denk- und Handlungsmuster nachzeichnen, die oft Ursachen für eine Gewaltneigung sind.

Wie wird man Gewalttäter?
Murat, ein heute 21-jähriger Berufsschüler, der in seiner frühen Jugend häufig auffällig geworden war, erzählt rückblickend von seinen Orientierungsproblemen:

»Meine Familie lebte in ihrer eigenen Welt. Wenn man zu Hause nicht gemacht hat, was mein Vater gesagt hat, gab's richtig Ärger. Wir lebten wie in der Türkei. Da wurde viel gebrüllt, da gab's immer Action. Aber da war ich eigentlich immer nur zum Essen und Schlafen. Sonst war ich in der Schule oder mit meinen Jungs unterwegs. Mein Vater hat immer

gefragt, ob alles in der Schule gut läuft, ich habe gesagt: Klar, läuft alles. Das war's. Meine Eltern fanden Schule wichtig, aber die hatten überhaupt keine Ahnung, was in der Schule los war. In der Schule war das immer so komisch, ich wusste gar nicht, was die von mir wollten. Wir haben eigentlich nie das gemacht, was wir sollten. Die Lehrer wussten auch nicht, was die mit uns machen sollten. Das war so, wir sind da einfach so hingegangen, und nach der Schule waren wir in unserer Straße und haben nur Scheiße gemacht. Und später, so mit 15 oder 16, waren wir 'ne richtige Gang. Wenn einer Probleme hatte, haben alle mitgemacht. Da hat man sich richtig stark gefühlt, keiner konnte einem was. Das war für uns das echte Leben, das hatte 'ne Bedeutung für uns. Aber wir hatten zu oft Stress mit der Polizei.«

Kinder und Jugendliche wachsen im Wesentlichen in den vier Lebenswelten Familie, Schule, Peers und Medienlandschaft auf. Aber diese vier Bezugspunkte stellen gerade Jugendliche mit Migrationshintergrund vor besonders widersprüchliche Erwartungen und Handlungsoptionen. Das deutsche Schulsystem ist beispielsweise nicht darauf ausgerichtet, mögliche soziale Unterschiede auszugleichen. Das benachteiligt die Nachkommen der ehemaligen Arbeitsmigranten. Wie ich im ersten Abschnitt aufgezeigt habe, machen sie seltener als ihre Altersgenossen hochwertige Schulabschlüsse und verlassen das Schulsystem deutlich häufiger ohne Abschluss. Das liegt neben der Schulstruktur und wenig lernförderlichen Unterrichtsformen auch daran, dass in der Schule Werte wie Selbstständigkeit, Selbstdisziplin und Selbstreflexion eine besondere Rolle spielen.

Zusätzlich führen inkonsistente Erziehungsstile, die die Heranwachsenden häufig in ihren Familien, aber auch in Kontrast mit der Schule erleben, zu Irritationen und Orientierungslosigkeit. Diese Widersprüchlichkeiten im Verhältnis von Schule und Familie werden dadurch verschärft, dass ihre Eltern sowohl

Loyalität gegenüber den traditionellen Werten als auch Erfolg in der Schule und später im Arbeitsleben erwarten. Vor allem für junge Männer ergeben sich daraus strukturelle Konflikte, wenn es um die Unterschiede zwischen schulischer und familialer Lebenswelt geht.

Diese Orientierungslosigkeit verschärft sich für die Jugendlichen mit Migrationsgeschichte zusätzlich, denn sie leben sowohl mit sozialen Unterschieden aufgrund ihrer Schichtzugehörigkeit als auch mit kulturellen Unterschieden aufgrund der Migrationssituation. Für sie bestehen keine vorgeplanten Karrierewege, an denen sie sich in der Schule oder auf dem Arbeitsmarkt orientieren könnten. Sie fühlen sich nicht als Deutsche und nicht als Türken oder Araber. Sie distanzieren sich in gewisser Hinsicht sowohl von der Mehrheitsgesellschaft als auch von der Familie und dem traditionellen Herkunftsmilieu. Diese Jungen suchen nach Orientierungspunkten, die Sicherheit bieten und Identität ermöglichen. Und genau das bietet ihnen das Kollektiv von Peers mit gleichartiger sozialer und kultureller Herkunft.

Die messbare Benachteiligung von Schülern mit Migrationshintergrund bei der Überweisung zu einem Schultyp und die Entwicklung der Hauptschule zur »Restschule« haben dazu geführt, dass sich dort junge Männer mit Zuwanderungsgeschichte konzentrieren. Ausschließlich von ihren Peers umgeben zu sein, hat dazu geführt, dass diese Jungen keine Vorbilder mehr haben, die ihnen zeigen könnten, dass man Achtung und Respekt auch ohne Gewaltanwendung erfahren kann. Im Gegenteil: Sie finden eine Art zweite Familie, bestehend aus wenigen – in der Regel nur einer Handvoll – Freunden, die füreinander beinahe alles tun: nämlich Gewalt anwenden, sich solidarisieren, mit Machogehabe prahlen etc. Solche vermeintlichen Heldentaten werden durch die Medienberichte unterstützt – zumindest bei

Betrachtung der für diese Jugendlichen bevorzugten Bereiche der Medienlandschaft.

Im Umgang mit solchen Jugendlichen hilft es in der Regel nicht, nur mit Appellen und Argumenten zu intervenieren. Solche Belehrungen prallen an der Oberfläche ab und tangieren die tief verankerten Verhaltensnormen nicht. Gerade solche Jugendliche erwarten Konfrontation mit dem eigenen Fehlverhalten, klare Ansagen und Entschiedenheit auf der Handlungsebene: Man muss das, was man sagt, auch klar und deutlich umsetzen. Es geht allerdings nicht um das Nachahmen der elterlichen Erziehung, sondern darum, den Jugendlichen Grenzen aufzuzeigen, sodass sie gestärkt aus dem Konflikt herausgehen können.

Wie ticken Gewalttäter?
Der Begriff der Ehre spielt bei Gewalttaten von Jugendlichen, die aus der Türkei, dem Kosovo und dem arabischen Raum stammen, eine zentrale Rolle. Er bildet die Basis der Denk- und Handlungsmuster der Jugendlichen aus sozial benachteiligten Milieus und ist ihre Rechtfertigung für aggressives Verhalten. Hinzu kommt eine extreme Form der Freundschaft.

Nicht selten rechtfertigen Jugendliche ihr Verhalten mit ihrem Verständnis von Freundschaft. Die Solidarität und Loyalität, die sie innerhalb der Familie erlernen, weiten die Jugendlichen auf ihren Freundeskreis aus. Freunde tun alles füreinander: Sie teilen, was sie haben, Geld, Essen, Kleidung etc. Sie setzen sich für Freunde ein, auch auf die Gefahr hin, selbst verletzt zu werden. In ihrer bedingungslosen Solidarität leisten sie Freunden Hilfe, ohne die Situation zu hinterfragen. Die Solidarität ist eine tief verankerte Verhaltensnorm, über die die Jugendlichen nicht viel nachdenken und die sie nicht infrage stellen. Sie sprechen also nicht lange darüber, was passiert ist und wie man ein Problem lösen könnte. Nachdenken oder nachfragen würde nicht nur die Freundschaft, sondern auch die Ehre und Männlichkeit des Jugendlichen infrage stellen. Ehre und Männlichkeit sind Begriffe, die muslimische Straftäter immer wieder verwenden.

Massenschlägereien kommen deshalb zustande, weil der Freund nicht allein gelassen werden darf. Die Freundschaft gilt dann allerdings als verletzt, wenn die Mutter und andere weibliche Familienmitglieder beschimpft, beleidigt oder auch nur unsittlich angeschaut werden (Ehre) oder wenn die Männlichkeit oder die Potenz angezweifelt werden.

Der Begriff Ehre klärt ursprünglich die Beziehung zwischen Mann und Frau sowie die familiären Grenzen nach innen und außen, wie ich im ersten Abschnitt kurz erklärt habe. In Freundschaften kommt allerdings ein weiterer Aspekt hinzu: Ein ehrenhafter Mann muss nämlich in der Lage und willens sein zu kämpfen, wenn er dazu herausgefordert wird. Die Eigenschaften eines ehrenhaften Mannes sind Virilität, Stärke und Härte. Er muss bereit sein, auf jede Herausforderung und Beleidigung, die seine Ehre betrifft, zu reagieren und darf sich nicht versöhnlich zeigen. Unter Jugendlichen wird der Begriff der Ehre zu einem Gemeinschaftsprojekt.

Für das Verständnis der Denkmuster der gewalttätigen Jungen spielt nicht zuletzt der Begriff der Männlichkeit eine hervorzuhebende Rolle. Ausgeprägte Männlichkeit, bezogen auf Solidarität und Loyalität innerhalb des Freundeskreises und die bedingungslose Verteidigung der weiblichen Familienmitglieder, wird gerade dann besonders wichtig, wenn die gesellschaftliche Anerkennung ausbleibt. So ist man nur als ehrenhafter Mann ein »richtiger« Mann, und nur als solidarischer und loyaler Freund kann man ein ehrenhafter Mann sein. Bei straffälligen muslimischen Jugendlichen stellt das Kriminologische Forschungsinstitut Niedersachen immer wieder fest, dass sie aufgrund ihres Ehrbegriffes zu Straftaten bereit sind. Dementsprechend werden Beleidigungen der Mutter, Schwester oder Freundin gegenüber sowie Andeutungen bezüglich einer homosexuellen Orientierung zu außerordentlich gereiztem und unter Umständen aggressivem Verhalten des Beleidigten sowie seiner Freunde führen. Ähnliches ist zu erwarten, wenn abfällige Äußerungen gegenüber der nationalen Herkunft oder der Religion, aber auch gegenüber dieser Vorstellung von Männlichkeit gemacht würden. Diese Reaktionen sind umso bemerkenswerter, wenn man bedenkt, dass diese Jugendlichen der dritten und vierten Generation weder ihre Herkunftsländer noch ihre Religion gut kennen und zudem vielfach weder in der Lage noch willens sind, ein im klassischen Sinne autoritärer Familienernährer zu sein.

Der Weg zur Gewalt
Gewalt wird zur Konfliktlösung herangezogen, wenn ein subjektiv empfundener, verkürzter Zeithorizont zur Entscheidungsfindung und ein verengter Pool von Handlungsoptionen vorliegen. Anders formuliert: Gewaltfreie Konfliktlösungsstrategien sind komplex, weil man für sie Zeit, Kompetenz, insbesondere sprachliche Verhandlungskompetenz, und Motivation benötigt.

Nimmt man an, Menschen handelten rational, würde jeder Gewalttat ein Abwägen von Kosten und Nutzen vorausgehen: Was bringt mir eine gewalttätige Auseinandersetzung, und was setze ich aufs Spiel? Diese Rationalität kann aber von bestimmten Faktoren unterminiert werden: (1) wenig Zeit für Entscheidungen, (2) eingeschränkte Handlungsmöglichkeiten, eingeschränkt möglicherweise auch deshalb, weil soziale Kompetenzen zur kommunikativen Konfliktlösung fehlen, und (3) kein Risikobewusstsein.

Diese drei Faktoren können für eine Person aus verschiedenen Gründen besonders relevant werden und zu Gewalt führen. Beispielsweise kann Alkohol- bzw. Drogenkonsum eine kurzfristig verschärfte Wahrnehmung der drei Faktoren zur Folge haben. Besonders problematisch wird es aber dann, wenn Menschen unter sozialen Bedingungen aufwachsen, in denen sie dauerhaft den Druck der drei genannten Faktoren in der Konfliktlösung verspüren. Irrationales Verhalten ist dann alternativlos. Ein Nährboden für diesen Zustand sind die Perspektivlosigkeit aufgrund eines niedrigen Bildungsniveaus, eingeschränkte soziale und kognitive Fähigkeiten und das spezifische Kommunikationsverhalten in einem Konfliktfall.

Diese Perspektivlosigkeit ist den meisten Jugendgangs eigen. Gleichzeitig können die Jugendlichen in diesen Gangs ihre Perspektivlosigkeit kurzfristig hinter sich lassen, denn hier sind sie in der Gruppe, sie sind stark. Ein falscher Blick, eine ironische Aussage oder ein lautes Lachen rufen extreme Reaktionen hervor. Die Jugendlichen sehen in solchen Aktionen persönliche Angriffe: Sie fühlen sich unwohl, wissen nicht, wie sie darauf reagieren sollen, und haben im Laufe der Zeit gelernt, sofort (also präventiv) mit Gewalt zu reagieren. Sie lernen dabei, dass Gewalt Erfolg hat. Es gelingt ihnen etwas, das ihnen sonst selten gelingt, nämlich kurzfristig zu agieren und unmittelbar Ergebnisse zu erzielen. Sie haben außerdem nicht viel zu verlieren – in diesem Umfeld gewinnen sie durch ihre Handlungen vielmehr Ehre und den Respekt. Diese Gewaltneigung entwickelt sich also häufig im Kontext mit Gleichaltrigen und wird zu einer Quelle für Status und Anerkennung.

Peers spielen bei der Sozialisation im Jugendalter die größte Rolle. Problematisch wird es, wenn ein großes Machtgefälle innerhalb der Gruppe herrscht. Dann erhöht sich die Wahrscheinlichkeit, dass die Jugendlichen in die Rolle als Opfer oder Täter von Gewalt kommen. Wer sich nicht konsequent zur Wehr setzt, wird immer wieder von demjenigen geschlagen, der seine

Stärke und Macht demonstrieren will. In einer neuen Gruppe muss man sich grundsätzlich bewähren. Gewaltausübung ist dann häufig die anerkannte Demonstration der Stärke und Dominanz.

Das wichtigste Prinzip in der Gruppe spiegelt sich im Begriff der Anmache wider. Laut Hermann Tertilt gehört es zu den Grundmustern der gewalttätigen Konflikte, jemanden anzumachen oder selbst angemacht zu werden. Zu den Hauptformen der Anmache gehört der Blick. Dabei geht es darum, dass jemand schief oder dumm angeguckt wird. Ein Blick, der fixiert oder durchbohrt und sich so des Gegenübers bemächtigt, zählt bereits als Anmache. Wir lachen im Kabarett zwar über den Spruch »Ey, was guckst du?«, aber in solchen Gruppen spiegeln sich darin todernste und zentrale Werte und Grundprinzipien. Jedes neue Mitglied in der Gruppe wird zunächst in der gerade beschriebenen Form provoziert, um herauszufinden und zu testen, ob er oder sie in der Lage und Position ist, sich gegen die Anmache zu wehren. Das schließt die körperliche Auseinandersetzung mit Kontrahenten – ein Duell – nicht aus. Sich in körperliche Auseinandersetzungen zu begeben, bedeutet nicht nur Gewaltanwendung, sondern vor allem Gewalterfahrung. Wer sich entschieden und selbstbewusst verteidigt und auch Gewalt anwendet, wird in der Gruppe hoch angesehen, und seine Stellung in der Gruppe steigt – selbst dann, wenn er das Duell verliert.

Dieses Verhalten von Jugendlichen kommt besonders dadurch zustande, dass sie häufig zu spät zu verantwortungsvollen Aufgaben in unserer Gesellschaft herangezogen werden. Ohne Aufgaben, die ihr Selbstwertgefühl und ihre Anerkennung steigern könnten, müssen sie sich Herausforderungen schaffen. So lässt es sich auch erklären, dass es Jugendliche gibt, die gewalttätige Auseinandersetzungen aktiv suchen. Sie stellen sich in den Weg, provozieren, beschimpfen und demonstrieren Macht und Überlegenheit. Dadurch erfahren sie entweder unmittelbar Respekt (wenn nämlich der von ihnen Provozierte nachgiebig ist), oder sie können sich in einem Kampf – also in einem Duell – bewähren.

Ein konkretes Fallbeispiel aus der Praxis
Im Januar des Jahres 1998 ereignete sich eine Massenschlägerei in der Münchner Fußgängerzone zwischen Jugendlichen türkischer und albanischer Herkunft. An dieser verabredeten Schlägerei nahmen nach offiziellen Angaben 35, nach inoffiziellen Angaben weit über 50 Jugendliche teil. Obwohl die Polizei verständigt wurde und die Polizeizentrale nur wenige Hundert Meter von dem Ort des Geschehens entfernt war, konnte nicht verhindert werden, dass ein Jugendlicher starb und mehrere zum Teil schwer verletzt wurden. Die damaligen Schlagzeilen reichten von »Bandenkrieg zwischen rivalisierenden Gruppen« und »Machtkampf um die bessere Position in München« bis hin zu »Krieg in München«. Neben härteren Strafen für die Täter wurde auch über ausländerrechtliche Konsequenzen nachgedacht. Wie konnte es so weit kommen?

Man mag es nicht glauben, dass diese Massenschlägerei einen sehr simplen, fast schon absurden Grund hatte, nämlich den Wetteinsatz eines Kickerspiels: Zwei Jugendliche, der eine türkischer, der andere albanischer Abstammung, spielten in der Münchner Volkshochschule in der Pause Tischkicker. Der Verlierer dieses Spiels sollte dem Gewinner ein Bier spendieren. Der Verlierer wollte aber nach Ende des Spiels seinen Wetteinsatz nicht einlösen, und es kam zu einer verbalen Auseinandersetzung, bei der sich beide Kontrahenten massiv beleidigt haben. Die Betreuerin ging dazwischen und beruhigte die Gemüter. Da aber die beiden das Problem wie »richtige Männer«

lösen wollten, verabredeten sie sich für ein Zusammentreffen in der Fußgängerzone.

Wie dieser kleine Disput zwischen zwei Jugendlichen so eskalieren konnte, war auch Gegenstand der Gerichtsverhandlungen, bei denen ich anwesend war. In den Verhandlungen wurde großer Wert darauf gelegt, den wahren Grund für die Schlägerei zu erfahren. Viele Jugendliche gaben zu Protokoll, dass sie eigentlich nicht so genau wussten, worum es ging. Sie hatten lediglich erfahren, dass ein Freund von einem guten Freund Hilfe brauchte, weil die Albaner Probleme machen würden. Dazu zwei zusammengefasste Verhörausschnitte:

»*Ich weiß nicht mehr genau, wer, aber einer hat gesagt, dass die Albaner den Osman angemacht haben. Ich hab auch gehört, dass sie sich am Stachus verabredet haben. ... Alle haben gesagt, wir müssen auch hingehen. ... Weil die Albaner kommen doch nicht alleine. Man muss doch dem Freund helfen. ... Nein, ich wusste auch nicht, was der Grund war. Ich hab gehört, er braucht Hilfe. Ich hab nicht gefragt. ... Ja, weil, wie soll ich sagen, man wird ausgelacht. Freunden muss man helfen, egal was passiert ist.*« (Suat)

»*Ich war auch in dieser Schule. Ich habe das im Unterricht erfahren, dass der Osman sich mit dem Albaner treffen will. ... Wir haben alle Türken in der Schule gefragt. Danach haben wir die Leute angerufen. Alle sollten kommen. ... Warum, warum? Du kennst die Albaner, die kommen nicht allein. Wenn man sich am Stachus treffen will, dann will man doch nicht reden. Da fliegen die Fetzen. ... Der Grund war egal. Wenn du Freund hast, musst nicht fragen, sondern helfen.*« (Bilal)

Diese blinde Solidarität und der ausgeprägte Wille, einem Freund helfen zu wollen, haben sich bei beiden Parteien so schnell verbreitet, dass sich schließlich 50 Jugendliche im Münchner Stadtzentrum getroffen haben. Das Missverständnis, die kleine Diskussion, wurde durch die Verabredung am Stachus (ein zentraler Platz auf der Fußgängerzone) von beiden Seiten so sehr hochgepuscht, dass die beiden Kontrahenten nicht den Hauch einer Chance hatten, das Problem mit anderen Mitteln zu lösen – der Druck zu handeln war zu groß. Aus dem Duell zwischen zwei Kontrahenten wurde eine Massenschlägerei mit einem Todesopfer.

Natürlich handelt es hier um ein älteres Beispiel, es könnte also eingewendet werden, dass sich die Einstellungen unter den Jugendlichen verändert haben. Laut dem Kriminologischen Forschungsinstitut Niedersachsen hat sich die Lage bei einem großen Anteil der muslimischen Jugendlichen aber sogar verschärft. Bei ihnen steht die Rückbesinnung auf die traditionellen Konfliktlösungsstrategien wieder hoch im Kurs.

Osman: »Ich musste unsere Ehre retten« – zum Ehrenmord getrieben

Es ist eigentlich unmöglich, die Motive eines Ehrenmordes nachzuvollziehen, geschweige denn zu verstehen. Wie der Begriff »Ehrenmord« bereits suggeriert, geht es um den Schutz eines Wertes. Kann aber ein Wert so zentral sein, dass dafür ein Menschenleben ausgelöscht werden muss? Mit einem konkreten Beispiel möchte ich zumindest versuchen, die Mechanismen, die hinter dem Ehrenmord stehen, zu verdeutlichen.

Vor einigen Jahren habe ich im Rahmen einer sozialwissenschaftlichen Untersuchung mehrere Gespräche mit einem jungen Mann namens Osman geführt, der einen Anschlag auf seine Schwester verübt hatte. Er selbst bezeichnete im Vorfeld der Gespräche den Anschlag als Ehrenmord. Das hat er allerdings später teilweise revidiert.

Als Osman 17 Jahre alt war, wurde er von seinem Vater und dem älteren Bruder beauftragt, seine, wie er es selbst ausdrückte, Lieblingsschwester umzubringen. Aus der Sicht von Vater und Bruder gab es zwei Ereignisse, die diesen extremen Schritt legitimierten:

1. Die Schwester verließ ihren Ehemann. In extrem konservativen, patriarchalischen Familienstrukturen steht es der Frau nicht zu, ihren Mann zu verlassen. Die traditionelle Rolle der Frau besteht darin, das Funktionieren der Familie sicherzustellen, unabhängig von ihren Lebensbedingungen.

2. Die Schwester kehrte nach der Scheidung nicht nach Hause zurück. Nach einer Scheidung muss die Frau wieder zurück zu ihren Eltern ziehen. Denn nur eine verheiratete Frau darf ihr Elternhaus verlassen.

Die Schwester von Osman widersetzte sich den Regeln der Ehre, indem sie ihren Mann verließ und selbstständig in München wohnte und arbeitete, statt zurück zu ihren Eltern nach Freising zu ziehen. Für die männlichen Familienmitglieder waren nicht die Motive der Scheidung relevant, sondern die Scheidung als Akt, der von der Frau vollzogen wurde. Osman äußert sich dahingehend sehr präzise: »*Es kam raus, dass meine Schwester Schluss gemacht hat. Also, ich meine, sie wollte sich scheiden. Bei uns, bei meinem Vater, war die Hölle los. Alle haben gesagt, wie kann sie ihren Mann verlassen oder so. Es hat überhaupt niemanden interessiert, niemand wollte wissen, warum sie Schluss gemacht hat. Sie haben nur gesagt, die hat den armen Mann verlassen, der muss jetzt in die Türkei und so. Die haben über meine Schwester geschimpft. Meine Mutter hat nicht viel gesagt, aber sie war der gleichen Meinung. Ich war auch damals dieser Meinung.*«

Im Zuge der Familienzusammenführung mit Personen aus Ländern außerhalb der EU muss eine Ehe mindestens drei Jahre

Bestand haben, bevor dem zugezogenen Partner ein eigenständiger Aufenthalt anerkannt wird. Bei einer Scheidung vor Ablauf dieser Frist muss der Zugezogene unter Umständen, wie im Falle von Osmans Schwager, das Land verlassen. Die Betrachtungsweise der Eltern fokussierte sich auf den Mann, der nun das Land verlassen musste, weil die Ehe nicht mehr existierte. Die Beweggründe und Motive der Tochter berücksichtigten die Eltern nicht.

Auf meine provokative Frage, warum sein Schwager seine Ehre nicht selbst geschützt oder wiederhergestellt habe, antwortete Osman: *»Er konnte ja nicht. Meine Schwester hat ihn angezeigt. Ja, weil er immer meine Schwester geschlagen hat. Er war in Knast wegen gefährlicher Körperverletzung, Nötigung und so. Dann wurde er sofort in Türkei abgeschoben. Er konnte seine Ehre gar nicht schützen.«*

Da der Ehemann aufgrund der Inhaftierung seine verletzte Ehre nicht wiederherstellen konnte, sah sich die Familie in der Pflicht, die Verletzung der Familienehre zu ahnden. Das Hauptmotiv dafür, die Schwester umzubringen, lag aber in ihrem freizügigen Lebensstil nach der Scheidung. Sie arbeitete und lebte allein in München und hatte noch dazu männliche Bekanntschaften, die nicht in einer Eheschließung mündeten. Dieses Verhalten brachte die Familie scheinbar in ihrer Community in Erklärungsnot, da dieser Lebensstil mit der traditionellehrenhaften Rolle einer Frau nicht vereinbar war. Warum ausgerechnet Osman den Mordanschlag ausführen sollte, erklärte er folgendermaßen:

»Irgendwann stand fest, dass man was machen muss. Wir mussten auf alle Fälle unsere Familienehre schützen. Ganz Freising hat über uns gesprochen. Alle haben über uns schlecht geredet. Das Mädchen der Familie lebt in München, hat viele Freunde, geht halb nackt auf die Straße, und keiner macht was. Die Leute haben nicht mehr mit uns geredet, weil meine Schwester unehrenhaft ist. Dann war mein Onkel da, der kam aus Stutt-

gart, hat mit meinem Vater gesprochen. Die Freunde von meinem Vater haben gesagt, man muss was tun, die Ehre sauber machen und so. Dann haben viele gesagt, ich soll machen, ich bin jung. Und ich wollte schon machen, ich hab mein Schwester schon gemocht, aber sie hat Scheiße gemacht. Ich hab damals so gedacht, weißt du.« Aus dem Gespräch ergab sich die folgende Chronologie, die in dem Beschluss eines Mordanschlags »im Namen der Ehre« mündete:

- Die junge Frau verlässt den Ehemann und bricht mit ihrer Familie, indem sie nicht ins Elternhaus zurückkehrt, sondern in einer Großstadt selbstständig lebt.
- Das Verhalten der Tochter wird im eigenethnischen Freundes- und Verwandtenkreis ausnahmslos abgelehnt, intern aber zunächst geduldet.

Um Härte, Unnachgiebigkeit und Kompromisslosigkeit zu demonstrieren, verstößt der Vater seine Tochter schließlich doch öffentlich. Er verbietet allen Familienmitgliedern den persönlichen und telefonischen Kontakt mit ihr. Damit gewinnt er in der Öffentlichkeit Ansehen und Respekt zurück.

- Dem Vater und anderen Familienmitgliedern kommen Wahrheiten und Halbwahrheiten über den Lebensstil der Tochter in München zu Ohren. Diese Gerüchte werden nicht überprüft, sondern es zählt allein der Umstand, dass sie existieren und die Familie mit negativen »Schlagzeilen« in der Öffentlichkeit steht.
- Der Vater gerät von allen Seiten unter Druck und Zugzwang, weil die Tochter ihr Verhalten nicht ändert und ihre Verstöße fortlaufend an ihn herangetragen werden.
- Familienmitglieder und enge Verwandte beraten, welche Maßnahmen sie ergreifen müssen, um die Familienehre wie-

derherzustellen sowie den Gerüchten ein Ende zu bereiten. In einer solchen Runde entscheidet der Vater, eine »angemessene« Maßnahme zu ergreifen, einen Mordanschlag.
- Häufig delegieren Familien solch eine Tat selbst an ein minderjähriges, männliches Familienmitglied, denn das deutsche Strafrecht sieht für Jugendliche nur eine Höchststrafe von zehn Jahren vor. Entscheidend ist außerdem nicht, welches männliche Familienmitglied den Anschlag verübt, sondern dass die Familie reagiert. Die Strafe, die der Täter auf sich nimmt, muss im Sinne der »Schadensbegrenzung« so gering wie möglich ausfallen.
- Die Familie setzt daher den minderjährigen Osman unter Druck. Die Familie suggeriert ihm, dass er als Märtyrer in die Familiengeschichte eingehen wird, wenn er sich aufopfere.

Aufgrund dieser Eigendynamik bleibt Osman kein Spielraum für eine eigene Entscheidung. Vielmehr gibt das Familienkollektiv, genauer der Vater als Oberhaupt, vor, was zu tun ist. Hätte Osman sich geweigert, diesen Beschluss in die Tat umzusetzen, hätte er nicht nur sich selbst geschadet, sondern ein weiteres Mal der Familie, der er in diesem Fall den Gehorsam und die Loyalität verweigert hätte.

Um die Ehre der Familie wiederherzustellen, fuhr Osman kurz vor seinem 18. Geburtstag mit einem Messer von Freising nach München und passte seine Schwester vor ihrer Haustür ab. Als er auf sie einzustechen versuchte, stolperte er und traf sie am Oberschenkel, worauf die beiden zu Boden stürzten. Die Schwester fing sich schnell und schrie um Hilfe. Sehr viele Menschen eilten seiner Schwester zu Hilfe. Daraufhin lief Osman weg. Zwei Stunden nach dem Attentat verhaftete die Polizei Osman in der Nähe von Freising. Bis zu seiner Gerichtsverhandlung blieb er ein halbes Jahr in Untersuchungshaft.

In einem unserer Gespräche erzählte Osman von seinen Zweifeln, die ihn vor dem Anschlag quälten: »Ich war am Morgen in München. Wir wussten, wann sie in die Arbeit geht und wann sie von der Arbeit kommt. Morgens war besser, weil auf der Straße nicht so viel los war wie am Abend. Dann stand ich vor dem Haus. Ich war schon aufgeregt. Das ist ja meine Lieblingsschwester, sie hat für mich gesorgt, sie war wie eine Mutter für mich. Aber ich habe gedacht, wenn du das nicht machst, dann ist die Ehre nicht mehr in Ordnung. Mein Vater hat dann Probleme, seine Kinder haben keine Ehre. Auch sein Sohn hört nicht auf ihn. Ich bin dann zu ihr, ich war sehr langsam. Dann habe ich mein Messer rausgezogen. In dem Moment hat sie sich umgedreht, ich habe voll Angst bekommen. Also keine Angst, sondern ich habe gedacht, wie kannst du jetzt deine Schwester umbringen, die ist doch deine Mutter. Dann hab ich an die Familie gedacht und wollte sie abstechen. Dann bin ich halt gestolpert und hab sie nicht getroffen. Ich glaub schon, dass ich sehr aufgeregt war. Vielleicht wollte ich gar nicht töten, aber zumindest versuchen.«

Diese Aussagen belegen, dass Osman nicht ernsthaft in Erwägung gezogen hatte, seine Schwester umzubringen. Osman machte deutlich, in welchem Dilemma er steckte. Er wollte seiner Familie gerecht werden, gleichzeitig hatte er Zweifel, seine Schwester umzubringen. Osmans Mordversuch war für ihn eine Lösungsvariante, die einerseits der Verwandtschaft und dem Vater bewies, dass er der Familie gegenüber loyal war, und andererseits seine Schwester doch am Leben ließ.

Nach der halbjährigen Untersuchungshaft verurteilte ein Gericht Osman zu zwei Jahren Jugendstrafe wegen gefährlicher Körperverletzung. Den Vollzug der Strafe setzte das Gericht zur Bewährung aus. Seine Schwester trug mit ihrer Aussage wesentlich dazu bei, dass er nicht wegen versuchten Mordes verurteilt wurde. Sie sagte aus, dass ihr Bruder sie nicht habe umbringen wollen. Sie hätten laut miteinander geredet, währenddessen sei das Messer ins Spiel gekommen, und dabei wäre der »Unfall« passiert.

Unmittelbar nach der Haftentlassung wurde Osman in seiner Familie und von seinem sozialen Umfeld als Held gefeiert. Die Zeit nach seiner Haftentlassung beschrieb Osman wie folgt: »*Nach der Verhandlung in München konnte ich sofort gehen. Alle waren da, mein Bruder, meine Mutter, die Verwandten, alle. Nur mein Vater war nicht da, er war in der Arbeit. Die haben alle applaudiert, als ich gehen konnte. Ich war dann in Freising, alle haben mich gegrüßt. Die haben gesagt: ›Hast du gut gemacht. Du hast die Ehre eurer Familie gerettet. Du hast es gemacht, das ist wichtig‹, und so weiter. Alle hatten Respekt vor mir. Mein Vater hat auch gesagt: ›Ich bin stolz auf dich, Junge.‹ Das war damals schon cool, wenn alle Respekt vor dir haben.*«

Aufgrund des Umstandes, dass der Mordanschlag auf die Schwester kaum Konsequenzen hatte, änderte sich Osman kaum. Vielmehr ging er gestärkt aus dem Prozess hervor. Bald danach heiratete er seine Cousine aus dem Heimatdorf seiner Großeltern, unterdrückte und schlug seine junge Frau und ihre beiden Kinder. Er kam selten nach Hause und kümmerte sich nicht um seine Familie. Er traf sich in seiner Freizeit mit seinen Freunden, hatte mehrere Affären mit anderen Frauen und besuchte regelmäßig Bordelle und Diskotheken. Erst viele Jahre nach dem Mordanschlag vollzieht sich bei ihm ein Wandel. Osman beginnt sich mit dem Mordanschlag intensiv auseinanderzusetzen.

Anlass dafür war eine zufällige Begegnung mit seiner Schwester in München. Bis zu diesem Zeitpunkt hatte kein Familienmitglied Kontakt zu ihr, ihr Name wurde nicht erwähnt, und statt zu sagen, sie hätten acht Kinder, sprachen die Eltern nur noch von sieben. In mehreren Gesprächen mit der Schwester erfährt Osman, dass sie keine andere Wahl hatte, als ihren Mann zu verlassen und nach München zu gehen. Eine Rückkehr ins Elternhaus kam für sie nicht in Betracht, weil sie früher regelmäßig von ihrem Vater geschlagen und sexuell missbraucht worden war. Osman schilderte mir in einem Münchener Café unter Tränen die Versöhnung mit seiner Schwester:

»Sie hat mir gesagt, warum sie nicht nach Hause kann. Ich war total baff. Ich konnte erst gar nicht glauben. Ich hab ihr natürlich geglaubt, aber ich konnte mir nicht vorstellen, dass mein Vater so ein Arschloch ist. Also, sie hat mir gesagt, dass ihr Mann sie immer geschlagen hat. Sie war keine Jungfrau. Deshalb hat er sie immer geschlagen, beleidigt und immer als Nutte bezeichnet. Er hat immer zu ihr gesagt, wie viele Männer sie schon hatte, wie viele Männer sie schon gefickt habe und solche Sachen. Sie konnte das nicht mehr aushalten. Dann hab ich ihr gesagt, dass ihr Mann recht hatte, weil sie nicht mehr Jungfrau war. Ich hab gesagt, ich hätte meine Frau auch geschlagen. Das macht jeder Mann so. Dann hat sie mir aber gesagt, warum sie nicht Jungfrau war. Sie sagt mir, dass unser Vater sie immer vergewaltigt hat. Schon als Kind hat er sie zum Sex gezwungen. Ich konnte das nicht glauben. Dann war ich bei meiner Mutter. Ich habe sie gefragt, was sie dazu sagt. Sie hat überhaupt nichts gesagt, weder ›Ja‹ noch ›Nein‹. Sie hat das die ganze Zeit gewusst und hat meinen Vater gedeckt. Dann bin ich wieder zu meiner Schwester und hab sie umarmt. Seitdem sind wir nicht nur Geschwister, sondern Freunde. Mit den anderen rede ich nicht mehr. Ich bin der Einzige, der mit meiner Schwester redet.«

Dieses Beispiel macht deutlich, für welche Zwecke die Ehre instrumentalisiert wird. Der Vater verhält sich unehrenhaft, indem er seine Tochter nicht nur schlägt und demütigt, sondern sogar sexuell missbraucht, ein absoluter Tabubruch. Die Tochter traut sich nicht, ihren Vater anzuzeigen, weil sie annimmt, dass ihr einerseits niemand glauben würde, und sie andererseits ihren Vater in der Öffentlichkeit nicht desavouieren möchte. Der Vater steckt in einem innerlichen Dilemma, als die Familie und er beschließen, dass die Tochter umgebracht werden soll. Verhielte er sich zurückhaltend und passiv, würde sein Bild in der Öffentlichkeit beschädigt. Wenn er die Wahrheit erzählt, würde er erst recht als unehrenhafter und gewalttätiger Mann sein Ansehen und die Achtung der anderen verlieren. Denn sexuelle Übergriffe innerhalb der Familie sind absolut tabu und werden nicht verziehen; der Täter wird geächtet. Statt sich seinen Taten zu stellen, opfert der Vater seine Tochter für die Aufrechterhaltung des Scheins.

Nach den Gesprächen mit der Schwester bricht Osman mit seiner Familie, allerdings ohne seinen Vater zu konfrontieren. Er ist davon überzeugt, dass seine Schwester die Wahrheit sagt und sein Vater alles abstreiten würde. Zum Zeitpunkt unserer Gespräche bestätigte ihm seine Mutter schließlich die Aussagen der Schwester.

Um die Hintergründe für diese Tat und das Verhalten der Familie zu »verstehen«, ist es hilfreich, diese Familie näher kennenzulernen.

Osmans Eltern stammen ursprünglich aus der konservativen Region um die Küstenstadt Trabzon. In ihrem kleinen Dorf gibt es zwei große Moscheen, die auch rege besucht werden. Es herrscht große Arbeitslosigkeit. Zwei strikt voneinander getrennte Welten existieren hier nebeneinander: zu Hause die Frauen in ihrer traditionellen Rolle als Mutter und Hausfrau, die Männer als Versorger und Ernährer der Familie treffen sich auf dem Dorfplatz.

Vor der Migration nach Deutschland arbeitete Osmans Vater als Landwirt und Saisonarbeiter. Die ersten vier der acht Kindern sind Töchter, was ihm nicht gefiel. In dieser Gegend zählen Söhne mehr, außerdem gilt es als Ausdruck von Männlichkeit, der Vater eines Sohnes zu sein. Osmans Vater setzte seine Frau unter Druck, sie solle ihm einen Sohn gebären, ansonsten nähme er sich eine zweite Frau. Schließlich kam ein Sohn auf die Welt. Der Vater konnte für die inzwischen achtköpfige Familie aber nicht ausreichend sorgen. In der Migration sah er die letzte Möglichkeit zur Absicherung seiner Familie. Anfang der 1970er-Jahre schließlich erreichte Osmans Vater München. Nach dem Erlass des Anwerbestopps von 1973 holte er seine Familie nach. Er mietete eine große Wohnung in Freising. In Freising kamen auch Osman und eine weitere Schwester zur Welt. Osmans Mutter ist Analphabetin, sie hat in Deutschland selten gearbeitet und spricht kaum Deutsch. Osmans Vater hat in der Türkei die Grundschule abgeschlossen, hat kontinuierlich in Freising gearbeitet und spricht gebrochen Deutsch. Alle Kinder der Familie schlossen Ehen, die von den Eltern nach traditionellen Vorgaben arrangiert wurden.

Einen Kindergarten besuchte Osman nicht, da sich die Familie das erstens nicht leisten konnte und sich zweitens die Mutter und die älteren Schwestern um ihn kümmern konnten und sollten. Weil er aufgrund seiner mangelnden Deutschkenntnisse nicht regulär eingeschult werden konnte, besuchte Osman zunächst eine Übergangsklasse. Nach der Grundschule wollte ihn die Klassenlehrerin wegen schlechter Leistungen auf die Förderschule schicken, auf Druck des älteren Bruders kam er auf eine Hauptschule. In seiner Klasse waren über fünfzig Prozent der Kinder ausländischer Herkunft, überwiegend aus der Türkei. Das Wiederholen der sechsten Klasse bezeichnet Osman als Schlüsselerlebnis, weil er danach allen beweisen wollte, dass er kein »dummer Junge« war. Er beschäftigte sich intensiver mit der Schule und schließt die Hauptschule mit einem Notendurchschnitt von 1,7 ab. Seine Abschlussnote wäre sogar noch besser gewesen, wenn es nicht das Problem mit der Schwester gegeben hätte, so rechtfertigt Osman sein »schlechteres« Abschlusszeugnis.

Mit 17 beginnt er eine Lehre als Automechaniker, die er aber nicht abschließt.

Die Söhne der Familie hatten alle Freiheiten, beide Jungen wurden nur wenig reglementiert. Die Mädchen standen dagegen unter der scharfen Beobachtung des Vaters und des älteren Bruders. Jeden Schritt, jeden Kontakt registrierten die beiden ganz genau. Obwohl Osman seine Freizeit selbst gestalten durfte und sollte, verbrachte er sie häufig mit seinen zwei Schwestern, mit denen er sich sehr gut verstand und mit denen er Einkäufe oder die Hausaufgaben erledigte. Schon bald missfiel dem Vater die enge Beziehung, und er meldete Osman beim örtlichen Fußballverein an. Hierdurch wollte er seinem Sohn den Zugang zur Männerwelt erschließen. Osman trainierte zwar zweimal die Woche, aber er behielt auch den Kontakt zu seinen beiden Schwestern. Vor allem die ältere der beiden Schwestern ist für ihn wie eine Mutter, weil sie ihn zum großen Teil erzogen hatte. Die Beziehung zwischen ihnen war liebevoll und von gegenseitigem Respekt und von Achtung geprägt. Erst in der Pubertät löste sich Osman langsam von seiner Schwester und orientierte sich stärker nach außen. Er traf sich öfter mit seinen Freunden vom Fußballverein und besuchte Diskotheken. Nach der Eheschließung mit seiner Cousine nahm er sich vor, abends nicht mehr wegzugehen. Als sich ihre Ankunft aus der Türkei aber verzögerte, ließ er sich von seinen Freunden zum Bordellbesuch überreden, schließlich sei das die letzte Gelegenheit, bevor er sich endgültig bindet.

Am Anfang der Ehe wohnte Osman vier Jahre lang mit Frau und Sohn bei seinen Eltern in Freising, bis sein zweites Kind (eine Tochter) auf die Welt kam. In dieser Zeit verbot er seiner Frau jeglichen Kontakt zur Außenwelt. Sie war für den gesamten Haushalt seiner Eltern zuständig. Einen Deutschkurs besucht sie auf Wunsch und mit der Erlaubnis von Osman seit einem halben Jahr, weil sie unbedingt arbeiten möchte. Erst nach der Versöhnung mit der Schwester löste sich Osman endgültig von seinen Eltern und gab seiner Frau mehr Freiheiten als vorher. Sie darf sich nun mit anderen Frauen treffen und ihr Kopftuch ablegen, wenn sie das möchte. Aus alter Gewohnheit trägt sie das Kopftuch aber immer noch.

Gewalt spielte in der Familie von Osman als Disziplinierungsmaßnahme immer eine Rolle. In seiner Kindheit wurde er oft von seinem Vater geschlagen, das ließ erst in der Pubertät nach. Auch seine Mutter und seine Schwestern wurden vom Vater misshandelt. Die Mutter schlug ihre Töchter ebenfalls. Verbale Gewalt in Form von Beschimpfungen und Beleidigungen erfuhr er regelmäßig von Bruder und Vater, bis er heiratete.

Bis zur Versöhnung mit der Schwester bestand die Ehre für Osman darin, dass Frauen nicht negativ auffallen und sich in der Öffentlichkeit zurückhalten. Nach den Gesprächen mit seiner Schwester definiert er Ehre aber anders: Es geht nicht mehr um das Verhalten der Frauen, sondern um den gegenseitigen Respekt und die Anerkennung beider Geschlechter. Sein Maßstab für Ehre ist nun für beide Geschlechter gleich. Und gerade Männer, die ihre Ehefrauen schlagen und betrügen, bezeichnet er als ehrlos.

Dieser Wandel ist umso bemerkenswerter, wenn man bedenkt, dass er wegen der Ehre fast ein Menschenleben ausgelöscht hätte.

Die Eltern müssen bei der Suche einspringen – warum die Jungen keine Partnerin finden

Die Motive für eine Eheschließung für die jungen Männer sind vielfältig. Die wichtigsten Gründe für eine Heirat bei traditionell eingestellten muslimischen Männern sind folgende: Gründung einer Familie, um gesellschaftliche Anerkennung zu erhalten, der Wunsch nach Kindern, Ausleben von Sexualität sowie Führung des Haushalts durch eine Frau. Schauen wir uns diese Punkte im Einzelnen an:

Gründung einer Familie, um gesellschaftliche Anerkennung zu erhalten: Zur Gründung einer Familie werden die Söhne und Töchter nicht nur angehalten, sondern sie wird ihnen zwingend vorgeschrieben. Eine junge Frau oder ein junger Mann, der oder die mit Mitte zwanzig noch nicht geheiratet hat, steht in der sozialen Umgebung unter enormem Druck. Die Heirat und die Gründung der Familie sind gesellschaftlich gefordert und gewähren den Männern in der öffentlichen Wahrnehmung mehr Anerkennung, da das Heiraten den Schritt in das Erwachsenenleben markiert. Erst mit der Heirat werden die Männer als volle Gesprächspartner wahrgenommen, bis dahin werden sie altersunabhängig als »Kind« bezeichnet. Erst mit der Übernahme von Verantwortung für Ehefrau und Kind werden die jungen Männer zu einem gleichberechtigten Mitglied der Gesellschaft, weil sie selbstständig für das Wohl der gegründeten Familie sorgen, die Familie nach außen präsentieren und schützen müssen. Wer diese Verantwortung nicht übernimmt, wird auch nicht in die Entscheidungsfindungsprozesse der Familie eingebunden. Bis zur Verheiratung müssen die Söhne in der Regel, unabhängig von ihrem Alter, bei den Eltern wohnen. Erst die Gründung einer eigenen Familie legitimiert die Kinder zum Auszug. Es kommt dennoch vor, dass junge Männer nach der Eheschließung mit ihrer Frau vorübergehend bei den Eltern wohnen. Das liegt daran, dass die Familien die hohen Kosten für eine eigene Wohnung scheuen und die traditionelle Form der Großfamilie mit drei Generationen unter einem Dach weitergelebt werden kann. Darüber hinaus erhoffen sich die Männer, so die soziale Kontrolle über ihre Ehefrauen zu behalten, während sie selbst arbeiten oder ihre Freizeit außerhalb der Familie verbringen.

Der Wunsch nach Kindern: Die Heirat ist grundsätzlich mit dem Wunsch nach einem Kind verbunden. Traditionell möchten die muslimischen Männer, dass durch die Geburt der Kinder die Familientradition weitergeführt wird. Außerdem ist der Wunsch groß, dass die Kinder ihre Eltern später unterstützen und auch pflegen. Kinder, die ihre Eltern einer Pflegeeinrichtung überlassen, verlieren an Ansehen. Uneheliche Kinder dürften diese Aufgabe nicht übernehmen. Sie werden in dem besprochenen muslimischen Milieu nicht akzeptiert. Nicht nur die Ehrverletzung einer türkischen, arabischen oder kurdischen Frau spricht gegen uneheliche Kinder, auch die Fortführung des Familiennamens spricht dagegen, weil Kinder bei einer unehelichen Geburt den Familiennamen der Mutter bekommen.

Ausleben von Sexualität: Das Motiv des Auslebens von Sexualität spielt bei der Eheschließung eine große Rolle. Trotzdem ist es noch immer ein Tabuthema. Während es gesellschaftlich anerkannt ist, dass die Männer vor der Eheschließung sexuelle Erfahrungen sammeln, lehnen die Eltern dies bei Frauen aufgrund der Ehre kategorisch ab. Ab einem bestimmten Zeitpunkt muss aber auch bei Männern das Ausleben der Sexualität in geregelter Form erfolgen, also in der Ehe stattfinden. Bei der Sexualität geht es aus Sicht der traditionellen Männer aber nicht um die Wünsche der Frau oder um gleichberechtigten und leidenschaftlichen Geschlechtsverkehr, sondern um die Bedürfnisse des Mannes.

Führen des Haushalts durch eine Frau: Im ersten Kapitel habe ich ausführlich dargestellt, dass es in konservativen muslimischen Familien durchaus üblich ist, dass die Kinder nach klassischen Geschlechterrollen, den ländlich-bäuerlichen Normen folgend, erzogen werden. Das heißt, innerhalb der Familie sind die Rollen der Kinder linear von oben nach unten, nach Alter und Geschlecht, differenziert. In der Erziehung geben die Eltern ihr eigenes Rollenverständnis als Vater bzw. Mutter an die Kinder weiter. Der Sohn wird zum späteren Familienoberhaupt und die Tochter zu einer guten Hausfrau erzogen. Deshalb achten die heiratswilligen Jungen bei der Wahl ihrer Braut darauf, ob die Kandidatin als gute Hausfrau bekannt ist. Die Ehefrau wird hier als Versorgerin für den Mann gesehen, die die Mutter bzw. die anderen weiblichen Familienmitglieder ablösen soll. Viele muslimische Männer sind gegen eine Vermischung der konventionellen Rollen, da die Ehre des Mannes es verbietet, sich in die Rolle der Frau zu begeben. In der traditionellen Auslegung ist der Haushalt ausschließlich die Aufgabe der Frau. Es wäre unehrenhaft für den Mann, wenn er sich an der Arbeit im Haushalt beteiligte.

Ich habe bewusst die sehr konservative Auslegung der Heiratsmotive dargestellt, die sich an den traditionellen Geschlechterrollen orientiert. Es ist eine Tatsache, dass viele muslimische Jungen solche Beweggründe für sich in Anspruch nehmen. Denn eine Eheschließung nach diesen Kriterien ist männerfreundlich und stellt ihre Wünsche und Bedürfnisse in den Vordergrund. Nach diesem Modell ist die Eheschließung für den

Mann die Sicherung seines bisherigen Lebensstils, weil er sich auch weiterhin weder um den Haushalt noch um die Kindererziehung kümmern muss.

Der Großteil der muslimischen Mädchen hat im Gegensatz zu den Jungen andere Motive bei der Wahl des Partners: Aussehen, Charakter und Bildungsniveau. Diese widersprechen den Wünschen der Jungen. Weil die Grundmotive der Mädchen, die ich gleich vertiefen werde, und die der Jungen nicht kompatibel sind, suchen sich viele der Jungen eine Partnerin aus dem Herkunftsland der Eltern oder Großeltern. Dabei erhoffen sie sich eine Partnerin zu finden, die ihrer traditionellen Rolle gerecht wird. Welche Kriterien sind das also, nach denen moderne muslimische Mädchen bei der Partnerwahl Ausschau halten und die jenen der traditionellen Jungen widersprechen?

Aussehen: Ein Blick in die entsprechenden Internetforen und auf klassische Zeitungsannoncen zeigt, dass das Aussehen kulturübergreifend bei der Partnersuche ein zentrales Merkmal ist. An das Aussehen des Partners stellen Frauen dem Sozialwissenschaftler Jan Skopek zufolge, er analysierte ausführlich die Partnersuche im Internet, konkrete Anforderungen, wie gepflegtes Erscheinungsbild, schlank, groß und sportlich etc. Diese Eigenschaften bevorzugten auch die von mir im Rahmen einer Untersuchung im Jahre 2014 befragten türkeistämmigen Mädchen in Deutschland. Die gut oder sehr gut gebildeten Mädchen mit Fachabitur, Abitur oder Hochschulstudium achteten nicht auf die Religion oder die soziale Herkunft möglicher Partner. Für sie ausschlaggebend waren optische Kriterien, die sie eher im Erscheinungsbild von Männern mit Migrationshintergrund wiederfanden. Dafür ist aber der türkisch- oder arabischstämmige Mann aus Sicht der Frauen schlechter ausgebildet und traditioneller eingestellt, woraus ein Dilemma entsteht. Die

Mädchen stimmen theoretisch darin überein, dass es unabhängig von der kulturellen Herkunft um das Aussehen geht. Sie bevorzugen aber trotzdem Männer aus ihrem Kulturkreis, wenn diese auch die Kriterien für Charakter und Bildung erfüllen und weil diese ihrem Schönheitsideal eher entsprechen. Wenn also die formalen Kriterien (Aussehen, Charakter, Bildungsniveau) erfüllt sind, entscheiden sich die Mädchen wegen kultureller, sprachlicher und migrationsspezifischer Gemeinsamkeiten für einen Mann aus ihrem eigenen Herkunftsmilieu. Die formalen Anforderungen, die die Mädchen an einen Partner stellen, sind allerdings sehr hoch. Deshalb sind sie bereit, Abstriche oder Kompromisse beim Aussehen oder der Herkunft zu machen, wenn der Charakter und das Bildungsniveau ihren Vorstellungen entsprechen.

Charakter: Charakter umfasst die persönlichen Eigenschaften eines Menschen, die sein moralisches Handeln begründen. Weil aber Charaktereigenschaften sehr vielfältig sind, werfen wir einen Blick nur auf solche, die bei der Partnerwahl muslimischer Mädchen besonders wichtig sind: Ehrlichkeit und Vertrauen, Treue und Manieren.

1. Ehrlichkeit und Vertrauen: Da Vertrauen durch Ehrlichkeit entsteht, verwende ich diese Begriffe in Bezug auf die Partnerwahl zusammen. Ehrlichkeit steht bei muslimischen Mädchen hoch im Kurs, weil sie in vorherigen Beziehungen öfter negative Erfahrungen mit Jungen oder Männern gemacht haben. Nicht nur allgemein ist Ehrlichkeit für die Mädchen von zentraler Bedeutung, sondern auch beim Zeigen von Gefühlen und in der Phase des Kennenlernens. Das Vortäuschen eines Gefühls, um ein bestimmtes Ziel zu erreichen, finden die Mädchen nicht nur unehrlich, sondern auch unfair. Wer offen, aufrichtig und geradlinig mit Menschen umgeht, der ist vertrauenswürdig. Für

die Mädchen sind Ehrlichkeit und Vertrauen wichtig und zentral. Sie wissen aber auch, dass uneingeschränkte Ehrlichkeit nicht immer praktikabel ist. Die Mädchen unterscheiden zwischen bewusstem Lügen/Irreführen und Verschweigen/Nichterwähnen, um einer Person nicht zu schaden. Während die Mädchen das Verschweigen bestimmter Gedanken als legitim ansehen, ist bewusstes Lügen nicht legitim. Es ist also sozial anerkannt, nicht immer alles offen zu sagen, wenn man damit jemanden verletzen könnte.

2. Treue: Die Eigenschaft Treue ist bei einem Mann – nicht nur der Partnerin, sondern auch sich und der Familie gegenüber – für die Mädchen und jungen Frauen zentral. Die Frauen sind der Meinung, dass ein Mann, der sich und seiner Familie treu sein kann, auch treu in einer Liebesbeziehung oder Partnerschaft ist. Die Frauen suchen nicht den perfekten Mann, sondern jemanden, der seine Stärken und Schwächen kennt und selbstbewusst dazu steht. Unabhängig davon, was die anderen denken oder sagen, lässt er sich nicht beeinflussen und geht seinen eigenen Weg. Diese Eigenschaft ist deshalb für die Frauen entscheidend, weil die Jungen und jungen Männer aus der Türkei oder arabischen Ländern kollektivistisch eingestellt sind und sich von den Eltern und der Familie stark beeinflussen lassen. Die Mädchen finden, dass Selbstbewusstsein im Sinne von Selbstverwirklichung und Eigeninteresse bei den Jungen und Männern aus der Türkei oder arabischen Ländern der Loyalität gegenüber der Familie untergeordnet wird. Das heißt, die muslimischen Männer würden sich in Konfliktfällen im Zweifel für die Familie/Eltern entscheiden, obwohl sie anderer Meinung sind.

Unabhängig von Selbstachtung bedeutet Treue, dass in einer intimen Beziehung der Partner verlässlich und loyal agiert: Er hat keine andere Freundin oder Geliebte und vermittelt Souveränität in der Beziehung. Der Paartherapeut Wolfgang Krüger betont in einem Interview mit der *Süddeutschen Zeitung*, dass es immer die sozialen und emotionalen Gründe seien, »die zur Untreue führen. Insofern müssen wir dafür die Verantwortung übernehmen. Häufig liegt die Ursache in der Beziehung. Man ist so ausgehungert nach Verständnis, Lebendigkeit und Sexualität, dass man einer Versuchung erliegt. Manche suchen auch nach Anerkennung. Oder sie haben Angst vor Nähe und beweisen sich durch einen Seitensprung, dass sie unabhängig vom Partner sind.«

Den Männern, vor allem den Männern mit türkischen oder arabischen Wurzeln, stellen die muslimischen Mädchen in puncto Treue aber ein schlechtes Zeugnis aus. Sie setzen bei türkeistämmigen und arabischen Männern grundsätzlich untreues Verhalten voraus. Die Untreue erklären sie nicht mit kultureller Besonderheit, sondern mit den männlichen Verhaltensmechanismen, die bei muslimischen Männern markanter ausgeprägt sind.

3. Manieren: Muslimischen Mädchen ist es wichtig, wie ein Mann sich benimmt. Und ob ein Mann Manieren hat oder nicht, hängt von seiner Erziehung ab. Die Manieren manifestieren sich in Zusammenhang mit der Werteerziehung in der Familie. Der Erziehungs- und Bildungswissenschaftlerin Jutta Standop zufolge findet die Werteerziehung im frühkindlichen Alter statt und ist abhängig vom Erziehungsstil der Eltern, der Schichtzugehörigkeit und dem sozioökonomischen Status. Die Werteerziehung kann zwar auch in der Schule oder anderen pädagogischen Einrichtungen stattfinden, doch ist hier die Familie prägend. Darüber hinaus sind im Kontext von Manieren Respekt und Achtung die zentralen Stichworte. Das Streben, von anderen Personen geachtet und respektiert zu werden, wirkt bei Indivi-

duen so dominant, dass alles, was als Missachtung der eigenen Person erlebt wird, ein tiefes Bedürfnisdefizit zur Folge hat. Die Tatsache, dass die Kleiderwahl eines Mädchens oder einer Frau nicht den Vorstellungen eines Mannes entspricht, kann von dem Mann als respektlos empfunden werden. Das Mädchen oder die Frau »hat keine Manieren«. Gehen die Vorstellungen von Respekt und Achtung, oder eben den Manieren, auseinander, ist eine Partnerschaft ausgeschlossen. Ein weiterer Aspekt der Manieren ist der formale Umgangston, also Höflichkeit und Freundlichkeit. Hierauf wird bei der Partnersuche ebenfalls besonders Wert gelegt. Mit den Worten der Mädchen: Sie suchen einen Gentleman.

Bildung und Status: Der Anteil der muslimischen Mädchen, die höhere Bildungsabschlüsse erwerben, steigt kontinuierlich. Deshalb kommen Arbeitslosigkeit oder Beschäftigungen in prekären Arbeitsverhältnissen bei ihnen selten vor. Die Familien haben den sozialen Aufstieg geschafft: Sie meiden Wohnquartiere, die einen schlechten Ruf oder einen hohen Anteil von Migranten haben, beruflich dominieren Angestelltenverhältnisse und der Beamtenstatus. Dies trägt dazu bei, dass Bildung und Status bei vielen Mädchen die entscheidenden Faktoren für oder gegen einen Partner sind. Da der Stellenwert der Familie durch die Bildungserfolge der Kinder und die materielle Lage der Familie (Auto, Eigenheim, Verdienst etc.) definiert wird, ist eine Heirat »nach unten« verpönt. Die Mädchen wollen durch die Partnerwahl nicht sozial absteigen. Einerseits nehmen die gebildeten muslimischen Mädchen an, dass die Männer, unabhängig von kultureller und religiöser Herkunft, ein Problem damit hätten, dass die Frau die Hauptverdienerin ist. Andererseits sehen die Männer nur ungern eine Frau an ihrer Seite, die formal höher gebildet ist. Diese Annahmen führen dazu, dass die gebildeten Mädchen eine Heirat mit einem weniger gebildeten Mann kategorisch ablehnen. Umgekehrt zeigen weniger gebildete Männer kein Interesse an gebildeten Frauen, weil sie davon ausgehen, dass diese die traditionellen Geschlechterrollen nicht akzeptieren würde. Aufgrund der beruflichen Karriere und Bildung der Frauen würden die Männer gezwungen, ihre Vorstellung von Geschlecht und Rolle zu überdenken oder zu modifizieren. Dazu scheinen viele traditionelle Männer nicht bereit.

Die Lösung: eine Partnerin aus dem Herkunftsland
Aufgrund der unterschiedlichen Heiratsmotive der Geschlechter finden die Männer seltener als die Frauen eine Partnerin aus dem eigenethnischen Milieu. Weil viele muslimische Eltern in der Eheschließung nicht einen Bund zwischen zwei Personen sehen, sondern eine kollektive Entscheidung, unterstützen sie ihren Sohn in der Partnersuche. Diese Suche nach einer geeigneten Partnerin führt häufig in das Herkunftsland der Familie. Ein erster Grund dafür ist die Vorstellung vom Ablauf einer traditionellen Ehe in konservativen Familien, die bei Mädchen hierzulande auf wenig Gegenliebe stößt. Nach dem Soziologen Bernhard Nauck sieht der Ablauf einer Eheschließung in konservativen Milieus wie folgt aus: (1.) konsensuelle oder arrangierte Eheschließung, (2.) Kinder, und dann stellt sich auch (3.) Liebe zwischen den Ehepartnern und – ebenfalls durch die Kinder – (4.) ökonomische Sicherheit ein. Ein weiterer Grund für die Orientierung in Richtung Herkunftsland ist bei Familien, dass sie das Verhalten der Mädchen in Deutschland als nicht ehrwürdig empfinden. Die Männer glauben, in einem Dorf in der Türkei eher eine Frau zu finden, die die oben genannten Heiratskriterien erfüllen kann. Viele Männer orientieren sich auch deshalb in Richtung Herkunftsland, weil ihnen

die Mädchen in Deutschland zu selbstbewusst, selbstständig und eigenverantwortlich agieren, indem sie sich den Wünschen und Vorstellungen der Männer nicht unterordnen Eine Frau, die sich anpasst, nicht widerspricht und die konventionellen Geschlechterrollen annimmt, scheint für viele in den ländlichen Gebieten der Herkunftsländer leichter zu finden zu sein.

Diese These möchte ich anhand von drei Fallbeispielen konkretisieren. Mit diesen jungen Männern habe ich Gespräche für eine Studie durchgeführt.

Fall 1, Yüksel
Yüksel hat sich zweimal in ernster Absicht mit einem türkeistämmigen Mädchen in Deutschland liiert. Während er eine Lehre zum Bankkaufmann absolvierte, verließ ihn seine erste Freundin, da sie sich in einen anderen jungen Mann verliebt hatte. Yüksel verkraftete diesen Verlust nur schwer, weil er sich in seiner Ehre gekränkt fühlte: *»Verstehen Sie, es wäre ja nicht so schlimm, wenn sie mir sagen würde: ›Es geht nicht, ich kann dich nicht heiraten.‹ Aber sie kommt zu mir und sagt: ›Tut mir leid für dich, Yüksel. Ich mag nicht mehr, ich habe einen anderen Kerl.‹ Das tut schon weh. Ich habe schon versucht, sie wiederzuhaben, weil ich mir das nicht vorstellen konnte, dass sie mich jetzt verlassen hat. Ich habe sie auch unter Druck gesetzt und ihr gedroht, damit sie mich nicht verlässt. Ich habe auch ihren Freund unter Druck gesetzt, aber das hat dann nichts gebracht.«*

Es geht Yüksel nicht darum, dass eine für ihn so wichtige Beziehung zu Ende geht, sondern um die Tatsache, dass eine Frau ihn verlässt. Um seine gekränkte Ehre wiederherzustellen, ist es aus seiner Sicht legitim, psychische Gewalt anzuwenden, indem er physische Gewalt androht. Dass es Yüksel um die Wiederherstellung der Ehre geht, macht er an anderer Stelle deutlich: *»Ja, was wäre, wenn sie zu mir zurückgekommen wäre? Später hätte ich dann Schluss gemacht. Es geht eigentlich darum, dass ich mit ihr Schluss mache* und nicht umgekehrt. Irgendwie muss man sagen, dass der Mann seinen Stolz behalten muss, oder?«

Die nächste Beziehung mit einer türkeistämmigen Frau ist dermaßen ernst, dass Yüksel seine Eltern einschaltete. Sein Vater sollte um die Hand seiner zukünftigen Frau anhalten. Unabhängig davon, wie gut sich das Paar kennt, ist die Prozedur des »Anhaltens um die Hand der Braut« (siehe Infobox) einzuhalten. Diese Prozedur dient den Familien unter anderem als Gelegenheit, sich besser kennenzulernen. So weit kommt es aber gar nicht erst, weil sich beide Familien gegen die Eheschließung aussprechen. Für Yüksel war das ein schwerer Schlag: *»Wir haben uns ja damals entschieden, dass wir heiraten möchten. Dann haben wir beide beschlossen, unser Vorhaben unseren Eltern mitzuteilen. Wir beide wussten, dass unsere Eltern Schwierigkeiten machen würden. Wir sind ja Sunniten, und sie war ja Alevitin. Ich wusste ja immer von meinen Eltern, dass sie gegen so eine Ehe sind. Das haben wir immer mitbekommen. Meine Freundin hat gesagt, dass die Aleviten gegen die Sunniten sind. Als wir uns dann entschieden haben, hat mein Vater gesagt, dass er da nicht hingeht: ›Du brauchst den Besuch erst gar nicht anzumelden.‹ Und meine Freundin hat gesagt, ihre Eltern wollen gar nicht, dass wir sie besuchen. Danach haben sie meiner Freundin verboten, sich mit mir zu treffen. Meine Eltern wollten auch nicht, dass ich mich weiter mit ihr treffe.«*

Einige Aleviten unterstellen den Sunniten, dass sie zu konservativ seien, Frauen unterdrücken und ihre Töchter zum Kopftuchtragen zwingen würden, daher sind sie häufig gegen eine Eheschließung mit Sunniten. Umgekehrt gibt es unter Sunniten die gängige Meinung, Aleviten wären keine richtigen Muslime, ihre Töchter seien zu frei erzogen und nicht ehrenhaft. Weil diese zwei unterschiedlichen Meinungen aufeinanderprallen, sprechen sich beide Familien gegen eine Eheschließung ihrer Kinder aus. Yüksel konnte bzw. wollte sich gegenüber seinen Eltern nicht durchsetzen: *»Ja, ich wollte nicht mehr kämpfen. Ich habe*

gesehen, dass es sinnlos war. Meine Eltern waren nicht umzustimmen. Ich habe einfach aufgegeben. Im Nachhinein muss ich sogar sagen: kampflos.«
Entgegen den Widerständen vieler Eltern entstehen trotzdem viele Ehen aus beiden religiösen Strömungen.

INFOBOX

Das Anhalten um die Hand der Braut
Wenn junge Männer eine Frau heiraten wollen, läuft das Verfahren der Eheschließung, ich erläutere es hier beispielhaft für traditionelle türkeistämmige Familien, nach bäuerlich-ländlich geprägten Prinzipien. Hier geht es nicht um eine Heirat als Ausdruck romantischer Liebe, sondern um die Verbindung zweier Menschen und deren Eltern, die Vertraulichkeit, ökonomische Aspekte und das traditionelle Rollenverständnis in den Vordergrund stellt. Heirat wird nicht als eine individuelle Entscheidung der Kinder betrachtet, sondern als eine kollektivistische Bestimmung. Das Verfahren der Eheschließung läuft diesem Prinzip entsprechend wie folgt:

- Die Suche nach einer geeigneten Braut muss sehr sorgfältig vorbereitet werden und ist in erster Linie die Aufgabe der Mutter und anderer weiblicher Familienmitglieder, wie z. B. der Großmutter, der Schwester oder der Schwägerin. Bevor sie jedoch aktiv werden, müssen sie das Einverständnis des Vaters und ggf. des Sohnes einholen, sie beauftragen in den meisten Fällen die Mutter mit der Suche. Großer Wert wird bei der Suche darauf gelegt, dass die zukünftige Braut aus gutem

Hause kommt. Außerdem muss sie als eine gute Hausfrau bekannt sein, also einen Haushalt selbstständig führen können. Eines der Kriterien bei der Suche ist zudem der zentrale Begriff »Anstand« oder »anständige Frau«. Mit »anständiger Frau« ist gemeint, dass die Braut sich unterordnet und die Wünsche und Vorstellungen des Mannes ohne Widerrede umsetzt. Gehorsamkeit, Zurückhaltung und Unterordnung sind die wichtigsten Prinzipien. Eine Frau, die einem Mann widerspricht, wird in der Regel abgelehnt und als eine unehrenhafte Frau wahrgenommen.

- Die Mutter beginnt im Umfeld zu recherchieren, welche Mädchen noch ledig sind und zur Familie passen. Es ist auch nicht ausgeschlossen, dass die weiblichen Familienmitglieder des Bräutigams der Familie der Brautkandidatin einen Vorbesuch abstatten. Wenn man sich in diesem Rahmen bei einer Familie zum Mokkatrinken anmeldet, ist der Grund des Besuches eindeutig: das Werben um die Tochter. Im Vorgespräch interessieren sich die Brautwerber in erster Linie für das Verhalten der angehenden Braut. Ist sie in der Lage, den türkischen Mokka gut zu kochen und einwandfrei zu servieren, ist das ein Zeichen für eine gut erzogene Hausfrau, denn der Mocca ist kompliziert in der Zubereitung. Sind die Rahmenbedingungen geklärt, und die Eltern der Braut stimmen einem Besuch durch den Vater und den angehenden Bräutigam zu, kann der Vater um die Hand der Braut anhalten.
- Das Anhalten um die Hand der Braut ist viel wichtiger als die eigentliche Hochzeit, weil in diesem Gespräch

die entscheidenden Rahmenbedingungen für das weitere Vorgehen abgesteckt werden. Hier wird nicht nur das formale Einverständnis der Eltern und der Braut eingeholt, sondern auch über die Art und Weise, wie die Hochzeit stattfinden soll, entschieden. Beispielsweise wird verhandelt, wer welchen Teil der Hochzeit finanziell und organisatorisch übernimmt. Das Anhalten um die Hand der Braut erfolgt durch den Vater des Bräutigams mit dem folgenden Satz: »Auf Gottes Befehl und mit dem Worte des Propheten möchte ich deine Tochter für meinen Sohn.« Darauf muss der Vater der Braut reagieren. In der Regel kennt der Vater der Braut die Meinung seiner Tochter und gibt dementsprechend eine Antwort, die in ihrem Sinne ist. Bei der formalen Umsetzung reden trotzdem nicht die Paare miteinander, sondern die Väter.

Fall 2, Mehmet
Während seiner Schulzeit kam Mehmet mit einer türkeistämmigen Schulfreundin zusammen. Er entschloss sich, seine Freundin zu heiraten, und stellte sie seinen Eltern als seine zukünftige Ehefrau vor. Nach dem Treffen der Familien änderte sich Mehmet grundlegend. Seine Eltern, vor allem der Vater, waren der Meinung, dass sich seine Freundin zu freizügig kleiden würde. Ihre körperbetonten Oberteile oder engen Hosen höben die körperlichen Attribute einer Frau hervor und reizten die männlichen Sinne. Aus Sicht von Mehmet und seinen Eltern kleidet sich eine ehrenhafte Frau aber so, dass ihre körperlichen Reize nicht nach außen sichtbar sind. Denn diese Reize sind Privat-

sache und dürfen nur für den eigenen Ehemann sichtbar sein, so die religiös-traditionelle Annahme. Nach einigen klärenden Gesprächen mit seiner Mutter entschied sich Mehmet, auf seine Freundin dahingehend einzuwirken, keine engen Kleider mehr zu tragen. Seine Freundin willigte zunächst ein, verzichtete also auf enge Hosen und körperbetonte Oberteile. Nach diesem »Etappenerfolg« reglementierte Mehmet seine zukünftige Frau aber weiter, indem er ihr verbot, in der Schule mit anderen Jungen zu reden. Darüber hinaus schrieb er seiner Freundin vor, das Kopftuch anzulegen. Auch diese Entscheidung traf Mehmet nach einem Gespräch mit seiner Mutter: »*Meine Mutter hat danach immer gefragt, ›Was macht sie?‹, und so. ›Trägt sie immer noch solche Klamotten, oder?‹ Dann habe ich gesagt, ›Nein‹. Dann hat meine Mutter gefragt: ›Warum trägt sie kein Kopftuch? Was macht sie in der Schule, redet sie auch mit anderen Jungen?‹, und so weiter. Mein Vater ist auch wie meine Mutter. Ich glaube, diese Dinge sagt mein Vater meiner Mutter. Mein Vater sagt das nicht direkt mir. Er sagt das meiner Mutter, und meine Mutter sagt es mir.*«

Mehmet macht deutlich, dass die Anforderungen an die Kleidung der Freundin nicht von der Mutter oder von Mehmet selbst stammten, sondern vom Vater und dann über die Mutter an Mehmet herangetragen wurden. Die Anforderungen, die Mehmet indirekt von seinem Vater mitgeteilt bekam, gab er an seine Freundin weiter, ohne diese zu reflektieren. Da die Freundin die weiteren Anforderungen, wie z. B. das Tragen des Kopftuches, ablehnte, bezeichnete man Mehmet als unehrenhaft. Seine Freundin widersprach ihrem zukünftigen Ehemann, und er war nicht in der Lage, sich durchzusetzen. Schließlich war die Beziehung für das Mädchen mit zu vielen Verboten und Einmischungen verbunden, sodass es sich von Mehmet trennte.

In traditionellen Kreisen ist die Ehe keine gleichberechtigte Partnerschaft zwischen zwei Menschen. Vielmehr muss sich die zukünftige Ehefrau den Wünschen und Vorstellungen des Ehemannes unterordnen.

Fall 3, Muhamet
Muhamet hat sich im Herkunftsland seiner Eltern auf die Suche nach einer Frau gemacht. Grund dafür ist seine Einstellung bezüglich der Beibehaltung der traditionell-konservativen Geschlechterrollen. Bereits mit 14 Jahren machte er sich sehr viele Gedanken über die Situation der muslimischen Mädchen im Allgemeinen und der türkeistämmigen Mädchen im Besonderen in Deutschland. Denn er ist der Meinung, dass die meisten türkeistämmigen Mädchen nicht ehrenhaft seien, da sie in Deutschland sehr viele Freiheiten genießen und diese auch ausleben. Dafür macht er nicht nur die Mädchen persönlich verantwortlich, sondern auch die deutschen Institutionen, wie zum Beispiel die Schule: *»Verstehst du, ich finde nicht in Ordnung, zum Beispiel wenn Mädchen und Jungen gemeinsam Sport machen oder gemeinsam schwimmen gehen. Das gibt es nicht in unserer Religion. In Deutschland ist das normal. Und unsere Mädchen machen dann auch noch mit. Und die Eltern erlauben das sogar. Das finde ich nicht korrekt. Unsere Mädchen übertreiben dann. Sie ziehen sich wie die deutschen Mädchen an. Das ist keine gute Sache.«* Er persönlich darf sich den Rahmenbedingungen der deutschen Schule beugen, aber erwartet von den Mädchen und deren Eltern Widerstand. Gerade gegen den gemeinsamen Sport- und Schwimmunterricht sollten sie sich seiner Ansicht nach wehren. Dies begründet Muhamet mit der islamischen Tradition. Er beschloss gemeinsam mit einigen Freunden, auf die türkeistämmigen und anderen muslimischen Mädchen an seiner Schule einzuwirken, die Mädchen unter Druck zu setzen. Sie haben die Mädchen konsequent angesprochen, sie auf ihre Kultur und Religion und die schlechten Einflüsse der deutschen Gesellschaft hingewiesen. Auf meine

Frage, ob die Mädchen sich den Vorstellungen der Jungen gebeugt hätten, antwortete er zerknirscht: »Also, die Mädchen hier finde ich voll krass. Die sind schlimmer als die Deutschen. Die haben sich dann noch schlimmer angezogen. Die haben dann gesagt, was geht euch das an, und solche Sachen.«

Die türkisch-muslimischen Mädchen in der Schule unter Druck zu setzen, war nicht von Erfolg gekrönt. Das Gegenteil ist passiert. Die Mädchen wollten demonstrieren, dass sie selbstständig entscheiden können, was richtig oder falsch ist. Deshalb kleideten sie sich noch freizügiger als vorher. Dieses Verhalten der Mädchen führte dazu, dass Muhamet und seine Freunde beschlossen, mit Unterstützung der Eltern eine »anständige« Frau aus der Heimat der Eltern und Großeltern zu heiraten.

Diese drei exemplarischen Fallbeispiele zeigen, dass die Männer sich aufgrund ihrer Erziehung Frauen suchen, die sich von ihnen dominieren lassen. Da sie diese in Deutschland, wo viele muslimische Mädchen schon zu selbstbewussten Frauen erzogen wurden, nicht finden, heiraten sie Frauen aus den Heimatdörfern ihrer Eltern bzw. Großeltern. Weder können sich diese Männer gegen die Wünsche und Vorstellungen ihrer Eltern durchsetzen, noch sind sie in der Lage, mit selbstbewussten und redegewandten Mädchen umzugehen. Für sie scheint der Weg der Brautwerbung in den Herkunftsländern der bessere, einfachere Weg zu sein. Es herrscht die Annahme vor, dass die Mädchen aus den Herkunftsländern sich anpassen und unterordnen sowie die Geschlechterrollen unreflektiert leben werden. Dementsprechend konzentriert sich die Suche in Herkunftsländern auch nicht auf die Großstädte und Ballungszentren, sondern auf ländliche und konservative Gebiete.

Warum die Jungen Erdoğan attraktiv finden

Eine traditionelle Erziehung kann nicht nur zur Folge haben, dass veraltete Konzepte der Gleichberechtigung reproduziert werden oder dass eine erhoffte Karriere ausbleibt, in manchen Fällen kann sie auch eine Radikalisierung muslimischer Jungen bedingen. Das möchte ich anhand der Beispiele Erdoğan und Salafismus verdeutlichen.

In der türkeistämmigen Community in Deutschland hat der türkische Staatspräsident Recep Tayyip Erdoğan viele Unterstützer. Vor allem aber junge Deutschtürken, die in Deutschland geboren sind, jubeln Erdoğan zu. Das hängt auch mit ihrer Sehnsucht nach Anerkennung in Deutschland zusammen.

Die ersten Migrantinnen und Migranten aus der Türkei kamen, wie bereits erläutert, im Zuge der Gastarbeiteranwerbung zwischen Deutschland und der Türkei ab 1961 nach Deutschland. Die Anwerbung wurde von der deutschen Bundesregierung im Jahre 1973 gestoppt. Seit diesem Anwerbestopp ist Migration aus der Türkei lediglich über einen Asylantrag oder die Familienzusammenführung möglich. Im Umkehrschluss bedeutet das, dass der überwiegende Teil der unter vierzigjährigen Deutschtürken entweder hier geboren oder größtenteils hier aufgewachsen ist. Sie kennen die Türkei nur aus der Ferne, über die Medien oder durch kurze Urlaubsaufenthalte. Sie haben ein idealisiertes Türkeibild, das selten auf realen Erfahrungen basiert. Viele sprechen viel besser Deutsch als Türkisch. Sie haben hier einen Kindergarten und eine deutsche Schule durchlaufen, eine Ausbildung absolviert oder eine Universität besucht. Sie definieren sich über ihre Stadt oder ihren Stadtteil. Nicht wenige haben einen deutschen Reisepass. Dennoch identifiziert sich ein beträchtlicher Anteil der jungen Menschen mit der Türkei und nicht zwangsläufig mit Deutschland. Viele können mit Merkel nicht viel anfangen – mit Erdoğan dafür umso mehr.

Wenn Erdoğan oder ein anderer AKP-Politiker nach Deutschland kommt, sind die Hallen und Arenen von Köln und Oberhausen voll. In der Putschnacht im Juli 2016 haben sich spontan mehrere Tausend Menschen vor den Konsulaten vieler Städte versammelt. Ende Juli desselben Jahres kamen in Köln bei einer Demonstration 40 000 Türkeistämmige zusammen, um Erdoğan und seiner Regierung ihre Solidarität zu bekunden. Das sind Zahlen und Dimensionen, von denen deutsche Politiker nur träumen können.

Warum finden die Türkeistämmigen die totalitäre und antidemokratische Politik der Erdoğan-Regierung so attraktiv, obwohl sie in Deutschland leben und kaum Berührung zum Land ihrer Eltern oder Großeltern haben? Ich habe fünf Thesen dazu:

These 1: Erdoğan spricht die Sprache der Abgehängten
Die Großeltern und Eltern der hier geborenen und aufgewachsenen Türkeistämmigen kommen aus einfachen Verhältnissen und haben in ihrem Herkunftsland oft weder einen Schulabschluss erworben noch eine Berufsausbildung gemacht. Auch wenn viele der Nachfolgegenerationen besser ausgebildet sind als ihre Eltern und Großeltern, schaffen sie den sozialen und wirtschaftlichen Aufstieg nur schwer, die erhoffte soziale Anerkennung bleibt ihnen vorenthalten.

Auch Erdoğan kommt aus einfachen Verhältnissen. Er hat sich auf dem Weg nach oben gegen die starken Militärs, Machthaber und Eliten erfolgreich gewehrt. Dieses Narrativ wiederholt er wieder und wieder und wird so zur Identifikationsfigur der Abgehängten. Er spricht einfach, verständlich und beherrscht die Sprache des Volkes. Er zeigt, dass Politik und Politiker nicht abgehoben und elitär sein müssen. Viele Türkeistämmige sind mit Erdoğan sprachlich (kein hochgestochener und elitärer Sprachgebrauch) und habituell vermeintlich auf gleicher Wellenlänge.

These 2: Das Gefühl der Diskriminierung führt zur Rückbesinnung auf die »Heimat«
Junge Türkeistämmige erleben in Deutschland häufig Formen der Diskriminierung, beispielsweise im Zusammenhang mit ihrer Bildungslaufbahn und dem Berufseinstieg. Anders als die erste Generation der Türkeistämmigen, die sich selbst als »Gäste« verstanden und keine umfassende Teilhabe erwarteten, streben deren Nachkommen danach, dazuzugehören. Sie wollen Anerkennung, Teilhabe und Erfolg in Deutschland. Vor allem wollen sie das Land mitgestalten. Wenn das hier nicht in gewünschtem Umfang funktioniert, ist die Rückbesinnung auf eigenethnische Milieus die Folge. Erdoğan gibt den jungen Deutschtürken in dieser Situation das Gefühl dazuzugehören. Kritik an Erdoğan wird dann als Kritik am »Heimatland« interpretiert – und schließlich als Kritik an der eigenen Identität.

These 3: Unter Erdoğans Anhängern ist das Demokratieverständnis unterentwickelt
Warum eifern junge Menschen einem Despoten nach, der es weder mit Menschenrechten noch mit der Pressefreiheit allzu genau nimmt? Erdoğan stilisiert sich als Übervater, der sich um seine Familie – in diesem Fall um seine Anhänger – kümmert. Für deren Wohl wird auch die Verletzung von Menschenrechten oder die Einschränkung der Pressefreiheit in Kauf genommen. Weil das Demokratieverständnis und die politische Bildung bei seiner Anhängerschaft oft nicht sehr ausgeprägt sind, wird sein Verhalten gar nicht unbedingt als antidemokratisch wahrgenommen.

These 4: Erdoğans Einteilung der Welt in Gut und Böse kommt gut an
Erdoğan unterteilt die Welt in moralisch versus unmoralisch, gläubig versus ungläubig und falsch versus richtig. Widersprüche, Differenzierungen oder Schattierungen gibt es nicht. Für aufgeklärte Gesellschaften und Demokratien, die auf Individualität und Vielfalt setzen, ist das zu einfach und eindimensional.

Für viele Menschen, in erster Linie für Jugendliche mit wenig Selbstwertgefühl, kann das aber attraktiv sein, weil es Individuen entlastet, Dinge zu hinterfragen und auszuhandeln; ein Prozess, der viele Menschen immer wieder überfordert. Aus Sicht von Erdoğans Politik sind die Dinge ganz einfach geregelt: Entweder du bist auf meiner Seite und mein Verbündeter – oder du bist auf der anderen Seite und bist mein Feind. Diese Art der Politik praktizieren auch andere, Trump zum Beispiel. Wer auf meiner Seite ist, folgt mir, ohne mein Handeln zu hinterfragen.

Das Verbot der Wahlkampfauftritte in Frechen, Köln und Gaggenau hat Erdoğan für sich genutzt. Er polarisiert, stilisiert sich weiterhin als Opfer und aktiviert so seine Anhänger in Deutschland. Die Formel heißt: Seht her, wir Türken werden von bösen Deutschen benachteiligt und stigmatisiert.

These 5: Erdoğan inszeniert die Türkei als Großmacht, die unabhängig von der EU ist
Erdoğans Politik ist davon geprägt, die Türkei wirtschaftlich und strategisch in die Weltelite führen zu wollen. Er achtet penibel darauf, jede neu gebaute Brücke, jeden Flughafen oder Tunnel persönlich zu eröffnen, um darauf hinzuweisen, dass seine Partei und seine Politik diesen wirtschaftlichen Aufschwung verantworten. Dass der Abschwung im vollen Gange ist, verschweigt er. Eine kritische Presse, die darauf hinweisen könnte, existiert in der Türkei nicht mehr. Solange es der Bevölkerung in der Türkei noch wirtschaftlich gut geht, ist der Widerspruch

gering. Aus der Sicht vieler Türken und Türkeistämmiger in Deutschland ist die Türkei unter Erdoğan ein selbstbewusstes und souveränes Land geworden, das nicht von der EU oder der NATO gedemütigt werden kann.

Erdoğan betont immer wieder, dass die EU und Deutschland die Türkei brauchen und nicht umgekehrt. Er bietet ihnen die Stirn. Das kommt bei seinen Anhängern, die in Deutschland nicht die gewünschte Anerkennung erfahren, sehr gut an. Erdoğan erfüllt stellvertretend die Sehnsucht vieler Türkeistämmiger nach Erfolg, Ansehen, Macht und Selbstbewusstsein.

Zuvor habe ich kurz erwähnt, dass viele Türkeistämmige in Deutschland mit Erdoğan sprachlich und habituell auf gleicher Wellenlänge sind. Dabei sind es in erster Linie junge Männer, die für ihn Feuer und Flamme sind. Ausgerechnet vermeintlich politikverdrossene junge Männer interessieren sich mit einem Mal für Politik? Mitnichten. Vielmehr spricht Erdoğans Image des starken Mannes und sein Blick auf die Frauen einen Teil der jungen konservativen muslimischen Männer in Deutschland an.

Unabhängig davon, welche absurden Dimensionen Erdoğans Rhetorik annimmt – von Nazivergleichen bis zu undemokratischen Europäern –, stehen seine Anhänger wie ein Fels in der Brandung hinter ihm. Einlenken oder Zurücknehmen ist nicht Erdoğans Sache. Das würde als Schwäche ausgelegt – was einem Mann nicht gut zu Gesicht stünde. Dieses traditionelle Männlichkeitsbild, das Erdoğan zur Schau stellt, ist auch das Männlichkeitsbild eines Teils der türkeistämmigen Jungen in Deutschland.

Auch weitere elementare Eigenschaften des Mannseins, Dominanz und selbstbewusstes Auftreten, beherrscht Erdoğan. Viele türkeistämmige Jungen treten genauso auf. Sie wurden zu diesem Verhalten erzogen und ermuntert. Ein Junge muss in der Lage sein zu entscheiden, was für die später zu gründende Familie das »Richtige« und »Vorteilhafte« ist. Diese Eigenschaft kann er unter anderem unter Beweis stellen, indem er seine Position selbstbewusst verteidigt und auf Meinungen, die von außen an ihn herangetragen werden, keine Rücksicht nimmt. Genau dieses Bild bedient Erdoğan mit seinen öffentlichen Auftritten und stärkt die jungen Männer bewusst oder unbewusst in ihrem Denken.

Ein weiterer Aspekt der Erdoğan-Politik, der die jungen Männer anspricht, ist die Instrumentalisierung der Frauen. Erdoğan zufolge gibt es keine natürliche Gleichberechtigung zwischen Mann und Frau. Frauen sollen in erster Linie Mutter und Hausfrau sein und in der Öffentlichkeit so wenig wie möglich präsent. Mit seiner Aussage, dass Frauen am liebsten nicht lachen und mindestens drei Kinder gebären sollten, hat Erdoğan dann auch für einen Aufschrei in der türkischen Presse gesorgt. Frauen kommen in seiner Politik nur dann vor, wenn er sie für seine Zwecke instrumentalisieren kann: Er macht zum Beispiel gerne Gruppenfotos mit Frauen, um die Rolle der Mutter zu betonen.

Auch ein Teil der türkeistämmigen Männer sieht die Rolle der Frau, wie Erdoğan sie transportiert. Die Ehre der Frau ist am besten geschützt, wenn sie in der Öffentlichkeit selten in Erscheinung tritt. Sie wird außerdem vom Mann instrumentalisiert, um sich in der Öffentlichkeit als ihr Beschützer zu präsentieren, um die Männlichkeit des Mannes zu dokumentieren. Wenn nun ausgerechnet ein Staatsoberhaupt diese traditionellen Geschlechterrollen wieder in die Öffentlichkeit bringt und dafür sogar Zuspruch erhält, sind diese für junge Männer erst recht legitimiert. Die Anfälligkeit für solche Geschlechterbilder in konservativen muslimischen Communitys wird durch Erdoğans Politik der Geschlechter noch stärker zementiert.

Mehr Strenge und Orientierung – Salafismus als Ausweg

Der Salafismus, eine erzkonservative theologische Auslegung des Islam, die sich im Spannungsfeld zwischen konservativem Islam und politischem Islamismus bewegt, wird bei vielen jungen Muslimen immer beliebter. Laut den Daten des Verfassungsschutzes sind über 80 Prozent der Salafisten oder derjenigen, die die salafistische Szene attraktiv finden, männlich. Eine der entscheidenden Fragen ist, worin die Gründe für das Erstarken einer Bewegung liegen, die zwar schon seit mehreren Jahrhunderten existiert, aber bis vor etwa zehn Jahren in der deutschen Öffentlichkeit kaum präsent war. Warum fühlen sich junge Männer von einer Ideologie angezogen, die so streng ist und mit so vielen Verboten arbeitet?

Ich bin der festen Überzeugung, dass Jungen sich dieser Szene auch deshalb anschließen, weil der Salafismus klare Strukturen vorgibt, deutlich aufzeigt, was erlaubt ist und was nicht. Also eine klare und deutliche Struktur, die einige Jungen in ihrer Erziehung eben nicht erhalten. Bevor wir das aber genauer betrachten, zunächst einige Worte zur salafistischen Denkweise.

Was ist Salafismus, und welche Strömungen gibt es?
Wie in jeder Religion gibt es auch im Islam unterschiedliche Strömungen, zum Beispiel konservative, liberale oder fundamentalistische. Für Salafisten entspricht das Leben des Propheten Mohammed und der ersten drei Generationen von Muslimen ihrer Vorstellung vom idealen Islam. Das Ziel der salafistischen Ideologie besteht darin, die Lebensform des Urislam, wie sie seinerzeit in den Gebieten des heutigen Mekka und Medina im 7. und 8. Jahrhundert existiert haben soll, wiederzubeleben. Islamwissenschaftler ordnen den Salafismus

dem fundamentalistischen Spektrum des sunnitischen Islam zu. Unter Fundamentalismus wird die Treue zu kanonischen Texten verstanden. Das heißt, der ursprüngliche Sinn der religiösen Texte ist das einzig Wahre: Historische Einflüsse und die sich daraus ergebenden Interpretationen lehnen Salafisten ab.

Der Islam- und Sozialwissenschaftler Marwan Abou-Taam und Islam- sowie Politikwissenschaftler Thorsten Schneiders beschreiben die Anhänger des Salafismus folgenermaßen: Sie sind rückwärtsgewandt, wenig kompromissbereit, radikal, streng und beanspruchen für sich, als Einzige den Weg ins Paradies zu kennen. Andersdenkenden Muslimen, die der reinen Lehre des Salafismus nicht folgen, sprechen die Salafisten das Muslimsein ab. Sie gelten, ebenso wie die Anhänger anderer Religionen, als Ungläubige. Die Hauptquellen des Glaubens sind der Koran und die Wegweisung des Propheten Mohammed. Die strikte Befolgung dieser Wegweisung ist den Salafisten Gesetz. Sie übernehmen die Traditionen unverändert in die Gegenwart und leben sie im Alltag (tragen einen Bart, der nicht gestutzt wird, lange Gewänder und Pumphosen), was in modernen Gesellschaften zwangsläufig zu Irritationen oder Konfrontationen führt.

Es gibt drei unterschiedliche Typen von Salafisten, die ich hier kurz erläutern werde:

Puristen: Der Gruppe der Puristen geht es in erster Linie darum, die reine Lehre des Islam zu leben und so ein gottgefälliges Leben zu führen. Der Islam soll von allen späteren und fremden Einflüssen befreit und die reine Lehre wiederhergestellt werden. Diese Strömung basiert auf dem Gedanken einer religiös-spirituellen Restauration. Vor allem durch frommes Handeln nach dem Vorbild des Propheten Mohammed in allen gesellschaftlichen und sozialen Lebenslagen soll laut dem Soziologen Rauf Ceylan und dem Islamwissenschaftler Michael Kiefer das

Goldene Zeitalter eingeleitet werden. Puristen lehnen Gewalt ab. Sie konzentrieren sich darauf, streng die religiösen Rituale, wie Gebete und körperliche Reinigung, einzuhalten. Sie folgen einer rigiden religiösen Erziehung. Puristen enthalten sich politischer Debatten und entwickeln keine offiziellen Positionen zur Innen- oder Außenpolitik, weil sie ihre politischen Ansichten lediglich im privaten Rahmen äußern.

Politische Salafisten: Mit einem gottgefälligen Lebensstil verbinden die politischen Salafisten die Verpflichtung, sich für die Einführung der Scharia einzusetzen, also einer religiösen Ordnung, die den salafistischen Kriterien entspricht. Deshalb engagiert sich diese Gruppe aktiv für ein neues religiös-politisches System. Dazu greifen sie in der religiösen Rhetorik beispielsweise auch tagespolitische und soziale Missstände auf und verbreiten so den eigenen Entwurf von einer gerechteren Welt. Politische Salafisten betrachten die Etablierung eines mit dem Koran konformen, politischen Systems als ihre Pflicht als Gläubige. Sie lehnen im Vergleich zu Dschihadisten Gewalt offiziell ab und möchten »den Kampf« mit politischen Mitteln und besseren Argumenten gewinnen. Claudia Dantschke, Arabistin und Leiterin der Deradikalisierungsstelle Hayat, differenziert zwar die politischen Salafisten in Gewalt ablehnende und Gewalt befürwortende, die Grenzen sind aber, wie so oft, fließend.

Dschihadistische Salafisten: Im Mittelpunkt des Denkens der dschihadistischen Salafisten steht zwar der gleiche religiöse und ideologische Gedanke wie bei den ersten beiden Strömungen, für die dschihadistischen Salafisten ist in der Durchsetzung aber der bewaffnete Kampf, also der »Heilige Krieg«, Mittel zum Zweck. Nicht alle Sicherheitsexperten und Sozialwissenschaftler ordnen Dschihadisten den Salafisten zu. Aber die Verbindung beider Ideologien hat sich in den letzten Jahren vertieft. Dschihadistische Salafisten stellen im Vergleich zu den beiden anderen Gruppierungen eine relativ kleine Gruppe dar. Beispiele wie die Sauerland-Gruppe, der Anschlag in Berlin mit zwölf Toten oder der Kofferbomber von Köln zeigen, dass Dschihadisten durchaus in der Lage sind, militante Anschläge auch in Deutschland vorzubereiten und auszuführen, und so eine Aura des Schreckens zu verbreiten.

Warum ist der Salafismus für junge Muslime attraktiv?
Aus der Jugendforschung ist bekannt, dass Heranwachsende in der Pubertät Orientierung suchen. Diese Orientierung finden die Jugendlichen im Salafismus mit seinen Regeln. Häufig werden bewusst junge Menschen in ihrer Orientierungsphase angesprochen. In dieser Phase, auf der Suche nach sich selbst, empfinden einige Jugendliche den Salafismus identitätsstiftend. Allgemein lassen sich vier zentrale Voraussetzungen identifizieren, die den Weg zum Salafismus ebnen. Welche sind das?

1. *Identität und Zusammengehörigkeit*
In der Pubertät ist Zugehörigkeit für Jugendliche immens wichtig. Teil einer Gruppe zu sein, eines Freundeskreises, ist für viele Jugendliche von zentraler Bedeutung. Jugendliche mit Migrationshintergrund messen den informellen Jugendgruppen eine besondere Bedeutung bei. Freunde haben gerade deshalb einen starken Einfluss auf Sozialisations- und Bildungsprozesse, weil sie am gleichen Punkt im Leben sind, die gleichen Dinge wahrnehmen und spiegeln, Wahrnehmungen, Bewertungen und Deutungen besser nachvollziehen können als Erwachsene. Der emotionale Rückhalt durch den Freundeskreis verschafft den Jugendlichen die Möglichkeit, sich von Autoritäten, seien es Institutionen oder Personen, zu distanzieren. Bei jungen Muslimen tritt der Prozess der Gruppenbildung verstärkt und früher auf, weil sie die Widersprüche der eigenen Situation bei-

spielsweise durch Arbeitslosigkeit, schlechte Voraussetzungen für das Berufsleben oder Diskriminierung vehementer erleben. Die Eltern sind dann oft nicht in der Lage, den Jugendlichen Perspektiven zu geben, ihnen Anleitung zu sein auf ihrem Weg in die Zukunft. Hinzu kommt, dass die gesellschaftlichen Bedingungen komplexer und unübersichtlicher werden, sodass den Jugendlichen in der Orientierungsphase einfache und klare Antworten, wie sie ihnen die Salafisten bieten, verlockend erscheinen.

Genau an diesem Punkt setzen salafistische Prediger an, die im Netz teilweise millionenfach aufgerufen werden. In Videobotschaften sprechen die Prediger die Sprache der Jugendlichen und geben einfache und klare Antworten auf die »scheinbar« komplizierten und komplexen Fragen, die die Jugendlichen interessieren. Die oberste Devise lautet Reduktion: Die Prediger teilen die Welt in Gut und Böse, wir leben in einer »Schwarz-Weiß-Welt«, Zwiespälte gibt es nicht, und nur die Salafisten kennen die Wahrheit und gehören zu den Guten. Häufig zitieren die Prediger aus dem Koran, er ist als Nachschlagewerk in den Videos präsent. Der Islam erscheint dadurch als ein klares Regelwerk, dem man nur folgen muss. Die Botschaft ist einfach und verständlich: An Gottes Wort ist nicht zu rütteln. Für die Prediger lassen sich für alle Situationen des Lebens Lösungen aus dem Koran ableiten. Begriffe wie »aber«, »könnte« oder »vielleicht« kommen in den Videobotschaften der Salafisten nicht vor. Die Ansprachen beginnen immer mit dem Refrain »Bismillahirahmanirahim« (im Namen Allahs, des Allerbarmers, des Barmherzigen) sowie der Formel »Meine Brüder und meine Schwestern«, um den Jugendlichen ein Gefühl der Zusammengehörigkeit zu geben und zu unterstreichen, dass sie Teil einer festen Gemeinschaft, einer Familie, sind. Um das Zusammengehörigkeitsgefühl unter Muslimen zu fördern und als

Retter in Erscheinung zu treten, engagieren sich die salafistischen Gruppierungen öffentlichkeitswirksam für die Interessen und Rechte der Muslime in Deutschland. Die salafistischen Initiativen unterscheiden sich aus Sicht der Jugendlichen von etablierten Verbänden insofern, als dass deren Aktivitäten für sie kaum sichtbar und verständlich sind.

2. *Protest und Provokation*
Der Salafismus bewegt nicht ausreichend viele Menschen, dass man ihn als soziale Protestbewegung bezeichnen könnte. Innerhalb des Salafismus gibt es aber durchaus die Tendenz, sich als Teil einer Protestbewegung zu empfinden. Ein Erklärungsversuch:

Unsere Gesellschaft ist in den letzten Jahrzehnten immer liberaler geworden: Der Zungenkuss auf der Parkbank, ein bauchfreies Oberteil, das den Blick auf ein Bauchnabelpiercing freigibt, grün oder lila gefärbtes Haar oder ein Händchen haltendes gleichgeschlechtliches Paar – all das gehört zum alltäglichen Straßenbild in Deutschland. Diese Bilder sind Teil des Mainstream geworden. Was vor vierzig Jahren noch als Protest gewertet wurde, ist heute kaum einen zweiten Blick wert.

Salafismus eignet sich deshalb als Protestbewegung, weil er dieser Befreiung, dieser Liberalisierung entgegensteht. Jugendliche nehmen ihn als Gegenbewegung zu Kommerz und Konsum wahr. Die selbst auferlegte Askese, der Verzicht auf Konsum und sexuelle Erfahrungen (für beide Geschlechter) scheinen auf den ersten Blick natürlich keine typischen Indikatoren für jugendliches Protestverhalten zu sein. Die Jugendlichen und jungen Erwachsenen verzichten schließlich nur: Alkoholkonsum, neue Mode, sexuelle Freiheit, Partnersuche, Feiern und auch Drogen. Salafisten nehmen sich aber gerade in diesem Verzicht als Provokateure wahr. Salafismus funktioniert in Deutschland als Provokation somit deshalb sehr gut, weil er zwei zentralen Errungenschaften der deutschen Gesellschaft und der aufgeklärten und modernen muslimischen Gesellschaft widerspricht: Aufklärung bzw. Zivilisation und emanzipierten Geschlechterbildern.

3. *Desintegration*

Der Erziehungswissenschaftler Jürgen Mansel und die Soziologin und Politikwissenschaftlerin Viktoria Spaiser weisen nach, dass Muslime Diskriminierungen und Benachteiligungen, wie z. B. im Bildungssegment oder bei der Wohnungs- und Arbeitssuche, ausgesetzt sind. Muslime werden als homogene Gruppe wahrgenommen und als solche stigmatisiert. Junge Muslime empfinden sich in ihrer kulturellen Verortung häufig als Hybrid, das heißt, sie sehen sich selbst als halb deutsch und halb muslimisch. Sie befinden sich somit in einem Identitätsdilemma, das sich zusätzlich verstärkt, wenn sie weder als Deutsche noch als Muslime Anerkennung erfahren. Als Konsequenz daraus kann ein Assimilierungsdruck entstehen, welcher einerseits die Normen, Werte und kulturellen Orientierungen der Elterngeneration in den Hintergrund rückt und auf der anderen Seite nicht die Anerkennung der Mehrheitsgesellschaft garantieren kann. Aus diesem Spannungsverhältnis heraus bildet sich eine negative Identität: Minderwertigkeitsgefühle werden als negatives Selbstbild verinnerlicht. Dabei wird abweichendes Verhalten, wie z. B. Anwendung von Gewalt, zur Lösungsstrategie. Dieses Gefühls- und Identitätsdilemma kann zur aktiven Abgrenzung von den und zur Abwertung der vermeintlich Schuldigen führen – der Mehrheitsgesellschaft. Auch deutsche Jugendliche sind aufgrund der in Deutschland bestehenden engen Verbindung von sozialer Herkunft und sozialer Anerkennung Diskriminierungspraxen ausgesetzt und bedienen sich somit ebenfalls der Formen einer negativen Identität zur Problemlösung. In der salafistischen Szene treffen sie dann auf Gleichgesinnte, die ihnen Halt, Identität und Orientierung bieten.

4. *Neubeginn durch Konvertierung*
In ihrem Aufsatz »Salafismus als Ausweg« schreiben Nordbruch, Müller und Ünlü, dass der Salafismus die Möglichkeit eines radikalen Neubeginns bietet. Es ist unbedeutend, was vorher war: Es ist nie zu spät, sein Leben zu ändern und den richtigen Pfad zu betreten. Die Umma, also die Gemeinschaft aller Muslime, ist bereit, nahezu jeden Menschen aufzunehmen, sie kennt keine Herkunft, kein Geschlecht. Sie ist global strukturiert und findet für jeden einen Platz und eine Rolle. Der Eintritt in ein neues Leben erfolgt schnell und unbürokratisch, er ist nur eine Konvertierung entfernt, die im Schnellverfahren vor einem Infostand in der Fußgängerzone oder auf öffentlichen Veranstaltungen vollzogen werden kann. Alles, was die Geläuterten tun müssen, ist, die vorgegebene Glaubensformel – hier auf Deutsch: »Ich bezeuge, es gibt keinen Gott außer Allah, und ich bezeuge, dass Mohammed der Gesandte Allahs ist« – nachzusprechen. Die gesamte Prozedur der Konvertierung dauert, inklusive einer vorherigen Übersetzung der Formel, etwa 35 Sekunden. Mit der Konvertierung sind – symbolisch betrachtet – die herkunftsbedingten, geschlechtsspezifischen, sozialstrukturellen und gesellschaftlichen Benachteiligungen negiert.

Zur Ausdifferenzierung des Phänomens Salafismus hebt der Soziologe Aladin El-Mafaalani den Begriff der Prekarität hervor. Dieser ist als Sammelbecken diverser biografischer Vorannahmen zu verstehen. Zum einen finden sich dort die sogenannten »Bildungsverlierer« wieder, zum anderen junge Menschen, die zwar eine gute Schulbildung haben, bei denen sich aber das Versprechen »Aufstieg durch Bildung« und einer damit einhergehenden gesellschaftlichen Anerkennung nicht im erhofften Ausmaß erfüllt hat. Präziser formuliert bedeutet das Folgendes: Gute Bildung scheint nicht das Allheilmittel zu sein, um junge Menschen vor salafistischer Ideologie zu schützen, wenn die politische und gesellschaftliche Anerkennung fehlt. Wenn Bildungsaufsteiger durch unterschiedliche Formen sozialer Ungleichheit nicht die notwendige Anerkennung und gleichberechtigte Partizipation an Ressourcen erlangen, sind auch sie anfällig für salafistische Ansprache.

III.
Was ist zu tun?

Plädoyer für eine gleichberechtigte Erziehung der Geschlechter in den Familien

Ich habe im ersten Abschnitt aufgezeigt, dass viele muslimische Eltern ihre Kinder immer noch nach traditionellen Rollenmustern erziehen. Die Kinder sollen so auf ihre später auszufüllende Geschlechterrolle in der Gesellschaft vorbereitet werden. Diese besteht für Mädchen darin, dass sie als Erwachsene den Haushalt und die Kindererziehung übernehmen, während die Jungen später für den Schutz der Integrität der Familie zuständig sein werden und in der Lage sein sollen, die Familie zu ernähren.

Aufgrund der unterschiedlichen Rollen wenden die Eltern auch unterschiedliche Erziehungsmethoden an. Das Mädchen wird – bedingt auch durch das Ehrkonzept – stärker reglementiert. Alles muss zügig und ordentlich erledigt werden. Das heißt, dem Mädchen werden Grenzen gesetzt, an denen es sich orientieren kann. Sie weiß ganz genau, was erlaubt und was verboten ist.

Diese erzieherische Orientierung wird den Jungen nicht immer gegeben, in einigen Familien herrscht gar eine erziehungsfreie Zone. Die Einstellung der Eltern, dass der Junge gewisse Freiheiten haben müsse, trägt dazu bei, dass er keine Grenzen erfährt, diese also auch nicht ausloten kann. Die Eltern meinen, ihren Söhnen damit etwas Gutes zu tun. Sie gehen davon aus, dass der Sohn seine Rolle durch Nachahmung und Orientierung an männlichen Vorbildern finden wird. Bis der Sohn seine Rolle für sich angenommen hat, erfährt er jedoch keine Hilfestellung durch Grenzsetzung oder erzieherische Orientierung, die für die Phase des Aufwachsens so wichtig sind. Der Weg zur Gleichberechtigung kann zuweilen sehr steinig sein.

Das Paar Faris und Ramira wohnte bereits während des Studiums ohne Trauschein zusammen. Schon wenige Tage nach dem Zusammenziehen traten die ersten Konflikte und Unzufriedenheiten zwischen Ramira und Faris auf. So erzählte mir Ramira: »*Nachdem die erste Phase des großen Verliebtseins etwas verflogen war, war ich natürlich etwas kritisch. Vielleicht hatte ich auch einfach zu hohe Erwartungen an diese Partnerschaft. Auf jeden Fall hatte ich mir das so nicht vorgestellt: Faris lebte wie bei seinen Eltern, er kam nach Hause, warf alles auf den Boden, saß entweder vor dem Computer oder dem Fernseher. Ich dachte, wir machen viel mehr zusammen, gehen gemeinsam weg und so. Das wurde natürlich später viel, viel besser. Aber das war ein langer Weg.*«

Ramiras Erwartungen an die Partnerschaft und Beziehung waren andere als die von Faris. Er wollte sein bisheriges Leben fortführen, mit dem Unterschied: Die Eltern wurden gegen die Freundin ausgetauscht: »*Also, ich muss ehrlich zugeben, dass ich überhaupt nicht wusste, worauf ich mich einlasse. Ich war lediglich von der Idee begeistert, mit meiner Traumfrau zusammenzuleben. Was das im Detail bedeuten würde, darüber habe ich erst gar nicht nachgedacht.*«

Als er von seiner Freundin zum ersten Mal mit seinem Verhalten konfrontiert wurde, ist er zugleich enttäuscht und geschockt. Geschockt, weil er einsah, dass sein Verhalten nicht in

Ordnung war. Und enttäuscht wegen des Tons, mit dem seine Freundin ihn darauf hinwies.

Nach diesem ersten klärenden Gespräch näherten sich Ramira und Faris in ihren Geschlechterrollen Schritt für Schritt an. Die Aufgaben, die im Haushalt übernommen werden mussten, teilten sie untereinander auf oder erledigten sie zusammen. Auch andere Aufgaben wurden verteilt: Ramira war von da an für Freizeitgestaltung und Reisebuchungen zuständig, Faris für Reparaturen und Technik.

In dieser Phase der Beziehung gab es auch Streit, aber nicht untereinander, sondern wenn die Eltern zu Besuch kamen, vor allem mit Faris' Eltern. Sie sahen die Gleichberechtigung eher kritisch. Im Elternhaus wurde Faris kaum zur Hausarbeit herangezogen, die hat seine Mutter für ihn erledigt. So hat er nicht mal gelernt, Tee für sich zu kochen. Vor allem die Mutter war nicht damit einverstanden, dass Faris Hausarbeit erledigen soll. Faris meinte dazu zerknirscht: *»Das Schlimme war ja nicht, dass meine Mutter sich eingemischt hat. Es war schlimm, dass das mich beeinflusst hat. Ich habe dann einige Dinge, die ich sonst mache, während deren Aufenthalt nicht gemacht.«*

Dieses Verhalten führte dann wiederum zu Konflikten zwischen Ramira und Faris. Ramira warf ihrem Freund vor, dass er seine Aufgaben nicht aus Überzeugung übernehme, sonst wäre die Meinung seiner Eltern nicht so entscheidend. Ramira fand sich letztendlich aber damit ab, zu kochen und den Tee zu servieren, wenn die Eltern ihres Freundes anwesend waren. Schließlich funktionierte die Arbeitsteilung im Alltag sonst sehr gut.

Ihre Einstellungen zur Gleichstellung übertrugen die beiden dann zudem auf ihre Kinder, auch weil sie bewusst eine geschlechtsspezifische Erziehung unterließen. Das Paar förderte Verhaltensweisen, die den Geschlechterstereotypen zuwiderliefen. Schon bei der Bekleidung achtete Ramira darauf, nicht mit »Rosa« für Mädchen und »Blau« für Jungen verbreitete Klischees zu bedienen. Auch galten für beide Kinder die gleichen Regeln, und Verstöße wurden gleich geahndet. Die Tochter Sophie Kahina, bei unserem Gespräch 14 Jahre alt, findet das super: *»Meine Eltern sind schon easy drauf. Die sind voll entspannt. Sie machen überhaupt keinen Unterschied zwischen mir und meinem Bruder. Wenn der Scheiße baut, kriegt er denselben Ärger wie ich. Meine Eltern sind nicht wie andere Araber. Die machen keinen Stress in der Schule, wegen Klassenfahrten und so. Die anderen arabischen und türkischen Mädchen dürfen entweder nicht mit, oder die haben nur Stress, bis sie mitfahren können. Ich habe noch nie von meinen Eltern gehört oder gespürt, dass es zwischen mir und meinem Bruder einen Unterschied gibt.«*

Das zentrale Anliegen in der Erziehung der Kinder sollte die Betonung und Förderung ihrer Individualität sein. Da jedes Kind in seinem Fortkommen individuell gefördert werden muss, ist geschlechtsspezifische Erziehung nicht zeitgemäß.

Um nicht von konservativen und traditionellen Einstellungen beeinflusst zu werden, hat sich das Paar Faris und Ramira bewusst für einen Stadtteil entschieden, in dem nur wenige Menschen aus der muslimischen Community wohnen. Die Kinder werden von den Eltern außerdem neben der Schule individuell gefördert: Die Tochter singt in einem Chor und spielt zweimal die Woche Tennis, der Sohn ist in einem Handballverein und spielt Schlagzeug in einer Kinder- und Jugendband. Die individuelle Förderung der Kinder und der Verzicht auf eine geschlechtsspezifische Erziehung haben – verbunden mit der Wahl des Wohnortes – zur Folge, dass die Kinder engen Kontakt zu deutschen Kindern, Jugendlichen und Familien haben. Dadurch adaptieren sie Verhaltensweisen, die denen der deutschen Kinder und Jugendlichen sehr ähnlich sind. Das führt wiederum dazu, dass Familien wie die von Ramira und Faris in konservativen Kreisen häufig belächelt und als schlechte Vorbilder angesehen werden.

Das Beispiel macht deutlich, dass Gleichberechtigung oder Gleichbehandlung der Geschlechter möglich ist, dabei aber auch anstrengend ist und nicht immer konfliktfrei verläuft. Die Alternative ist jedoch, dass aufgrund der ungleichen Behandlung der Kinder vor allem die Jungen verlieren, trotz der vermeintlichen Bevorzugung. Die Jungen werden zu unsicheren, unselbstständigen und verunsicherten Individuen geformt, die im Schulsystem oder auf dem Arbeitsmarkt nicht immer zurechtkommen. Weil nicht alle Eltern ihr erzieherisches Handeln so reflektieren wie Ramira und Faris, müssen pädagogische Fachkräfte stärker mit den Eltern in der Schule, in Jugendhilfeeinrichtungen und im Alltag kooperieren, um sie von einer freien, liberalen und individuellen Erziehung zu überzeugen.

Wir müssen auch die jungen Männer frühzeitig erreichen, damit sie die freiheitlichen Werte und Normen der deutschen Gesellschaft für sich adaptieren und nutzen können. Wir müssen ihnen Perspektiven in dieser Gesellschaft eröffnen, damit das Leben in der Demokratie sowie Anpassung an und Integration in die deutsche Gesellschaft attraktiver erscheinen als der Rückzug in eigenethnische Nischen – der im Zweifelsfall in einer Hinwendung zum Salafismus oder in der Verherrlichung quasidiktatorischer ausländischer Regierungschefs enden kann. Mit Ausgrenzung und Schuldzuweisungen gegenüber den muslimischen Jungen werden wir nicht erfolgreich sein.

Warum die Bildungseinrichtungen die Erziehungsdefizite kompensieren müssen

Ich habe bereits angeführt, dass viele muslimische Eltern mit ihrem Erziehungsstil oder besser mit ihrer teilweise nicht vorhandenen Erziehung den Jungen mehr schaden als nutzen. Viele Jungen kommen bestimmten Vorgaben und Voraussetzungen der Schulen nicht nach, weil die Eltern sie falsch erzogen haben. Jungen sollte also schon im Elternhaus mehr Orientierung angeboten werden. Gleichzeitig müssen aber auch Lehrkräfte und andere pädagogische Fachkräfte auf bestimmte Erziehungsdefizite reagieren und diese kompensieren. Vor allem müssen sie auf Verhaltensweisen reagieren, die auf abweichender kultureller und schichtbezogener Erziehung basieren. Denn traditionell werden die Schule als Institution und die Lehrkräfte als Berufsgruppe bei Migranten aus muslimischen Ländern als eine der wichtigsten Erziehungsinstanzen neben der Familie gesehen. Die Eltern erwarten von den Lehrkräften, dass sie sich nicht nur den schulischen Belangen der Kinder widmen, sondern sie auch erziehen, ihnen Grenzen setzen. Sie erwarten also Dinge, die in Deutschland traditionell eher im elterlichen Kompetenzbereich liegen. Sich in schulische Angelegenheiten einzumischen, finden die muslimischen Eltern gleichzeitig unangemessen und unhöflich; das ist auch – neben den Sprachproblemen einiger Eltern – der Hauptgrund, dass sie nicht zu Elternsprechstunden erscheinen.

Ich möchte im Folgenden anhand von Alltagssituationen in der Schule Handlungsmöglichkeiten für Lehrkräfte aufzeigen.

1. Rigidität vs. Liberalität
Ich habe im ersten Abschnitt dargestellt, dass viele muslimische Familien zwar formal einen strengen Erziehungsstil verfolgen, diesen aber zumindest bei den Jungen nicht konsequent umsetzen oder sehr nachlässig sind und somit auf die Jungen ambivalent wirken. Die strenge Linie, die sie selbst nicht umsetzen können, erwarten sie aber auf der anderen Seite von den pädagogischen Institutionen. Die Institutionen setzen aber aus Sicht der Jugendlichen und deren Eltern auf eine liberale und partizipative Linie. Diesen Balanceakt können die meisten Jugendlichen recht gut bewältigen und optimieren. Aber gerade die mit Problemen behafteten Jungen können die ambivalente Rigidität im Elternhaus und die Liberalität in pädagogischen Einrichtungen nicht immer optimal ausbalancieren. Oft können die Jugendlichen mit der offenen Haltung der deutschen Pädagogen nicht umgehen, weil Fehlverhalten nicht unmittelbar und spürbar mit rigider Konsequenz geahndet wird. Da die Grenzziehung, in diesem Kontext die Rigidität, zu spät oder überhaupt nicht erfolgt, sind viele Kinder und Jugendliche verunsichert. Es gibt aber auch Jugendliche, die die liberale Haltung der Pädagogen und der pädagogischen Institute ausnutzen. Sie sind überwiegend in der Lage, kontextgebunden, je nachdem, wo welches Verhalten gewünscht ist, zu agieren. Sie verhalten sich gegenüber den Lehrkräften vorlaut, redegewandt, verhandeln, bestehen auf ihrem Recht und sind teilweise unfreundlich.

Handlungsmöglichkeiten
Egal ob Mädchen oder Jungen, den Kindern und Jugendlichen müssen unmittelbar Grenzen gesetzt werden. Wenn die Konsequenz nicht direkt erfolgt, neigen die Kinder – vor allem die Jungen – dazu, das nicht sanktionierte Fehlverhalten auf die

Spitze zu treiben. Die Sprache der Lehrkräfte muss klar und deutlich sein und darf keine bewertenden Aussagen wie »Zu Hause verhältst du dich auch nicht so« oder »Macht man das auch in der Türkei?« enthalten. Es sollte unbedingt darauf geachtet werden, dass alle Kinder und Jugendlichen egal welcher Herkunft gleich konsequent behandelt werden.

Außerdem sollte den Kindern und Jugendlichen sensibel vermittelt werden, dass man in geeigneter Form durchaus mit den Lehrkräften diskutieren darf. Dabei ist den Kindern vor allem zu erklären, was Respekt im deutschen Kontext bedeutet. Dass Respekt nicht unbedingt gleichzusetzen ist mit Gehorsamkeit, Loyalität und Unterordnung den Erwachsenen gegenüber.

2. *Augenkontakt*

In der Interaktion zwischen Lehrkräften und muslimischen Schülern ist die Körpersprache, im Speziellen der Augenkontakt, von entscheidender Bedeutung. Während deutsche Eltern ihre Kinder ermuntern, selbstbewusst und selbstständig zu sein, verlangen traditionelle muslimische Eltern von ihren Kindern, dass sie loyal und gehorsam gegenüber den Erziehungsberechtigten sind. Erziehungsberechtigten zu gehorchen bedeutet auch, dass das Kind oder der Jugendliche ohne Widerrede das tut und ausführt, was der Erziehungsberechtigte von ihm verlangt. Er muss sich fügen. Sein Blick ist dabei nach unten gerichtet. Denn direkter Augenkontakt würde gleiche Augenhöhe bedeuten und wird von den Eltern als aufsässig und herausfordernd interpretiert. Während also im deutschen Erziehungsalltag die Kommunikation auf Augenhöhe und so auch der Blickkontakt gefördert werden, ist bei vielen türkeistämmigen und arabischen Kindern und Jugendlichen genau das Gegenteil der Fall. Wenn ein muslimisches Kind während eines Gespräches mit einer pädagogischen Fachkraft also die Augen nach unten richtet, ist das keine Demonstration von Desinteresse, sondern das Zusammenprallen zweier unterschiedlicher Erziehungskonzepte.

Handlungsmöglichkeiten
Wenn ein türkeistämmiges oder arabisches Kind oder Jugendlicher in einem Gespräch mit einer Lehrkraft den Blick nach unten richtet, sollte man nicht explizit das Gegenteil fordern. Aussagen wie »Schau mich an, wenn ich mit dir rede!« oder »Warum schaust du weg, wenn ich mit dir rede?« wirken auf die Kinder negativ, weil es einschüchternd wirkt. Wichtig ist es, im Kopf zu behalten, dass das Kind aus Respekt den Blick senkt. Übungen mit der gesamten Klasse, in denen Ich-Botschaften, wie z. B. »Ich wünsche mir, dass du beim Reden nicht wegschaust« oder »Es ist mir wichtig, dass die Regeln in der Schule beachtet werden«, formuliert werden, können helfen, den Blickkontakt zu erlernen. Anhand von Übungen können den Kindern Sachverhalte besser und spielerischer nähergebracht werden. Ohne ein einzelnes Kind unbewusst unter Druck zu setzen, kann es so trotzdem lernen, dass man in bestimmten Situationen sein Gegenüber anschauen sollte.

3. Warum manche Jungen Lehrerinnen nicht akzeptieren

Bereits im Vorschulalter ist das Verhältnis vieler muslimischer Jungen zu ihrer Mutter zwiespältig: Zwar richtet sie sich mit kleineren Aufgaben und Wünschen an ihn und ermahnt ihn auch, wenn er diesen nicht nachkommt, sie lässt ihn jedoch am Ende gewähren und setzt ihre Autorität nicht durch. Dieses Gewährenlassen verunsichert den Jungen hinsichtlich der Autorität seiner weiblichen Bezugspersonen und auf der Handlungsebene im Zweifelsfall zu Provokationen diesen gegenüber.

Da viele Jungen dieses Verhalten auf den schulischen Alltag

übertragen, kommt es vor, dass sie gerade den Lehrerinnen widersprechen und sich deren Aufforderungen widersetzen.

Handlungsmöglichkeiten
Widersetzen Jungen sich den Anweisungen der Lehrerinnen, sollten folgende Punkte beachtet werden:
1. Niemals mit der Weiblichkeit oder mit der Mutterrolle argumentieren, wie zum Beispiel »Behandelst du Frauen immer so?« oder »Ich könnte doch deine Mutter sein!«. Die Kinder sollen Lehrerinnen nicht als »Frau« und »Mutter« akzeptieren, sondern als Fachfrau mit Kompetenz, Autorität und Ansehen.
2. Die Lehrerinnen müssen immer mit Regeln und Macht argumentieren. Es ist wichtig, den Kindern zu vermitteln, dass es in der Schule Regeln gibt, die man beachten muss, und dass diese Regeln von Lehrkräften überwacht und durchgesetzt werden. Überspitzte Aussagen wie »Bei uns zu Hause haben die Männer das Sagen, nicht die Frauen!« können mit »Wir sind aber in der Schule, und hier habe ich das Sagen!« gekontert werden. Kulturelle Wertungen wie »Bei euch Türken / Arabern / Kurden ist das alles anders, aber wir sind hier in Deutschland« sollten nach wie vor unbedingt vermieden werden.

4. Nur ein Studium zählt!
Während in Deutschland sehr früh – meist nach der vierten Klasse – entschieden wird, welche schulische Laufbahn die Schüler einschlagen, wird beispielsweise im türkischen System überhaupt nicht selektiert. Jeder Schüler und jede Schülerin bekommt die Gelegenheit, das Abitur zu machen. Die Folge ist, dass nicht jeder Abiturient zum Studium zugelassen wird. Viele junge Erwachsene erwerben in der Türkei so zwar das Abitur, erhalten aber keine Zugangsberechtigung für ein Studium, weil nicht ausreichend Studienplätze zur Verfügung stehen.

Das Studium hat im arabischen und türkischen Raum auch deshalb einen sehr hohen Stellenwert, weil die Ausbildung nicht staatlich organisiert ist und sie somit nicht die gleiche Qualität wie beispielsweise eine deutsche duale Ausbildung hat. In der Türkei und den arabischen Ländern werden beispielsweise handwerkliche Berufe unter Anleitung eines Meisters in den Betrieben gelernt, ohne dafür ausreichende theoretische Kenntnisse zu erhalten. Nicht nur die Leistung beim Abitur ist dafür ausschlaggebend, ob Kinder diesen Weg einschlagen müssen. Auch finanzielle Gründe können dafür verantwortlich sein, dass ein Kind schon nach der allgemeinen Schulpflicht eine Ausbildung beginnt, weil sich die Eltern die hohen Schul- und Studienkosten nicht leisten können.

Da die Rahmenbedingungen für eine Alternative zum Studium schlecht und die betrieblichen Ausbildungsmöglichkeiten in der Gesellschaft wenig angesehen sind, hat die Aufnahme eines Studiums – unabhängig von der Fachrichtung – einen umso höheren Stellenwert. Diese Erfahrung aus den Herkunftsländern übertragen die Eltern auf das deutsche System. Vier zentrale Versprechen verbinden die Eltern mit einem Universitätsabschluss. Sie erhoffen sich vor allem ein erhöhtes Prestige in der Gesellschaft, sozialen Aufstieg, gute Arbeitsbedingungen sowie gute Verdienstmöglichkeiten. Außerdem werden die handwerklichen Berufe mit Lärm, Dreck, Schichtarbeit und unregelmäßigen Arbeitsbedingungen verbunden. Da den Eltern darüber hinaus wichtig ist, dass es den Kindern besser gehen soll als ihnen selbst, gewinnt ein Studium nochmals an Bedeutung. Daraus ergibt sich bei muslimischen Eltern häufig der unbedingte Wunsch, ihr Kind studieren zu sehen. Ein Ausbildungsberuf ist für sie keine annehmbare Alternative, obwohl dieser in Deutschland eine in Betracht zu ziehende Alternative zum Studium darstellt.

Handlungsmöglichkeiten
Am wichtigsten ist bei unrealistischen Berufswünschen der Kinder aus Migrantenfamilien, diese Wünsche nicht abzuwerten. Der Berufswunsch ist nicht immer eine individuelle Wahl der Kinder, sondern basiert auf Wünschen und Vorstellungen der Eltern. In Gesprächen sollte die Lehrkraft den Eltern erklären, welche beruflichen Möglichkeiten welche Schulgattung bietet. Denn vielen Eltern ist der Unterschied zwischen einer Hauptschule und einem Gymnasium auch in der zweiten oder dritten Generation noch nicht hundertprozentig bewusst. Bei diesen Gesprächen sollte in jedem Fall erwähnt werden, dass nach einer abgeschlossenen Berufsausbildung die Möglichkeit besteht, über den zweiten Bildungsweg zu studieren. Der zweite Bildungsweg ist vielen Eltern weitgehend unbekannt. Weiterhin ist es ratsam zu betonen, dass man auch mit einer abgeschlossenen Lehre viel Geld verdienen kann.

5. *Nachgiebigkeit als Schwäche*
Mütter sind in Erziehungsfragen, im Gegensatz zum Vater, eher nachgiebig und erfüllen die Wünsche der Jungen. Frauen haben schon in der Erziehung gelernt, nachgiebig, schamhaft und zurückhaltend zu sein, während Männer in der Regel zu Virilität, Stärke und Unnachgiebigkeit erzogen werden. Während Frauen mit hohem Bildungsniveau diese Nachgiebigkeit mit Äußerungen wie »gezielt nachgeben, damit das Kind lernt, mit Grenzen umzugehen, und selbstständiger wird« begründen, geben die Mütter mit niedrigem Bildungsniveau nach, weil sie sich hilflos und überfordert fühlen.

Der Weg der Konfliktlösungsstrategie »Interessen entscheiden« – das Interesse oder die Argumente des Kindes berücksichtigen – scheint nicht immer der geeignetste zu sein, weil Kinder und Jugendliche aus traditionellen muslimischen Familien Diskussionen und Konsensfindungswege häufig als Schwäche – vor allem seitens der männlichen Lehrer – auslegen. Dieser Weg der Konfliktlösung wird schon im Elternhaus nicht gefördert. Aber nicht nur das, oft erwarten Eltern von pädagogischen Fachkräften, vor allem von Lehrern, mehr Rigidität und Disziplin. Wenn die männlichen Lehrkräfte in Interaktionen oder in Konfliktfällen mit Kindern und Jugendlichen nachgeben, wird das als Schwäche ausgelegt. Der männliche Lehrer scheint dann nicht in der Lage zu sein, standhaft zu sein und unnachgiebig zu bleiben, was nicht der erlernten Männlichkeitsnorm entspricht.

Handlungsmöglichkeiten
Für solch eine Konstellation stehen zwei Handlungsmöglichkeiten zur Verfügung. Der Lehrer kann zum einen den bequemen Weg gehen. Er kann standhaft bleiben, indem er nicht von seiner Position abrückt, auch auf die Gefahr hin, dass so keine Lösungsmöglichkeiten ausgelotet werden können. Die männlichen Zuschreibungen, die die Kinder in bestimmten Milieus gelernt haben, werden dadurch bestätigt.

Der zweite Weg ist hingegen anspruchsvoller. Der Lehrer kann in Konflikten oder Interaktionen bewusst nachgeben, um den Kindern zu zeigen, dass die gelernten Männlichkeitszuschreibungen nicht für alle Männer gelten müssen. Ein Mann kann in einem Konfliktfall nachgeben und trotzdem eine gefestigte Persönlichkeit haben. Dieser Weg dauert länger, weil die Kinder die gelernten tradierten Werte nicht von heute auf morgen ablegen können und erst überzeugt werden müssen.

Unabhängig von den von mir beschriebenen typischen Situationen und Handlungsmöglichkeiten kann ich empfehlen, während des Unterrichts Themen wie Geschlechterrollen und Männlichkeitsbilder anzusprechen und mit den Kindern und

Jugendlichen zu diskutieren. Durch das gezielte Ansprechen der Themen fühlen sich die Kinder und Jugendlichen einerseits ernst genommen, andererseits können die Lehrkräfte ihre Schülerinnen und Schüler besser kennenlernen und Empathie entwickeln. Unabhängig von der Nationalität und Herkunft sollte nicht an den Defiziten von Schülerinnen und Schülern gearbeitet werden, sondern an ihren Stärken.

Mut zu mehr Konfrontation

Die Methode der Konfrontativen Pädagogik nach dem Erziehungswissenschaftler und Kriminologen Jens Weidner hat sich anfänglich nur an straffällige Jugendliche gerichtet. Konfrontative Pädagogik wurde ab Mitte der 80er-Jahre im Rahmen von Anti-Aggressivitäts-Trainings in den Justizvollzugsanstalten angewendet, um Mehrfachgewalttäter zu behandeln. In der pädagogischen Arbeit außerhalb der Justizvollzugsanstalten fand diese Methode bis Anfang der 90er-Jahre kaum Resonanz. Seit Mitte der 1990er-Jahre allerdings wird sie in abgeschwächter Form auch vermehrt im ambulanten Bereich verwendet, zum Beispiel in der Jugendhilfe und in Schulen. Die Konfrontative Methode nach Weidner verbindet pädagogische und psychologische Erfahrungswerte der Vergangenheit, um den Erziehungsaufgaben der Gegenwart gerecht zu werden. Die Methode grenzt sich ab von einem autoritär-patriarchalischen Erziehungsstil sowie von einem rein permissiven Bewerten von Handlungen, das die Ursachen inakzeptablen Verhaltens ausschließlich im gesellschaftlichen Kontext bzw. als Ausdruck von Labeling-Prozessen (Etikettierung) sieht. Labeling oder Etikettierung bedeutet, dass das abweichende Verhalten sozial zugeschrieben wurde und die Jugendlichen deshalb das Erwartbare umsetzen: Das heißt, sie werden gewalttätig, weil die Gesellschaft von ihrer Gewalttätigkeit ausgeht. Konfrontative Pädagogik orientiert sich stattdessen an einem autoritativen Erziehungsstil. Dieser Stil ist weder stumpf-militärisch noch alles erlaubend. Die Methode verfolgt eine »klare Linie mit Herz«, die Wärme und Zuwendung, aber auch verständlich begründete klare Strukturen und Grenzen sowie entwicklungsgerechte Aufgaben und Herausforderungen vermittelt. Die Resultate dieses Stils, in Abgrenzung zum autoritären und permissiven Erziehungsstil, werden mit prosozialerem Verhalten der Probanden, größerer Aufgeschlossenheit und mehr sozialer Kompetenz sowie einem angemessen durchsetzungsfähigen Alltagsverhalten beschrieben.

Mehrfachtäter und Mehrfachauffällige interpretieren es normalerweise als Schwäche, wenn Fachkräfte ihnen mit Freundlichkeit und Milde begegnen. Im Falle der Konfrontativen Pädagogik ist das anders: Normen aushandeln, Grenzen ziehen, Alltagsstruktur verbindlich machen und die Jugendlichen mit ihren Gesetzesverletzungen konfrontieren machen die pädagogische Arbeit mit Kindern und Jugendlichen erst zielführend. Denn die meisten (auffälligen) Jugendlichen in sozialen Einrichtungen haben selten klare und überprüfbare Grenzen erfahren, an denen sie sich orientieren können. Heranwachsende wollen sich – vor allem in der Pubertät – an die Grenzen »rantasten«, sie wollen erfahren, was die Konsequenzen für ihr Verhalten sind und wie weit sie gehen können. Machen Eltern oder pädagogische Fachkräfte nicht frühzeitig klar, wann die Grenze erreicht ist, senkt das die Hemmschwelle, und Grenzüberschreitungen werden zur Norm.

Die Praxis der Konfrontativen Methode orientiert sich an der Sozialen Gruppenarbeit mit Mehrfachstraftätern in Form eines Anti-Aggressivitäts- bzw. Coolness-Trainings: Diese gehören zu einer spezialisierten Form der Sozialen Gruppenarbeit, die eine spezifische Zusatzausbildung benötigt und nur bei Jugendlichen mit einem fest verankerten Gewaltproblem angewendet wird. Allerdings können konfrontative Gespräche auch abseits dieses Settings durchgeführt werden. Wie sieht so eine konfrontative Arbeit mit Jugendlichen, jenseits von Gruppen- und Straffälligensettings, also im ganz normalen pädagogischen Alltag aus? Denn auch in Schulen und anderen Bildungs- und Sozialeinrichtungen müssen die Fachkräfte Grenzen setzten, Normen aushandeln und Alltagsstrukturen verbindlicher machen. Hier hilft die Konfrontative Pädagogik.

Konfrontation im pädagogischen Alltag
Im Folgenden stelle ich die Konfrontative Methode im pädagogischen Alltag mit Jugendlichen oder jungen Erwachsenen vor. Diese ist als Erweiterung der Methodenkompetenz zu betrachten, wie mit auffälligen, aber noch nicht gewalttätigen Jungen gearbeitet werden kann. Dabei ist zu beachten, dass es auch viele Jungen gibt, die zu sensibel und für die vorgestellte Methode daher nicht geeignet sind. Jedoch bei Jugendlichen, bei denen der verständnisvolle Ansatz nicht greift, kann sie durchaus helfen, um den pädagogischen Alltag positiver zu gestalten.

Die zentrale Methode der herkömmlichen Konfrontativen Pädagogik ist der sogenannte »heiße Stuhl« (siehe Infobox). Für den »heißen Stuhl« ist nicht nur eine spezielle Ausbildung zum Anti-Gewalt-Trainer notwendig, sondern er erfordert auch eine Gruppensituation und mindestens zwei pädagogische Fachkräfte. Im pädagogischen Alltag ist es praktisch unmöglich, diese Methode schnell und effizient mit einzelnen Jugendlichen durchzuführen. Der heiße Stuhl ist nicht nur komplex und im Alltag selten anwendbar, sondern auch unter Experten umstritten. Deshalb, das haben mir auch meine praktischen Erfahrungen als Sozialarbeiter gezeigt, ist es wichtig, die Konfrontation nicht nur mithilfe des »heißen Stuhls« in einer Gruppe, sondern auch in unterschiedlichen pädagogischen und erzieherischen Arbeitsfeldern, wie z. B. in der Schule, in Heimeinrichtungen oder in Jugendzentren, mit einzelnen Jugendlichen zu suchen. Konfrontation kann sogar zwischen Tür und Angel eingesetzt werden, ohne dass dafür eine umfangreiche Ausbildung zum Anti-Aggressivitäts-Trainer absolviert werden muss. Um vom »heißen Stuhl« wegzukommen und den Ansatz zu präzisieren, werde ich im Folgenden die »Konfrontative Methode« durch das »Konfrontative Gespräch« ersetzen.

INFOBOX

Der heiße Stuhl
Für den »heißen Stuhl« bildet man eine Gruppe, die aus pädagogischen Fachkräften, Tutoren, z. B. Ex-Gewalttätern, und Jugendlichen besteht. Es werden enge räumliche Gegebenheiten geschaffen, in denen der betroffene Jugendliche – in der Regel wird ein kleiner Kreis gebildet, und der Kandidat sitzt in der Mitte – physische und psychische Nähe spürt. Ziel ist es, den in der Mitte sitzenden Jugendlichen mit seinem Fehlverhalten zu konfrontieren und ihn mit gezielten, teilweise kontroversen Aussagen zu provozieren. Beim heißen Stuhl sollen die Täter in die Rolle des Opfers versetzt werden, damit sie mehr Empathie und Mitgefühl für das Opfer entwickeln. Bei der praktischen Durchführung des heißen Stuhls gibt es zwei Regeln: 1. Der auf dem heißen Stuhl sitzende Teilnehmer darf sich nur mit verbalen Mitteln zur Wehr

setzen, sowie 2. darf er jederzeit die Sitzung abbrechen, muss aber mindestens einmal im Laufe des Trainings diese Sitzung abschließen. Eine Videoaufzeichnung, um die Sitzung später besser auswerten zu können, ist ratsam, aber nicht zwingend notwendig. Der heiße Stuhl darf nur im Rahmen eines Trainings mit festen Gruppenteilnehmern und speziell ausgebildeten Trainern angewendet werden.

Der heiße Stuhl wirkt zwar teilweise sehr unorthodox, ist aber in der Straffälligenhilfe eine anerkannte pädagogische Maßnahme, die aus sechs aufeinander aufgebauten Schritten besteht. Das heißt, hinter der für Außenstehende chaotisch und unorganisiert wirkenden Ausführung des heißen Stuhls steckt eine akribische Vor- und Nachbereitung.

Die sechs Schritte des heißen Stuhls

1. Eins-zu-eins-Interview mit einem Trainer: Konfrontatives und provokatives Gespräch im Beisein der Gruppe, um den Jugendlichen bereits im Vorfeld des heißen Stuhls mit Fragen auf die Sitzung einzustimmen. Er soll jetzt schon spüren, was ungefähr beim heißen Stuhl auf ihn zukommt. Es empfiehlt sich, während des Gesprächs den Raum mit einer Trennwand zu teilen. Die restlichen Gruppenangehörigen dürfen keinen Augenkontakt zum Interviewpaar aufbauen. Es soll damit verhindert werden, dass der interviewte Jugendliche die Konzentration im Gespräch mit dem Trainer verliert.

2. Strategiebesprechung: In Abwesenheit des Betroffenen bespricht die Gruppe eine Strategie, wie der heiße

Stuhl abzulaufen hat. Im Mittelpunkt soll das Fehlverhalten des Jugendlichen stehen. Es soll beispielsweise konkret und mit Nachdruck gefragt werden, wie die Tat zustande kam. Interessant ist dabei, ob er sich zu rechtfertigen versucht. An diesem Punkt werden auch andere Themen an einzelne Jugendliche verteilt, die bei der Sitzung angesprochen werden sollen. Denn die größte »Niederlage« für die Gruppe wäre es, wenn sie keine Argumente hat und während des heißen Stuhls große Pausen entstehen.

3. Durchführung des heißen Stuhls: In einem Kreis wird der Betroffene gezielt konfrontiert, wie es in der Strategiebesprechung vereinbart wurde.

4. Auswertung: Bei der gemeinsamen Auswertung mit allen Beteiligten, auch mit denen, die beim heißen Stuhl nicht aktiv mitgemacht haben, muss die folgende Reihenfolge eingehalten werden:

I) Der auf dem heißen Stuhl sitzende Jugendliche setzt sich in den Kreis und gibt dem Teilnehmer ein Plus, der ihn am intensivsten getroffen bzw. zum Nachdenken gebracht hat, und dem Teilnehmer ein Minus, der bei ihm nichts bewirkt hat. Das wird zunächst unkommentiert im Raum stehen gelassen.

II) In einem zweiten Schritt sollen alle im Kreis sitzenden Teilnehmer, die konfrontiert haben, ihre subjektive Wahrnehmung darüber wiedergeben, ob sie bei dem Jugendlichen etwas bewirkt haben bzw. ihn innerlich »zum Kochen gebracht« haben; eine kurze Begründung ist vonnöten. Der betroffene Jugendliche darf zunächst zu den einzelnen Meinungen keine Stellung beziehen.

III) Danach sollen die Gruppenmitglieder, die beim heißen Stuhl nicht aktiv mitgemacht haben und von außen (ohne Augenkontakt) die Sitzung verfolgt haben, ihre persönliche und subjektive Wahrnehmung darlegen und kurz begründen.

IV) Im vierten und letzten Schritt soll der Kandidat zu all den ausgeführten Meinungen und Wahrnehmungen Stellung beziehen und schließlich erläutern, wie es ihm auf dem heißen Stuhl ging. Wurde die Sitzung aufgezeichnet, ist es zu empfehlen, einige kurze und prägnante Ausschnitte mit dem Teilnehmer auszuwerten.

5. Einzelgespräch: Nachdem die Kursteilnehmer den Raum verlassen haben, führt ein Kursleiter ein Einzelgespräch mit dem Betroffenen. Hier sollen unter Umständen Dinge thematisiert werden, die bei der gemeinsamen Auswertung nicht zur Sprache kamen bzw. im Beisein der Gruppe nicht angesprochen werden konnten. Der andere Kursleiter betreut die übrigen Jugendlichen in der Pause.

6. Die warme Dusche: Nach dem Einzelgespräch mit dem Trainer kommen die anderen Kursteilnehmer wieder in den Raum, und der Kandidat setzt sich auf einen normalen Stuhl, auf dem er in die Gruppe integriert ist; es existiert kein Machtkampf mehr. Alle anderen heben nun ausschließlich seine positiven Seiten hervor, wie zum Beispiel: »Ich finde an dir gut/schön/positiv/etc., dass …« Wichtig ist bei diesem Schritt, mit »Ich-Botschaften« zu kommunizieren.

Was heißt Konfrontatives Gespräch im pädagogischen Alltag?
Konfrontatives Gespräch heißt, dass eine pädagogische Fachkraft (Pädagogin, Lehrkraft, Erzieher etc.) den jeweiligen Jugendlichen damit konfrontiert, warum er sich nicht an die Regeln gehalten hat. Die Hintergründe, die für das abweichende Verhalten relevant sind, versteht der Pädagoge zwar, akzeptiert sie aber nicht als Begründung. Die pädagogische Fachkraft bezieht sich im Gespräch nur auf die mit dem Jugendlichen getroffenen Vorvereinbarungen und Regeln (Schul- oder Einrichtungsregeln) und konfrontiert ihn dabei permanent mit deren Nichteinhaltung.

In jeder Jugendeinrichtung und in jeder Schule gibt es klare Regeln. Allerdings gehen in der Praxis häufig verschiedene Personen derselben Institution unterschiedlich mit diesen Regeln um. Wer kennt das nicht aus dem beruflichen pädagogischen Alltag: Die eine Kollegin reagiert auf den Regelverstoß eines Jugendlichen, ein anderer Kollege schaut im gleichen Fall einfach weg, weil er nicht weiß, wie er darauf reagieren soll. Und wieder ein anderer reagiert nicht, weil es sich seiner Ansicht nach um eine Lappalie handelt. Eine die ganze Institution umfassende klare Linie bei der Ahndung von Regelverstößen zu beweisen, ist ein beinahe unmögliches Unterfangen. Für sich selbst diese klare Linie zu finden, ist schon schwierig genug. Bei Fortbildungen zum Thema werde ich immer wieder gefragt: »Wann muss ich denn Grenzen ziehen, und wann muss ich nicht unbedingt eingreifen?« Konfrontativ arbeitende Pädagoginnen und Pädagogen orientieren sich hier am besten an dem Erziehungswissenschaftler Andreas Flitner, der pädagogische Grenzziehung oder ein pädagogisches Eingreifen in folgenden Fällen für zwingend erforderlich hält:

1. Grenzen sind dort zu ziehen, wo dem Kind eindeutig Gefahren drohen.

2. Grenzziehung ist dort nötig, wo Menschen verletzt, gemobbt oder gekränkt würden: sowohl körperlich als auch seelisch.

3. Geschützt werden müssen Grenzen, die durch unser gemeinschaftliches Leben und die gemeinsamen Sitten bestimmt sind.

Bei Rangeleien greifen viele Fachkräfte häufig nicht ein, da diese oft harmlos wirken: »Man will doch kein Spielverderber sein, und ›Ringkämpfchen‹ gehören doch bei Jungs dazu.« Dabei wird übersehen, dass aus Spiel auch Ernst werden kann und dass nicht immer erkennbar ist, ob es wirklich nur Spaß ist. Daher sollten »Spaßkämpfchen« nur in spielerischem Rahmen, zum Beispiel im Sportunterricht, unter Anleitung und kontrolliert zugelassen werden. Wenn dies die festgelegte Regel einer Schule oder eines Jugendhauses ist, hat man als Fachkraft klarere Strukturen für sich und die Kinder. Das spart viele Diskussionen.

Worauf soll man beim Konfrontativen Gespräch achten?
Das Konfrontative Gespräch sollte begleitet sein von positiven Botschaften, wie zum Beispiel die Stärken des Jugendlichen hervorzuheben, zu loben und empathisch auf seine persönlichen und sozialen Rahmenbedingungen einzugehen. Auch wenn das einen großen pädagogischen Spagat darstellt, müssen diese Botschaften allerdings aus dem konfrontativen Setting herausgehalten werden.

Nur Konfrontation allein reicht meist nicht aus, denn hinter auffälligem Verhalten stecken meist tiefgreifende Probleme der Jugendlichen, bei denen sie Unterstützung benötigen. Es ist also wichtig, die Jugendlichen einerseits zu konfrontieren, sie andererseits aber auch ernst zu nehmen und zu versuchen zu helfen. So können sie auch die Konfrontation von uns annehmen. Das bedeutet ganz praktisch: Wenn wir beispielsweise in einem Gespräch erfahren, dass der Vater eines Jugendlichen Alkoholiker ist und öfter zuschlägt, bieten wir Hilfe an. Wir werden aber diesen Hintergrund nicht als Entschuldigung für die Gewalttätigkeit des oder die erfolgte Grenzverletzung durch den Jugendlichen dulden. Wenn er gerade selbst zugeschlagen oder eine Grenze verletzt hat, zählt zunächst nur diese Situation und seine eigene Verantwortung dafür. Folgende Prinzipien sind bei dieser Methode zu beachten:

- Oberstes Prinzip ist die Akzeptanz der Person bei klarer Verurteilung des Fehlverhaltens. Dies muss eine Grundeinstellung von jedem Pädagogen und jeder Pädagogin sein, und er oder sie muss dies auch glaubhaft vermitteln können.
- Vor jeder Konfrontation steht der Beziehungsaufbau zwischen den Jugendlichen und pädagogischen Fachkräften. Nur eine gefestigte Beziehung verträgt Konfrontation.
- Es gilt das Prinzip: Schon bei Kleinigkeiten reagieren, um Größeres zu verhindern.
- Festgelegte Regeln müssen transparent sein. Es darf keine Willkür herrschen. Regeln gelten nicht nur heute, sondern auch morgen. Alle müssen sich an die Regeln halten, die bekannt sind und besprochen wurden, damit die Akzeptanz erhalten bleibt.
- Das Bewusstmachen der eigenen Vorbildfunktion ist eine wichtige Voraussetzung für erfolgreiches Arbeiten. Als pädagogische Fachkraft ist man nur glaubwürdig, wenn man vorlebt, was man einfordert (also selbst pünktlich sein, Handy in der Schule ausschalten, Umgangsformen selbst einhalten usw.).
- Es wird mit ritualisierter Grenzziehung gearbeitet, also auch nicht lockergelassen, wenn die gleiche Grenzüberschreitung

öfter passiert. Das erwünschte Verhalten muss immer wieder eingefordert werden.
- Angekündigte Konsequenzen müssen unbedingt und zeitnah erfolgen, da sonst die eigene Glaubwürdigkeit infrage gestellt ist.
- Rechtfertigungsstrategien der Jugendlichen werden nicht zugelassen. Der Konfrontierer lässt sich nicht auf Diskussionen ein, auch wenn der »Schuldige« es mit Rausreden versucht wie: »Ich habe ja nur getreten, weil der X zu mir ›schwule Sau‹ gesagt hat.«
- Konfrontatives Arbeiten beinhaltet die Stärkung des Selbstwertgefühls des Jugendlichen und die Vermittlung von sozialer Kompetenz, denn genau hier sind bei den meisten »Auffälligen« Defizite vorhanden.

Warum nehmen muslimische Jungen Konfrontation gut an, und welche Kriterien müssen vorliegen?
Bei problembelasteten muslimischen Jungen scheint die Konfliktlösungsstrategie »Interessen entscheiden« – ein partizipativer Ansatz, bei dem eine gemeinsame Lösung gesucht wird und die Interessen aller Beteiligten berücksichtigt werden – nicht immer der geeignete Weg zu sein. Schwierige Jugendliche deuten Diskussionen und versuchte Konsensfindung als Zeichen von Schwäche der Pädagoginnen und Pädagogen. Diese scheinen nicht in der Lage zu sein, Entscheidungen zu treffen.

Vor allem problematische Jungen nehmen die Konfrontation gut an, weil sie darin das traditionelle männlich konnotierte Konzept von Unnachgiebigkeit und Stärke wiedererkennen. Ein Detail ist hier allerdings ebenso wie bei anderen Zielgruppen entscheidend: Die Fachkräfte müssen sehr genau kommunizieren, dass sie nicht den Jugendlichen ablehnen, sondern sein Verhalten. Anders ausgedrückt: Nur wenn die Fachkräfte die

Tat von der Person trennen, werden sie erfolgreich sein, denn häufig verbuchen Jugendliche mit Migrationshintergrund ihnen gegenüber geäußerte Kritik unter Ausländerfeindlichkeit. Fachkräfte, die den Jugendlichen wertschätzen, aber das Verhalten kritisieren, können gute Erfahrung mit dem konfrontativen Ansatz machen.

Dieser Erziehungsstil ist jedoch nicht für alle Kinder und Jugendlichen geeignet. Sie müssen persönlich und intellektuell in der Lage sein, die Konfrontation anzunehmen. Bei ruhigen und zurückhaltenden Kindern und Jugendlichen sollte man eher darauf verzichten. Wichtig ist, dass das Konfrontative Gespräch erst dann eingesetzt wird, wenn der Jugendliche eine Konfrontation – latent oder bewusst – provoziert und zwischen ihm und der Fachkraft eine Beziehungsebene besteht. Denn ohne Beziehung verpufft die Konfrontation, da der Jugendliche das Verhalten des Pädagogen als falsch oder als zu willkürlich interpretieren kann und sich dem dann entweder entzieht oder der Fachkraft unsachliches Vorgehen vorwirft.

Für das Konfrontative Gespräch können Fachkräfte die folgende Liste als roten Faden nutzen:

- Unabhängig davon, um welches konkrete Problem es geht, sollte der Jugendliche zunächst dazu befragt werden, warum er die Regeln nicht eingehalten oder aber die Aufgaben nicht erledigt hat. »Wichtige« Nebenfaktoren, die von dem Jugendlichen als Erklärung angeführt werden, dürfen nicht akzeptiert werden. Die Nichteinhaltung der Regel zieht sich als roter Faden durch das Gespräch.
- Unabhängig davon, welche Gründe angebracht werden, dürfen die Pädagogen in der Sache nicht nachgeben. Auffällige Jungen legen Nachgiebigkeit häufig als Schwäche aus.

Sie wissen sehr wohl, wie die Pädagogen funktionieren. Gerade der verständnisvolle Ansatz wird von vielen auffälligen Jugendlichen missbraucht und gegen die Fachkräfte verwendet. Eine gängige Devise der Jugendlichen lautet:»Ich erzähle von meiner schlechten und traurigen Kindheit – und schon habe ich meine Ruhe.«

- Aussagen der Kinder und Jugendlichen sollten von den Fachkräften als Memo aufgeschrieben werden. Diese Aussagen können dann bei Bedarf von Pädagogen eingesetzt werden, um den Kindern und Jugendlichen ihre Widersprüche aufzuzeigen. In diesem Fall sollen sie nicht der Lüge bezichtigt werden, sondern ihre Aussagen sollen mit gezielten provokativen und konfrontativen Fragen abgeschwächt bzw. außer Kraft gesetzt werden.
- Auffällige Jugendliche versuchen permanent, die Verantwortung für ihr Verhalten auf andere abzuwälzen. Entweder sind andere Jugendliche daran schuld oder die kranke Mutter etc. Hier müssen Pädagogen beharrlich bleiben, bis der Jugendliche zumindest seine Teilverantwortung übernimmt und keine Ausflüchte mehr sucht.
- Wenn der Jugendliche nicht zum Punkt kommt oder bewusst vom Problem ablenkt, dann sollte man ihn unterbrechen und erneut konfrontieren. Das permanente Unterbrechen und ihn immer wieder auf den Punkt Bringen zeigt, dass man in erster Linie an den Fakten interessiert ist und den Rest für sekundär hält. Der Jugendliche verliert dann auf Dauer die Lust, sein Verhalten schönzureden oder zu rechtfertigen.

Immer wieder verlangen Pädagogen Einsicht, wenn ein Konflikt gelöst werden soll. Das auffällige Kind oder der Jugendliche soll Reue zeigen und sich gegebenenfalls entschuldigen. Die Kinder und Jugendlichen sollen erkennen, dass ihr Verhalten falsch war. Dies kann aber nicht durch eine simple Forderung der pädagogischen Fachkräfte erreicht werden. Jugendliche sind nämlich schnell bereit, Bedauern zu äußern, um der unangenehmen Situation zu entkommen und den Pädagogen los zu sein. Pädagoginnen und Pädagogen sollten bei Jugendlichen, die kein Mitgefühl zeigen, stattdessen in anderen Zusammenhängen versuchen, das Gefühl der Empathie zu fördern. Dies kann beispielsweise dann der Fall sein, wenn sich ein Kind beim Spielen verletzt oder ein Kind einen Unfall hat und die Lehrkräfte in einem angemessenen Kontext diese Situation mit den Kindern besprechen. Empathie ist nicht angeboren, sie wird bei einer positiven Sozialisation erworben.

Integration durch Bildung(-saufstieg)

Auch wenn das Erlangen eines qualifizierenden Abschlusses bei türkeistämmigen Eltern ganz oben auf der Wunschliste steht, ist der Anteil der türkeistämmigen Jugendlichen an den Gymnasien und Realschulen sehr gering. Der Anteil der Schüler mit türkischen Wurzeln an den Haupt- und Sonderschulen ist wiederum überproportional hoch. Unabhängig von der Nationalität zeigt die PISA-Studie aus dem Jahr 2015, dass der Erfolg in der Schule immer noch in vielfältiger Weise von der sozialen Herkunft der Schüler abhängig ist. Es konnte eine klare Chancenrangfolge nach dem beruflichen Status der Eltern abgeleitet werden: Beamte, Angestellte, Selbstständige (ohne Beschäftigte) und schließlich Arbeiter. Dieser Trend hält seit Jahrzehnten beständig an, obwohl Kinder und Jugendliche aus sozioökonomisch benachteiligten Familien inzwischen öfter das Abitur erwerben und ein Studium aufnehmen. Zwar entscheidet in der Theorie der Notendurchschnitt, welche weiterführende Schule ein Kind besucht, es ist aber auch zu beobachten, dass Kinder aus Arbeiterfamilien selbst bei gleicher schulischer Leistung seltener eine Gymnasialempfehlung erhalten.

In der Öffentlichkeit verwenden wir immer wieder unreflektiert den Begriff »bildungsfern«, vor allen bei Migrantinnen und Migranten. Dabei ist der Wunsch nach höheren Bildungsabschlüssen, wie schon mehrfach erwähnt, beispielsweise bei türkeistämmigen Eltern sehr hoch. Die Diskrepanz zwischen diesem Wunsch und der Realität der PISA-Studien kann auch mit einer strukturellen Bildungsbenachteiligung erklärt werden. Damit ist die Tatsache gemeint, dass Schüler mit Migrationshintergrund beispielsweise in der Übergangsphase von der Grundschule auf weiterführende Schulen im Vergleich zu Schülern ohne Migrationshintergrund bei gleichem Notendurchschnitt seltener eine Empfehlung fürs Gymnasium erhalten. Wie kann aber trotz der nicht immer optimalen Rahmenbedingungen ein Bildungsaufstieg gelingen? Schließlich ist Bildung ein Motor für gelungene Integration. Das möchte ich exemplarisch an unserer Familie darstellen.

Wir sind insgesamt sechs Kinder, von denen lediglich eines in Deutschland geboren wurde. Alle anderen – auch ich – wuchsen in der Türkei und Deutschland auf. Die fünf in der Türkei geborenen Kinder besuchten eine Hauptschule, das in Deutschland geborene jüngste Kind hat die Realschule und anschließend die Oberstufe am Gymnasium absolviert. Wir wohnten in einer Gegend in Köln, die damals als Stadtteil mit hohem Ausländeranteil – heute nennt man so etwas sozialer Brennpunkt – bekannt war. Meine Eltern arbeiteten im Schichtdienst, der Vater bei den Ford-Werken, die Mutter in einer Druckerei: Zeit für die Kinder gab es wenig. Aufgrund ihrer kaum vorhandenen Vorbildung und fehlender Deutschkenntnisse konnten sich meine

Eltern nicht um unsere schulischen Belange kümmern. Was die Schule anging, waren wir mehr oder weniger auf uns allein gestellt. Wir hatten zwar nicht viel Geld, aber weil beide Eltern erwerbstätig waren, waren wir nie arm. Obwohl die sozialen Rahmenbedingungen nicht optimal waren und keine Bildungstradition in unserer Familie bestand, haben vier der sechs Kinder studiert, zwei von ihnen haben sogar den Beruf des Hochschullehrers ergriffen. Warum hat der Bildungsaufstieg in unserer Familie funktioniert? Dafür mache ich vier Kriterien aus: Abschied von tradierten Werten, völlige Gewaltfreiheit, Investition in die Bildung der Kinder und Vertrauen in die Entscheidungen der Kinder.

Warum es in unserer Familie gut lief
Abschied von tradierten Werten. Meine Eltern sind in einem anatolischen Dorf groß geworden. Das Leben auf dem Land war sehr traditionell. Die soziale Kontrolle war enorm. Wenn man sich im Dorf frei bewegte oder jemanden traf, wurde das schnell registriert und gegebenenfalls sanktioniert. Die Geschlechterrollen waren ebenfalls sehr traditionell. Die Frauen waren für Kindererziehung und Haushalt zuständig und die Männer für die finanzielle Absicherung der Familie. Während die Männer und Jungen sich auf dem Dorfplatz trafen und sich unterhielten, besuchten sich die Frauen und Mädchen in den Häusern. Im Dorf trug meine Mutter ein Kopftuch, aus Gewohnheit und locker gebunden, nicht aus religiösem Grund – alevitische Frauen tragen nämlich traditionell kein Kopftuch. Aber weil alle Frauen auf dem Land das machten, machte sie es auch. Als meine Eltern nach Deutschland kamen, streiften sie diese Werte und Normen zunächst nicht ab.

Meine zwei ältesten Schwestern kamen Anfang der 1970er-Jahre in der Pubertät nach Köln. Einige Wochen nach ihrer

Ankunft irritierte ein Brief der Schulbehörde meine Eltern. Die beiden Mädchen sollten zur Schule gehen. Weil damals in der Türkei die Schulpflicht nur fünf Jahre galt, verstanden sie nicht, warum 14- und 15-jährige Jugendliche zur Schule mussten, dazu noch Mädchen. Die beiden Mädchen kamen schließlich auf eine Hauptschule.

Der Schulbesuch der Töchter war ihnen eher suspekt, denn während der Schulzeit waren die Mädchen selbstständig und autonom. Das gefiel meinen Eltern nicht. Sie wollten gerne wissen, was die Mädchen den ganzen Tag machten. Die soziale Kontrolle vom Dorf fehlte ihnen. Dank des Schulbesuchs lernten meine Schwestern aber schnell Deutsch und konnten so nach ihrem Abschluss zunächst ohne Vorkenntnisse in Krankenhäusern und Altersheimen arbeiten. Beide heirateten mit achtzehn. Meine Eltern waren über diese frühen Eheschließungen froh, weil die Verantwortung dadurch an die Ehemänner überging. Später ließen sich beide zu Altenpflegerinnen ausbilden und arbeiten immer noch in diesem Bereich.

Durch Erzählungen meiner Schwestern weiß ich, dass meine Eltern in den 70ern immer noch streng traditionell dachten. Meine Mutter streifte zwar in Deutschland das Kopftuch ab, aber ihre verankerten Einstellungen zu Familie, Erziehung und Geschlechterrollen blieben. Eine Änderung in der Einstellung unserer Eltern bezüglich Geschlechterrollen und Familienleben bahnte sich an, nachdem mein Bruder und ich nach Deutschland gekommen waren. Jetzt war die komplette Familie da. Jetzt stand fest, dass sie nicht mehr in die Türkei zurückgehen würden. Das war vermutlich der Grund, warum meine Eltern anfingen, sich in Deutschland anzupassen und sich von traditionellen Vorstellungen langsam, aber sicher zu verabschieden. Die zwei älteren Schwestern lebten zwar nicht mehr bei uns, aber mit drei Jungs und einem Mädchen hatten meine Eltern trotzdem alle Hände voll zu tun. Als ich 1980 nach Deutschland kam, ging meine jüngste ältere Schwester selbstverständlich und selbstständig zur Schule. Wenn Klassenfahrten anstanden, durfte sie daran teilnehmen, Schulschwimmen war für meine Eltern kein Problem. Für meine beiden älteren Schwestern wären diese Dinge zehn Jahre zuvor undenkbar gewesen. Anscheinend hatten sich meine Eltern in Deutschland angepasst.

Das gesamte soziale Umfeld meiner Eltern war überrascht, als meine Schwester zum Erwerben des Abiturs ohne Eltern nach Ankara ging. Öffentliche Kritik hörte man zwar nicht, aber die Empörung war trotzdem groß. Meine Eltern begründeten die Entscheidung damit, dass sie unbedingt studieren wolle und dass es hier anscheinend nicht geht. »Das Studium ist nun mal wichtiger als irgendwelche dörflichen Denkweisen, davon müssen wir uns endlich verabschieden«, hat mein Vater einer befreundeten Familie gesagt und die Rückkehr meiner Schwester in die Türkei so begründet. Wie extrem meine Eltern sich gewandelt haben, wurde mir Anfang der 2000er-Jahre bewusst. Meine zweitälteste Schwester hat drei Töchter. Sie ist zwar progressiv, war aber trotzdem etwas besorgt, was das nächtliche Ausgehen der Töchter anging. Mein Vater hat ihr dann geraten, die Töchter, also seine Enkelinnen, nicht unter Druck zu setzen. Es sei nun mal im modernen Deutschland üblich, dass die Mädels einen Freund hätten oder abends länger ausgingen.

Wie gingen meine Eltern mit den drei Jungs um? Wir mussten im Haushalt aushelfen, einkaufen gehen und kochen lernen. Ich hatte nie das Gefühl, dass meine Eltern mich anders behandelten als meine Schwester. Im Gegenteil. Oft fand ich, dass meine Eltern strenger zu mir waren. Vielleicht auch deshalb, weil ich damals in der Hauptschule kein guter Schüler war. Wenn es in der Schule nicht rundlief, bekam ich etwas zu hören. Und weil meine Schwester immer gute Noten nach Hause brachte und eben auch keine Disziplinarprobleme hatte, war sie bei meinen Eltern sehr beliebt. Natürlich wurden wir Jungen auch niemals angehalten, unsere Schwester zu kontrollieren oder ihre Ehre zu schützen. Meine Schwester war selbstbewusst genug, ihre Ehre selbst zu schützen. Eher war es so, dass sie mit anderen Jungs stritt, wenn diese mir, dem kleinen Bruder, Probleme machten. Wenn etwas nicht erlaubt war, galt das für alle vier Kinder. Und wenn meine Mutter im Haushalt Unterstützung gebraucht hat, halfen alle mit, nicht nur meine Schwester. Meine Mutter wollte das auch so. Religion spielte bei uns nie eine Rolle. Wir sollten einfach unseren Verpflichtungen zu Hause nachkommen und uns in der Schule anstrengen. Dann waren meine Eltern zufrieden. Die Haltung meiner Eltern hat sogar mit dazu beigetragen, dass andere Familien und Verwandte in unserem Umfeld sich unserer Familie Stück für Stück angepasst haben.

Völlige Gewaltfreiheit: Ratgeber über Erziehung füllen in Deutschland ganze Bibliotheken. Meine Eltern haben aber sicher keinen Ratgeber gelesen, sie haben sich vermutlich auch keine Gedanken gemacht, welcher Erziehungsstil angemessen ist. Ich weiß nicht mal, ob sie wissen, dass es unterschiedliche Erziehungsmethoden gibt. Aber zwei zentrale Elemente ziehen sich wie ein roter Faden durch ihr erzieherisches Handeln: die oben beschriebene Gleichbehandlung der Kinder, ohne Rücksicht auf das Geschlecht, und die völlige Gewaltfreiheit in der Paarbeziehung und Erziehung der Kinder.

In bestimmten Dingen waren meine Eltern sehr streng. Wenn wir Kinder gelogen haben oder mit anderen Kindern Streit hatten, gab es Ärger. Außerdem waren sie sehr streng, wenn es um Schulangelegenheiten ging. Immer wurden wir unmittelbar zurechtgewiesen, und gegebenenfalls gab es Sanktionen (Kürzung von Taschengeld etc.). Manchmal wurde der Ton auch lauter. Aber ich habe nie mitbekommen, dass meine Eltern eines von uns Kindern geschlagen hätten. Noch nicht mal Hausarrest haben wir bekommen. Meine Mutter war eine sehr sanfte und sensible Persönlichkeit und hat nie Gewalt angewendet. Aber wenn es um die Schulangelegenheiten ging oder wenn sie von meiner Lehrerin zum Gespräch eingeladen wurde, um über mein Verhalten zu reden, wurde sie für ihre Verhältnisse sehr laut und böse. Sie wollte unbedingt, dass wir uns in der Schule anpassen und gut vorankommen.

Wir Kinder haben auch nie beobachtet, dass mein Vater meine Mutter schlug oder umgekehrt.

Mein Bruder und ich besuchten einige Jahre eine Hauptschule in Köln. Streit und Gewalt unter Jugendlichen prägten den Schulalltag. Wir waren nie in solche Auseinandersetzungen verwickelt. Meine Eltern hatten uns immer wieder eingeimpft, uns davon fernzuhalten. Sie waren sogar dagegen, dass wir zwischen den Jugendlichen vermittelt haben. Die Devise meiner Eltern war: von Konfliktfeldern fernbleiben, auch als Vermittler. Vermutlich ist die Einstellung meiner Eltern zu Gewalt der Grund dafür, dass alle drei Jungen in der Familie den Militärdienst verweigert haben und Gewalt in jeglicher Form ablehnen.

Investition in die Bildung der Kinder: Bildung, konkreter das Studium, hatte bei meinen Eltern oberste Priorität. Meine Mutter hat ihr Leben lang darunter gelitten, dass sie nicht lesen und schreiben konnte. Umso mehr wollte sie, dass ihre Kinder in der Schule erfolgreich sind und später studieren. Dass fast alle Kinder für ein Studium auf der falschen Schule – nämlich der Hauptschule – waren, ahnten meine Eltern nicht. Sie kannten sich mit den unterschiedlichen Schulformen nicht aus. Meine Eltern dachten immer, dass wir die Schule zu Ende bringen und danach studieren könnten. Als mein Bruder mit meinen Eltern 1983 aushandelte, für Studienzwecke wieder in die Türkei zu gehen, bestanden sie auf einem Studium in Deutschland. Er musste ihnen also zunächst erklären, dass er mit dem Hauptschulabschluss nicht studieren konnte. Sie haben dann meinem Bruder, später meiner Schwester und danach mir den Weg geöffnet, in der Türkei das Abitur zu erwerben. Während unsere türkeistämmigen Nachbarn und Verwandten fleißig damit beschäftigt waren, die nötigen Ersparnisse für ein Haus in der Türkei anzuhäufen, haben meine Eltern das Geld in unseren Türkeiaufenthalt und unser Studium investiert.

Es war ihnen wichtig, dass wir in der Türkei gut zurechtkamen. Sie haben uns also eine Wohnung gekauft, sie angemessen ausgestattet und uns später sogar ein Auto besorgt, damit wir mobil waren. Selbst ein Satellitenfernseher – für Mitte der 1980er-Jahre eine Luxusinvestition – stand uns zur Verfügung, damit wir über das deutsche Fernsehen ein wenig unser Heimweh lindern konnten und die deutsche Sprache nicht verlernten.

Mein in Deutschland geborener Bruder sollte dann gar nicht erst auf eine Hauptschule kommen. Ich kann mich sehr gut daran erinnern, wie meine Mutter in meiner Anwesenheit mit ihrem gebrochenen Deutsch der Klassenlehrerin meines Bruders in der Grundschule vehement und bestimmend sagte: »Nix Hauptschule, nix Hauptschule, andere Schule.« Er kam schließlich auf die Realschule, wechselte für die Oberstufe auf ein Gymnasium und schloss später an der Universität Köln das Studium der Betriebswirtschaftslehre erfolgreich ab.

Vertrauen in die Entscheidungen der Kinder: Man stelle sich vor, dass drei Teenagergeschwister zwischen 15 und 19 Jahren ohne ihre Eltern in ein anderes Land gehen und gemeinsam in einer WG wohnen, um dort die Schule zu besuchen und später zu studieren. Für Menschen, die selbst Kinder haben, eine grauenvolle Vorstellung. Es kann schließlich alles Mögliche passieren: Partys, Alkohol, Drogen. Allein schon die potenzielle emotionale Belastung, der das Kind ausgesetzt sein wird. Dass meine Eltern sich auf so eine Konstellation eingelassen haben, habe ich im Nachhinein wahlweise als naiv oder mutig bezeichnet. Im Erwachsenenalter haben wir drei uns oft gefragt, wie und warum unsere Eltern das gemacht haben. Irgendwann haben wir unsere Eltern gefragt. Sie sagten, dass es für sie nicht einfach war, diese Entscheidung zu treffen. Angst wegen Drogen, Gewalt oder Alkohol haben sie erstaunlicherweise nie gehabt. Da haben sie uns vertraut. Sie hatten eher Angst, dass bei uns eingebrochen werden könnte oder dass wir auf der Straße beraubt werden. Dass uns also Dinge zustießen, die wir nicht direkt beeinflussen konnten. Nachdem wir alle drei in der Türkei das Abitur erworben und ein Studium aufgenommen hatten, haben meine Eltern nie wieder eine Entscheidung von uns infrage gestellt. Wir hatten uns quasi bewährt und waren in der Lage, alle weiteren Entscheidungen ohne große Rücksprachen mit unseren Eltern zu treffen. Als meine Schwester beispielsweise ihren sicheren Beamtenstatus quittierte, um ihrem Traumberuf als Schriftstellerin und Journalistin nachzukommen, haben meine Eltern diese Entscheidung zwar nicht für gut befunden, aber sich auch nicht eingemischt.

Man könnte jetzt sagen: Was ist das Besondere daran? Schließlich treffen erwachsene Menschen ständig ihre eigenen Entscheidungen. Das ist wohl wahr, aber in sehr vielen türkischen, arabischen oder kurdischen Familien sind solche Entscheidungen keine individuellen Wünsche der Kinder, sondern kollektive Entscheidungen der Familien, auch im Erwachsenenalter. Solche Entscheidungen hätten meine Eltern, wären wir in der Türkei geblieben, nie akzeptiert. Sie haben sich aber von ihren traditionellen Vorstellungen befreit, und das kam uns Kindern zugute: nicht nur im Bereich des Bildungsaufstiegs, sondern in allen Bereichen des gesellschaftlichen Lebens in Deutschland. Dafür sollte man ihnen Respekt zollen!

Wie ist ansonsten die allgemeine Lage in Deutschland?

Allgemein ist die Integration in Deutschland besser als ihr Ruf. Es ist viel geschafft, aber einiges liegt im Argen. Probleme mit Migranten, wie es sie in Vororten von Paris, Brüssel oder London gibt, haben wir in Deutschland in dieser Intensität noch nicht. Die Lage ist nicht einmal im viel herbeizitierten Duisburg-Marxloh so dramatisch, wie es in den Medien hin und wieder vermittelt wird. In Deutschland haben wir keine geschlossenen Gesellschaften, keine No-go-Areas. Das heißt, auf kulturellen Spannungen basierende Konflikte oder gewaltvolle Eskalationen existieren in Deutschland nicht in intensiver und systematisierter Form.

Es ist aber auch nicht so, dass in Integrationsfragen, auch mit Hinblick auf muslimische Migranten, alles optimal läuft. Sie gehen immer noch öfter ohne einen Abschluss von der Schule, sie sind vergleichsweise häufiger von Armut oder Arbeitslosigkeit betroffen. Sie machen seltener Abitur, erlangen eher den Hauptschulabschluss, absolvieren seltener eine Berufsausbildung. In der Kriminalstatistik fallen sie öfter auf. In der Integration ist viel geschafft, aber vieles erfordert auch weiterhin Arbeit.

Selbst wenn die Integration erfolgreich verläuft, stehen wir als Gesellschaft häufig vor neuen Problemen. Der Sozialwissenschaftler Aladin El-Mafaalani vertritt in seinem viel beachteten Buch »Das Integrationsparadox« die These, dass gelungene Integration zu mehr Konflikten führe. Das begründet er damit, dass sich die zweite und dritte Generation der Migranten nicht mehr wie ihre Eltern oder Großeltern mit unqualifizierten Tätigkeiten abfindet, sondern »vom Kuchen« etwas abhaben will. Er illustriert das mit der Tatsache, dass die Mehrheitsgesellschaft kein Problem damit habe, wenn eine Frau in der Schule oder am Gericht ein Kopftuch trägt, während sie putzt. Problematisch wird es für die Öffentlichkeit dann, wenn die Frau mit dem Kopftuch als Lehrerin oder Staatsanwältin arbeiten möchte. Solche Konflikte entstehen El-Mafaalani zufolge, wenn Migranten aufsteigen oder sich integriert haben. Auch El-Mafaalani verheimlicht aber nicht, dass schon vorher, in Integrationsfragen, nicht alles optimal läuft.

Ich stimme seiner These voll und ganz zu. Die ablehnenden Tendenzen der Mehrheitsgesellschaft beobachte ich nicht nur im wissenschaftlichen Kontext, sondern auch im privaten Bereich: bei mir selbst und bei meinen Freunden und Verwandten. Hier nur ein kleines Beispiel: Ich war bei einer Hautarztpraxis und wollte einen Termin verabreden. Die Arzthelferin sagte mir, dass der nächstmögliche Termin erst in fünf Monaten sei. Weil mir das zu lang erschien, habe ich keinen Termin vereinbart und wollte die Praxis verlassen. Als ich nicht mehr in Sichtfeld der Arzthelferin war, weil ich in der Tasche mein Telefon suchte, hörte ich, wie eine andere Arzthelferin diejenige, mit der ich einen Termin verabreden wollte, fragte, ob ich privat versichert sei. Schließlich gäbe es für Privatpatienten schon nächste Woche freie Termine. Darauf antwortete sie: »Er ist doch Ausländer. Können sich Ausländer eine Privatversicherung überhaupt leisten?« Ich stand kurz davor, die Frau damit zu konfrontieren, entschied mich aber anders. Auch wenn ich tatsächlich privat versichert bin, hatte ich kein Interesse, in solch einer Praxis behandelt zu werden.

Aus meiner Sicht gibt es noch mindestens zwei weitere Ursachen, warum Konflikte zwischen muslimischen Migranten und Deutschen entstehen. Erstens entstehen auch Konflikte, weil die Integration bzw. die Teilhabe nicht immer und bei allen funktioniert. Einige Familien verbleiben selbst gewählt im gewohnten traditionell konservativen Umfeld, andere werden durch strukturelle Benachteiligung an einer Teilhabe an der Gesellschaft gehindert. Im schlimmsten Fall wenden sich Jugendlichen deshalb vollständig von der Mehrheitsgesellschaft ab, mit der Folge, dass sie sich beispielsweise religiös oder nationalistisch radikalisieren. Darauf reagiert die Mehrheitsgesellschaft dann mit zusätzlichem Unverständnis oder Ablehnung. Gegenseitige Vorwürfe, emotionale Ausbrüche und Rechthaberei auf beiden Seiten sind die Folgen.

Und zweitens entstehen Konflikte, wenn durch fehlende berufliche Qualifikationen oder Arbeitslosigkeit muslimische Migranten (auch Flüchtlinge) auf Transferleistungen des Staates angewiesen sind. Hier suggerieren bestimmte Gruppen, vor allem die Anhänger der AfD oder gesellschaftlich Abgehängte, dass Flüchtlinge oder andere Muslime nach Deutschland kämen, um sich auf Kosten des Staates ein entspanntes Leben zu machen.

Ich wünsche mir mehr Konflikte zwischen Migranten und Deutschen im Sinne von Aladin El-Mafaalanis Konzept. Denn Konflikte dieser Art bringen die Gesellschaft weiter, und die Integration schreitet voran.

So viel zur allgemeinen Lage. In Bezug auf die Jungen liegt gleichzeitig aber einiges im Argen, was ich etwas näher ausführen möchte. Denn auch in der dritten und vierten Generation zeigen muslimische Jungen beispielsweise in Fragen der Geschlechterrollen und der Gleichberechtigung unerwartet große Übereinstimmungen in konservativen Einstellungen und Handlungen, die nachdenklich stimmen müssen. Obwohl es sich um die in Deutschland sozialisierten Jungen und jungen Männern handelt, sind ihnen die hier vorherrschende Denkweise und das Wissen darum, wie man sich in Deutschland besser integrieren kann, nicht wirklich vertraut, oder sie lehnen diese ab. Ihr Bild über Deutschland bleibt verzerrt und hin und wieder bedrohlich, weil sie im Alltag unter sich bleiben. Durch die unreflektierte Übertragung traditioneller Werte und strenger Geschlechterrollen im Rahmen eines konservativen Erziehungsstils der Eltern sind viele junge muslimische Männer nicht ausreichend auf die Erfordernisse der globalisierten westlichen Industriegesellschaft vorbereitet. Ihnen fehlen zum großen Teil wichtige Schlüsselkompetenzen wie Flexibilität im Denken, eine gewisse Frustrationstoleranz, Teamfähigkeit, Selbstdisziplin, Selbstorganisation, Kritikfähigkeit, eigenständige Meinungsbildung, Kreativität und häufig auch eine hochwertige Schul- und Berufsausbildung. All diese Qualifikationen sind notwendig, um in modernen Gesellschaften Chancen auf bessere Teilhabe und Integration zu haben.

Meine jahrelangen Erfahrungen in der Praxis und Forschung machen deutlich, dass die jungen Männer die tradierten Werte, wie Ehre, Männlichkeit oder bedingungslose Verteidigung der Familien, aus den Herkunftsländern der Eltern oder Großeltern überbetonen, wenn sie in der Gesellschaft keine angemessene Anerkennung und Anschluss durch Integration finden. Die jungen Männer definieren sich dann über die traditionellen Werte, um mehr Anerkennung zu erfahren. Während selbstbewusste, offene und gut gebildete Jugendliche in der dritten oder vierten Generation sich von diesen elterlich vorgegebenen Normen befreien und sich beispielsweise über ihr Studium oder ihren Beruf definieren, klammern sich Jungen aus einem traditionellen Elternhaus, mit wenig Selbstwertgefühl oder Prestige, gerade an diese Werte und interpretieren diese oft strenger als ihre Eltern oder Großeltern.

Bis heute ist die deutsche Integrationspolitik nur unzureichend, auch wenn Deutsch- und Integrationskurse für Neuzuwanderer vorgesehen sind. Vor allem müssen wir die jungen Männer, die hier geboren sind, früh erreichen, damit sie die freiheitlichen und modernen Werte und Normen in Deutschland in Bezug auf Bildung, Einstellung zur Gewalt oder Geschlechterrollen, adaptieren und für sich nutzen. Wir müssen ihnen Perspektiven in dieser Gesellschaft eröffnen, damit ein Leben auf eine offene und auf Gleichberechtigung basierende Art attraktiver erscheint als der Rückzug in die eigenethnische Nische. Mit Ausgrenzung und Schuldzuweisung werden wir nicht erfolgreich sein.

Wenn wir die jungen muslimischen Männer in Deutschland nicht in die Gesellschaft integrieren können, werden wir am Ende doch solche Verhältnisse wie in Paris, London oder Brüssel mit ihren Parallelgesellschaften bekommen. Und meine eingangs optimistisch geäußerte Aussage »Die Integration in Deutschland ist besser als ihr Ruf« wäre damit hinfällig.

Quellenverzeichnis

Abou-Taam, Marwan (2012): Die Salafiyya-Bewegung in Deutschland. Bonn. Online verfügbar unter http://www.bpb.de

Badewia, Tarek (2002): Der dritte Stuhl. Eine Grounded Theory-Studie zum Umgang bildungserfolgreicher Immigrantenjugendlicher mit kultureller Differenz. Frankfurt a. M.

Baier, Dieter/Pfeiffer, Christian (2011): Jugendliche als Opfer und Täter von Gewalt. KFN Forschungsberichte Nr. 114. Hannover.

Beauftragte der Bundesregierung für Migration, Flüchtlinge und Integration (2016): 11. Bericht der Beauftragten der Bundesregierung für Migration, Flüchtlinge und Integration über die Lage der Ausländerinnen und Ausländer in Deutschland. Berlin.

Boos-Nünning, Ursula/Karakaşoğlu, Yasemin (2006): Viele Welten leben. Zur Lebenssituation von Mädchen und jungen Frauen mit Migrationshintergrund. Münster.

Bundeszentrale für gesundheitliche Aufklärung (2010): Sexualität und Migration: Milieuspezifische Zugangswege für Sexualaufklärung. Köln.

Bundeszentrale für politische Bildung (2014): Die Aleviten. Eine Religionsgemeinschaft im Spannungsfeld türkischer Politik. Abgerufen unter http://www.bpb.de/internationales/europa/tuerkei/184986/die-aleviten

Çağlıyan, Menekşe (2006): Sexuelle Normvorstellung und Erziehungspraxis von türkischen Eltern der ersten und zweiten Generation in der Türkei und Deutschland. Münster.

Ceylan, Rauf/Kiefer, Michael (2013): Salafismus. Fundamentalistische Strömungen und Radikalisierungsprävention. Wiesbaden.

Dahrendorf, Ralf (1965): Bildung ist Bürgerrecht. Plädoyer für eine aktive Bildungspolitik. Hamburg.

Dantschke, Claudia (2014): »Lasst euch nicht radikalisieren!« – Salafismus in Deutschland. In: Schneiders, Thorsten Gerald (Hrsg.): Salafismus in Deutschland. Ursprünge und Gefahren einer islamisch-fundamentalistischen Bewegung. Bielefeld.

Dollmann, Jörg (2010): Türkischstämmige Kinder am ersten Bildungsübergang. Primäre und sekundäre Herkunftseffekte. Wiesbaden.

El-Mafaalani, Aladin (2018): Das Integrationsparadox. Warum gelungene Integration zu mehr Konflikten führt. Köln.

El-Mafaalani, Aladin (2019): Provokation und Plausibilität – Eigenlogik und soziale Rahmung des jugendkulturellen Salafismus. In: Toprak, Ahmet/Weitzel, Gerrit (Hrsg.): Salafismus in Deutschland. Jugendkulturelle Aspekte, pädagogische Perspektiven. 2. Auflage. Wiesbaden.

Esser, Hartmut (2000): Soziologie. Spezielle Grundlagen. Band 2: Die Konstitution der Gesellschaft. Wiesbaden.

Flitner, Andreas (2009): Konrad, sprach die Mama. Über Erziehung und Nicht-Erziehung. Weinheim und Basel.

Heitmeyer, Wilhelm u. a. (1997): Verlockender Fundamentalismus. Türkische Jugendliche in Deutschland. Frankfurt/M.

Kağıtcıbaşı, Çiğdem (1996): İnsan – Aile – Kültür. 3. Basım. (Mensch – Familie – Kultur, 3. Auflage). İstanbul.

Kağıtcıbaşı, Çiğdem/Sunar, Diane (1997): Familie und Sozialisation in der Türkei. In: Nauck und Schönpflug (Hrsg.): Familien in verschiedenen Kulturen. Stuttgart.

Kaplan, Ismail, o. J.: Glaubensgrundsätze der Aleviten. Unter: http://alevi.com/de/wp-content/uploads/2011/10/Glaubensgrundsätze-der-Aleviten_Ismail-Kaplan.pdf

Kızılhan, İlhan: (2006): »Ehrenmorde«. Der unmögliche Versuch einer Erklärung. Berlin.

Kriminologisches Forschungsinstitut Niedersachsen (2017): Jugendliche in Niedersachsen. Ergebnisse des Niedersachsensurveys 2013 und 2015. Forschungsbericht 131.

Mansel, Jürgen / Spaiser, Viktoria (2013): Ausgrenzungsdynamiken. In welchen Lebenslagen Jugendliche Fremdgruppen abwerten. Weinheim.

Müller, Anette: (2006): Die sexuelle Sozialisation in der weiblichen Adoleszenz. Mädchen und junge Frauen deutscher und türkischer Herkunft im Vergleich. New York u. a.

Nauck, Bernhard (1997): Sozialer Wandel, Migration und Familienbildung bei türkischen Frauen. In: Nauck / Schönpflug (Hrsg.): Familien in verschiedenen Kulturen. Stuttgart.

Nordbruch, Götz / Müller, Jochen / Ünlü, Deniz (2014): Salafismus als Ausweg. Zur Attraktivität des Salafismus unter Jugendlichen. In: Schneiders, Thorsten (Hrsg.): Salafismus in Deutschland. Ursprünge und Gefahren einer islamisch-fundamentalistischen Bewegung. Bielefeld.

Reiss, Kristina u. a. (Hrsg.) (2016): PISA 2015. Eine Studie zwischen Kontinuität und Innovation. Münster und New York.

Roth, Hans-Joachim (2002): Spracherwerb zweisprachig aufwachsender Kinder und Jugendlicher. Ein Überblick über den Stand der nationalen und internationalen Forschung. Hamburg.

Schiffauer, Werner (2002): Die Gewalt der Ehre. Erklärungen zu einem türkischdeutschen Sexualkonflikt. Frankfurt / M.

Schneiders, Thorsten (Hrsg.) (2014): Salafismus in Deutschland. Ursprünge und Gefahren einer islamisch-fundamentalistischen Bewegung. Bielefeld.

Selek, Pınar (2010): Zum Mann gehätschelt. Zum Mann gedrillt. Männliche Identitäten. Berlin.

Skopek, Jan (2012): Partnerwahl im Internet. Eine quantitative Analyse von Strukturen und Prozessen der Online-Partnersuche. Wiesbaden.

Standop, Jutta (2005): Werteerziehung. Einführung in die wichtigsten Konzepte der Werteerziehung. Weinheim und Basel.

Tertilt, Hermann (1996): Turkish Power Boys. Ethnographie einer Jugendbande. Frankfurt/M.

Toprak, Ahmet (2014): Türkeistämmige Mädchen in Deutschland. Erziehung – Geschlechterrollen – Sexualität. Freiburg i. B.

Toprak, Ahmet (2016): Jungen und Gewalt. Die Anwendung der Konfrontativen Pädagogik mit türkeistämmigen Jungen. 3. vollständig überarbeitete Auflage. Wiesbaden.

Toprak Ahmet/Weitzel Gerrit (Hrsg.) (2019): Salafismus in Deutschland. Jugendkulturelle Aspekte, pädagogische Perspektiven. 2. Auflage. Wiesbaden.

Weidner, Jens/Kilb, Rainer (2011): Handbuch Konfrontative Pädagogik. Grundlagen und Handlungsstrategien zum Umgang mit aggressivem und abweichendem Verhalten. Weinheim und München.

Yalçın-Heckmann, Lale (2000): Einige Gedanken zu den drei türkischen Ehrbegriffen namus, şeref und onur. In: Edition Körber Stiftung (Hrsg.): Ehre und Würde. Hamburg.

Zick, Andreas/Küpper, Beate/Wolf, Hinna (2009): Europäische Zustände. Ergebnisse einer Studie über gruppenbezogene Menschenfeindlichkeit in Europa. Bielefeld. Abgerufen über www.amadeu-antonio-stiftung.de

René Borbonus

Respekt

Wie Sie Ansehen bei Freund und Feind gewinnen

Gebunden mit Schutzumschlag.
Auch als E-Book erhältlich.
www.econ.de

Die Wiederentdeckung einer vergessenen Tugend

Egoismus und Intoleranz greifen in unserer Gesellschaft zunehmend um sich. Ob im Kampf um den Arbeitsplatz oder bei familiären Auseinandersetzungen – immer mehr Menschen verfolgen rücksichtslos die eigenen Interessen. Doch wer beruflich und privat langfristig etwas erreichen will, der muss seinen Mitmenschen mit Respekt begegnen.

Der Kommunikationsexperte René Borbonus zeigt, wie man mit Selbstbeherrschung, Konfliktfähigkeit und Überzeugungskraft auch in schwierigen Situationen besteht. Nur wer lernt, mit anderen respektvoll umzugehen, wird am Ende selbst Respekt und Anerkennung gewinnen – und so leichter seine Ziele erreichen.

Econ

Ralph Ghadban

Arabische Clans
Die unterschätzte Gefahr

Klappenbroschur
Auch als E-Book erhältlich.
www.ullstein-buchverlage.de

Die unsichtbare Macht

In Berlin, Duisburg, Bremen und Essen dominieren libanesisch-kurdische Großfamilien die Geschäfte mit Raub, Drogenhandel, Schutzgelderpressung, Prostitution und Geldwäsche. Mittlerweile sind kriminelle Clans so stark, dass sie Konfrontation mit Justiz, Polizei und Jugendämtern suchen und Stadtteile zu No-go-Areas machen. Der alarmierende Befund des Migrationsforschers Ralph Ghadban macht deutlich: Wir müssen Clanstrukturen sprengen und Migranten auf unsere Normen und Werte verpflichten, wenn unser Gemeinwesen keinen Schaden nehmen soll.

»*Ein hervorragendes Buch, informativ, aufrüttelnd.*«
Südkurier

Econ

Joachim Wagner

Richter ohne Gesetz

Islamische Paralleljustiz gefährdet unseren Rechtsstaat

Taschenbuch.
Auch als E-Book erhältlich.
www.ullstein-buchverlage.de

Muslimische »Friedensrichter« tragen keine Robe und haben keine juristische Ausbildung. Dennoch sind sie Schlüsselfiguren einer islamischen Paralleljustiz, die das deutsche Rechtssystem zunehmend aushebelt. Gemeinsam mit deutschen Strafverteidigern setzen sie durch, dass Messerstecher, Betrüger und Mörder straflos bleiben. Polizei und Gerichte schauen den Machenschaften ohnmächtig zu.

Joachim Wagner beschreibt spektakuläre Fälle und enthüllt, wie unsere Justiz vor einer fremden Rechtskultur kapituliert und Grundrechte wie das Selbstbestimmungsrecht der Frau missachtet werden.

»Wagners Recherche ist ein bravouröses Stück republikanischer Selbstaufklärung.«
Literarische Welt